"고요한 아침의 나라를 놀라게 한 것은
큰 소리나 대포의 연기도 아니며
폭풍우의 거친 숨결도 천둥도 아니다.
다만 고요하고 작은 목소리, 그리스도의 목소리일 뿐.

그렇다. 성령에서 태어난 이 하나님의 바람,
지금 한 나라를 크게 휩쓸며
희망의 아들에게 사랑의 길을 묻도록 가르치고
그리스도인의 인사를 하도록 가르친다.

이전에는 격리된 은자였으나
이제 성령으로 채워진 한국은
모든 나라들이 복을 받고
하나님의 큰 사랑 안에 감싸이기를 갈망한다.

그대가 전파한 하나님의 말씀은
이 나라를 밝게 비추는 빛이며,
이전에는 어두웠던 이 나라의 얼굴과 가정들이
기쁨에 넘쳐 빛나고 있도다.

그대가 신앙의 명확한 비전 속에서 본 것이
이제 확실히 이루어지고 있으니,
조선 전체가 주를 환영하며
주의 발아래 기꺼이 엎드리도다.

사랑의 달콤한 의무 속에서
참고 견디며 복종하여
많은 용서를 받은 한국은 자신의 빛을 아노니,
보라, 새로 태어난 그리스도의 나라를!"

본문 중에서

아펜젤러 내한 130주년을 맞은 뜻 깊은 해에 그의 전기가 다시 개정되어 출간되는 것을 기쁘게 생각한다. 한국 선교 역사의 토대를 놓은 아펜젤러와 같은 인물에 관한 마땅한 전기가 여태 나오지 않은 상황에서, 이 책은 인간 아펜젤러의 삶과 한국 기독교의 초기 역사를 이해하는 데 큰 도움이 될 것이며, 국내에 아펜젤러 연구를 촉진시키는 계기가 될 것이다.

김영호 배재대학교 총장

한국기독교사학도로서 나는 이 책을 '고전의 재발견' 내지 '고전 새로 읽기'로 부르고 싶다. 한국 사학계의 대학자이신 이만열 교수는 한국 기독교 선교의 개척자이자 '아름다운 죽음'으로 '선한 목자'의 본을 보여 준 아펜젤러의 영문판 전기를 찾아내 우리말로 번역하시고, 전기 작가 그리피스가 책에 반영하지 못했던 아펜젤러의 설교문과 회고록 등도 함께 소개하여 아펜젤러의 삶에 대한 더 깊은 이해를 도와주셨다. 중세 암흑기에 르네상스 운동으로 불리는 고전의 재발견이 종교개혁의 원동력이 되었듯이, 이 책이 위기에 처한 오늘 한국 기독교계가 '처음 사랑을 회복'하는 동기와 자극이 될 것으로 기대한다.

이덕주 감리교신학대학교 교수, 한국기독교역사연구소 소장

오늘날 한국 선교의 과제는 더 많은 선교사를 보내는 것이 아니라, 좋은 선교사를 보내는 것이다. 좋은 선교사는 그냥 하늘에서 떨어지지 않으며, 좋은 그리스도인만이 좋은 선교사가 될 수 있다. 왜 우리는 좋은 선교사를 보내야 하는가? 선교사들은 '우리의' 교회를 세우는 것이 아니라 '그들의' 교회를 세우는 자들이기 때문이다. 선교사들이 잘못하면 그들의 교회의 미래를 망치게 된다. 그럼 점에서 한국에 처음 온 선교사들은 대단한 분들이었다. 영적이고 지적인 탁월함과, 하나님과 조선인들을 위한 헌신 등 모든 면에서 그리스도의 준비된 제자들이었다. 특별히 언더우드와 함께 조선에 선교사라는 이름으로 공식적으로 첫 발을 디딘 아펜젤러가 그런 분이었다.

아펜젤러에 대한 이 전기를 읽으면서 나는 한국에서 파송되는 선교사들이 기억해야 할 두 가지를 발견하게 된다. 첫째, 당시 조선에 온 선교사들은 조선을 아주 면밀하게 조사하고 준비하여 선교에 참여했다. 당시 조선인의 삶을 어떻게 이렇게 자세히 기록할 수 있었을까 감탄이 절로 나온다. 즉 철저한 준비와 관찰 그리고 준비된 정보를 가지고 선교에 임해야 한다. 둘째, 한편으로 다른 시각에서 보자면 선교사들은 현지 문화나 역사 등 깊은 내면의 문제를 완전히 이해할 수는 없다. 이 책을 보면 해외에서 온 선교사들이 한국인들의 입장에서 볼 때와는 매우 다른 시각과 판단을 내리고 있었음을 보게 된다. 이처럼 선교사가 아무리 선교지에 대한 깊은 지식과 열정을 가지고 있다 해도 내부자의 시각에서 볼 때는 잘못 이해하는 부분이 많을 수 있다는 점은, 이제 한국에서 나가는 선교사들에게도 엄청난 선교적 겸손을 요청한다. 우리는 본서를 탁월하게 번역했을 뿐 아니라 잘못된 정보나 왜곡된 시각에 바른 주석을 달아 올바른 관점을 제공해 준 이만열 교수께 깊이 감사를 표해야 한다. 그의 세심한 노력 덕분에 이 책은 구한말의 초창기 선교 상황에 대한 가장 균형 잡힌 설명을 담은 탁월한 책이 되었다.

한철호 선교한국파트너스 상임위원장

아펜젤러

IVP(InterVarsity Press)는
캠퍼스와 세상 속의 하나님 나라 운동을 지향하는
IVF(InterVarsity Christian Fellowship)의 출판부로서
생각하는 그리스도인을 위한 문서 운동을 실천합니다.

A Modern Pioneer in Korea
: The Life Story of Henry G. Appenzeller

by William E. Griffis

First published in 1912 by Fleming H. Revell Company

Korean Edition ⓒ 2015 by Korea InterVarsity Press
156-10 Donggyo-Ro, Mapo-Gu, Seoul 121-838 Korea

아펜젤러

조선에 온 첫 번째 선교사와 한국 개신교의 시작 이야기

윌리엄 그리피스 | 이만열 옮김

찬란한 아침의 나라에서 태어난
첫 미국인 그리스도인 자녀이자
충성스러운 딸,
앨리스 리베카 아펜젤러에게

헨리 게하르트 아펜젤러
Henry Gerhart Appenzeller, 亞扁薛羅

1858. 2. 6-1902. 6. 11

Seoul, Korea, Aug.   1885.

Rev. R. S. Maclay, D.D.
 Supt. Korea M. E. Mission
  Dear Brother: —

Missionaries.
Rev. H. G. Appenzeller   Rev. Wm. B. Scranton, M.D.
Mrs. Ella D. Appenzeller, Mrs. Wm. B. Scranton

W. F. M. S.
Mrs. M. F. Scranton

In presenting my first Annual Report I wish to give humble and devout thanks to our Heavenly Father for His kind and watchful care over us. Truly we have passed "thro' many dangers both seen and unseen". We reached Yokohama in the evening of Feb. 26, were met by the brethren of the place the next morning, welcomed right royally to Japan & given a hearty God speed to our new work in Korea.

Some of us landed in Korea Apr. 5, were not permitted to come to Seoul, and because of the political uncertainty, the danger of crippling the work by endeavoring to start it in troublous, we reluctantly withdrew to Japan "for a season". The Methodist Church, however, may rightfully be said to have entered Korea at this time, as we left a part of our goods of a kind. A month later Dr. Scranton came over alone, found employment in his profession in the Government hospital. The war cloud passed over,

개정판 역자 서문

　　　　　　　　　　　　2015년은 한국에 온 최초의 두 복음 선교사 아펜젤러(Henry Gerhart Appenzeller, 1858-1902)와 언더우드(Horace Grant Underwood, 1859-1916)가 한국에 온 지 꼭 130주년이 되는 해로, 이런 뜻깊은 해를 맞아 두 분의 전기를 다시 간행하게 되어 무척 기쁘고 영광스럽다. 특히 2015년 4월 5일은 1885년 두 선교사가 제물포에 상륙했던 때와 꼭 같은 부활주일이었는데, 언더우드 부인이 쓴 언더우드 전기 *Underwood of Korea*의 번역 개정판(『언더우드: 조선에 온 첫 번째 선교사와 한국 개신교의 시작 이야기』)이 마침 그날 IVP에서 간행되어 그 의미가 더욱 깊었다. 이어서 이 책 아펜젤러 전기의 번역 개정판이 간행되면, 1985년 한국 선교 100주년을 기념하기 위해 간행되었던 최초의 복음 선교사 두 분의 전기가 둘 다 다시 햇빛을 보게 되는 셈이다. 두 분이 뿌린 씨가 오늘날 한국교회 성장의 기초가 되었다는 것을 생각할 때 이러한 출간 작업이 이뤄진 것에 먼저 큰 감사를 드리지 않을 수 없다.

　　내가 아펜젤러, 언더우드에 관해 관심을 갖게 된 것은 벌써 30여 년 전

두 선교사가 한국에 온 지 1세기가 될 무렵이었다. 당시 나는 두 분의 선교 개시 100주년이 되는 해(1985)에는 두 분에 관한 연구서나 자료집이라도 내놓아 체계적인 연구의 바탕을 마련했으면 좋겠다는 기대를 품고 있었다. 이것이 한국 그리스도인들이 두 분에게 해 드려야 할 최소한의 보답이라고 생각했다.

하지만 30여 년 전 두 분에 대한 자료를 수집하면서 당초의 계획이 감당하기 어려운 작업임을 깨달았고, 당시 개인적으로 처했던 정황에서는 더더구나 힘든 일이었다. 한국 선교 100주년 기념 사업을 하겠다는 여러 기관에 협의했지만 모두들 그 같은 구상에는 별로 관심이 없었기에, 적어도 두 선교사의 전기라도 번역 출판해야겠다는 생각을 갖게 되었다. 당시도 그랬지만 지금도 번역 형태로 두 분의 삶을 소개하는 것이 그다지 만족스럽지는 않다. 그러나 그들을 소개하는 데 아직도 이만한 수준의 책이 없기 때문에 번역서라도 다시금 내보내지 않을 수 없다.

이 책의 주인공 아펜젤러는 젊은 시절부터, 매일은 아니지만 끊임없이 일기를 써 왔다. 그런 습관은 그가 한국으로 항해해 오는 중에도 예외가 아니었다. 1885년 2월 3일 미국 샌프란시스코를 출발한 아펜젤러 부부는 같은 달 27일 일본에 도착했다. 거의 한 달 뒤인 3월 23일 그들은 요코하마를 출발해, 나가사키를 거쳐 4월 2일 아침에 부산에 도착하고 그곳에서 하루를 묵었다. 그 이튿날 다시 부산을 출발해 4월 5일 부활주일 정오에 '한강 입구'에 도착했고, 오후 3시에 닻을 내렸다. 이 같은 한국행 여정은 4월 9일에 적은 그의 기록을 통해 확인할 수 있다. 그는 도착 과정을 기록한 후 말미에 다음과 같은 기도문을 남겼다. "우리는 부활절에 이곳에 도착했습니다. 오늘 무덤의 빗장을 산산이 부수고 부활한 주께서 이 나라 백성들이 얽매여 있는 굴레를 끊고 그들에게 하나님의 자녀가 누리는 빛과 자유를 허락해 주옵소서!" 그의 전기를 다시 간행하면서 이 기도문이 새삼 의미 있게 다가온다.

　이 책의 저자 윌리엄 그리피스(William Elliot Griffis, 1843-1928)는 미국 필라델피아 출신으로 뉴저지 주의 러트거스 대학교를 졸업하고 1870년 일본에 와서 이학·화학·지리학·생물학 등 신학문을 가르쳤다. 그리고 1874년에 귀국해 목사가 된 후 다시 일본으로 돌아와 많은 제자들을 가르쳐 일본 근대화에 크게 공헌했다. 그는 「은자의 나라 한국」(Corea, The Hermit Nation, 1882)의 저자로도 널리 알려진 인물인데, 이 책은 한미조약 체결 직후에 처음 간행된 후 1911년까지 아홉 번이나 개정판을 냈다. 판을 수정할 때마다 그동안 변화된 한국의 역사를 추가하고 수정 보완했다. 그는 또 「안팎에서 본 한국」(Corea, Without and Within, 1885)과 여타 한국 관련 논문들[1]도 상당수 남겼다. 이 밖에도 한국에 관한 미발표 원고와 메모들이 많이 있음을, 나는 그의 모교인 러트거스 대학교에 보관된 그의 유품철에서 발견한 바 있다. 이렇게 많은 글을 남긴 것으로 보아 그는 스스로 한국을 잘 이해한다고 자부하는 인물이다. 그러나 그는 1920년대까지 한 번도 한국을 방문한 적이 없었고, 그의 한국 이해는 대부분 일본과 미국 등지에서 구한 2차 자료들을 바탕으로 형성된 것이다.

　그리피스의 한국 이해와 관련해서, 연구자들 중에는 「은자의 나라 한국」에 나타난 그의 서술이 "부정적이고 일방적이며 부정확하다"고 지적하는 경우가 많다. 당시 일본은 한국을 침략 대상으로 삼아 각종 부정적인 이미지를 확산시키고 있었고, 일본에 오랫동안 머물렀던 그가 일본에 의

1　"Oppert's Voyage to Corea"(1880), "A Korean Fish Legend"(1893), "Curzon's Problem of Corea"(1894), "Corea, China and Japan"(1894), "Corea, Past, Present and Future"(1896), "Korea, the Pigmy Empire"(1902), "Korea and International Politics in 1903"(1903), "Russia and Japan in Korea"(1904), "Japan's Absorption of Korea"(1910), "The Unmannerly Tiger and Other Tales"(1911), "H. G. Appenzeller of Korea"(1912), "The Opening of Korea"(1917), "Women of Chosen"(1918), "Japan's Debt to Korea"(1919) 등이 있다.

해 왜곡된 한국관을 극복하지 못한 것은 어찌 보면 당연한 것 같다. 실제로 한국에 온 선교사들은 뒷날 그리피스의 다소 극단적인 진술에 대해 항의하지 않을 수 없다고 언급하기도 했다. 예를 들어, 그리피스는 단군보다는 기자를 조선의 건국자로 인식했다. 한일 관계사와 관련해서도 신공황후의 남조선 정벌설과 임나일본부설을 인정했고, 기원후 2세기부터 1876년 한일수호조약 체결 때까지 한국이 일본에 조공을 바쳤다고 설명했다.

이 책에서 우리는 그가 자신의 한일 관계 인식을 성경을 인용해 합리화하는 모습을 발견할 수 있다. 저자는 "땅에 충만하라", "땅을 정복하라"는 하나님의 명령에 복종할 줄 모르는 사람들을 대신해, 그것에 복종하고 땅의 잠재력을 드러낼 수 있는 종족이 그 땅을 차지하는 것이 인간 역사의 진리이자 우주 법칙의 원리로서 조선에도 적용되었다고 언급한다. 한국의 부패와 허약한 정체를 시정하기 위해 한국을 침략했다는 일제 식민주의 사관을 그대로 보는 듯한 느낌이다. 서구 제국주의 침략을 신의 뜻으로 이해한 대부분의 서양 선교사들과 마찬가지로, 그리피스도 한국을 강점한 일본을 하나님의 명령을 따르는 존재로 부각시켰다. 또 그리피스는 중국과 관련하여 반청(反淸) 감정도 숨기지 않았다.

다른 한편 저자는 한국 산천의 아름다움과 서양 사회가 갖지 못한 한국 사회의 장점들을 외국인의 시각으로 잘 소개하고 있으며, 특히 서양 사회에 결핍된, 공동체 사회가 갖는 윤리성을 극찬한다. 또한 그는 한국 봉건사회의 모순을 지적하며 근대화의 관점에서 그것을 타파하기 위한 의지도 보여 준다. 그가 한국의 부패를 언급한 것은, 선교사들과 한국교회가 부패 개혁에 힘을 쏟아야 한다는 점을 강조하는 메시지로 읽을 수 있을 것이다. 저자는 아펜젤러가 한국 사회의 어두운 면에 도전하는 모습을 강하게 드러내는데, 이 전기가 궁극적으로 지향하는 바가 '근대 개척자'(Modern Pioneer, 원서 제목에 사용된 단어)로서의 아펜젤러를 부각하는 것이기 때문이다.

이 책에는 전기 주인공에 대한 이야기가 한국의 자연과 풍물에 대한 설명보다 상대적으로 적은 편이지만, 아펜젤러의 용기와 열정을 확인하고 공감하는 데는 전혀 부족함이 없다. 아펜젤러가 사망한 지 꼭 10년 후에 쓰인 이 책은 사후 10년간 그의 일기나 보고서 등 개인적인 자료들을 거의 정리한 단계에서 썼기 때문에, 주인공의 젊은 시절에 대한 이야기와 한국에서의 지방 여행에 관한 내용이 풍부하게 서술되어 있다. 그가 세운 배재학당과 한국 관리들에 대한 교육 부분을 좀더 보완했으면 하는 아쉬움도 있지만, 아펜젤러의 교육 활동과 한국에 대학을 세우려는 그의 포부도 전반적으로 잘 서술되어 있다. 그의 죽음 며칠 전에 일어났던 사고와 관련해, 그가 감독을 모시고 무지내교회를 방문하려다가 일본인 노동자들과 문제가 일어났고 그로 말미암아 목포행을 늦추어야 했으며 그 일들이 배 충돌 사고로 이어졌음을 보여 주는 일련의 서술은, 인간의 운명이 어떤 기연에 의해 작용하는지를 엿보게 해준다. 특히 배 충돌 사고 이후 한 목격자가 내놓은 증언에 따르면, 아펜젤러는 자신이 능히 구조될 수 있었음에도 불구하고 동행자 두 사람을 구출하기 위해 침몰하는 배 위에서 이러저리 허둥대고 있었다고 한다. 이와 같은 최후는, 아펜젤러가 얼마나 사명감에 충실한 용기 있는 목자였는지를 잘 보여 준다.

이 책의 번역 초판이 30년 전 연세대출판부에서 간행될 때 나는 신앙과 뜻을 같이하는 후배들의 도움을 받았다. 당시 서울대 영문과를 졸업한 정호영 선생이 초역을 하고, 서울대 국사학과에서 석사과정 중에 있던 유해신 목사와 옥성득 박사가 검토했으며, 다시 내가 전체적으로 손질하는 순서를 거쳤다. 이번에 개정판을 내면서는 책 전체를 다시 정독하며 번역을 다시 검토하고 역주도 보완했다. 초판의 문단 구분이 원문과 다른 것을 바로잡았다. 초판 때는 그리피스의 전기에 아펜젤러의 일기·보고서·설교와 "아펜젤러의 교육·복음전도 활동"이라는 내 논문을 한데 묶어 3부로 구성했는데, 개정판에는 전기에다 아펜젤러의 설교 및 스웨러가 쓴 회고록을 부록으로 엮어 넣었다. 설교와 회고록은 옥성득 박사가 번역한 것으로 이 자리를 통해 감사의 마음을 전한다.

한국 개신교 선교 130주년을 맞아 그 역사적 의미를 되새기기 위한 이 전기 간행 작업은 선교의 사명감 없이는 시도될 수 없다. 이 책의 출간을 위해 수고한 IVP 관계자들에게 특별히 감사해야 하는 이유가 여기 있다. 여느 선교사들보다 깨끗한 이미지를 남긴 44년간의 짧은 생애는 안타깝게도 불의의 사고로 마감됐지만, 아펜젤러가 이 땅에서 이루지 못하고 간 사역에 독자들이 조금이라도 부채의식을 느낀다면, 그의 짧고 깨끗한 삶이 한국교회에 새로운 선교 열기와 사명 수행의 힘찬 동력을 제공할 것이라 믿는다.

'한국 근대의 선구자' 아펜젤러의 삶을 조명하기 위한 개정판으로 이 책을 출간하는 것은 그가 온 지 130주년이 되는 시점인데도 이 책을 능가할 만한 아펜젤러 연구가 없기 때문이다. 이제는 아펜젤러의 일기와 보고서와 설교 등을 당시 한국 선교의 전반적인 상황과 연관시켜 면밀히 검토하고 연구해야 할 시점이 되었다. 이 땅의 감리교회와 교회사학계는 이런 요청에 부응해 아펜젤러 연구를 더욱 촉진해 나가야 할 것이다.

2015년 4월 16일
필운동 서재에서
이만열

Seoul, Korea, Aug. 1885.

Rev. R. S. Maclay, D.D.
Supt. Korea M. E. Mission

Dear Brother:—

Missionaries.

Rev. H. G. Appenzeller   Rev. Wm. B. Scranton, M.D.
Mrs. Ella D. Appenzeller, Mrs. Wm. B. Scranton

W. F. M. S.
Mrs. M. F. Scranton.

In presenting my first Annual Report I wish to give humble and devout thanks to our Heavenly Father for his kind and watchful care over us. Truly we have passed "thro' many dangers both seen and unseen." We reached Yokohama in the evening of Feb. 26, were met by the brethren of the place the next morning, welcomed right royally to Japan; given a hearty God speed to our work in Korea.

Some of us landed in Korea Apr. 5, were not permitted to come to Seoul, and because of the political uncertainty, the danger of crippling the work by endeavoring to start it in troubles, we reluctantly withdrew to Japan for a season. The Methodist Church, however, may rightfully be said to have entered Korea at that time, as we left a part of our goods behind. A month later Dr. Scranton came over alone, found employment in his profession in the Government Hospital. The war cloud passed over by

차례

개정판 역자 서문   9

서문   19
머리말   23
1. 하나님의 한국 — 찬란한 아침   29
2. 인간의 한국 — 실제 삶   41
3. 은자의 나라, 문이 열리다   53
4. 감리교와 아펜젤러   63
5. 그리스도의 군병 훈련   73
6. 한국에 대한 관심   87
7. 위대한 결단   97
8. 항해와 첫인상   111
9. 한국의 집   123
10. 묵은 땅에 뿌린 새 씨앗   133
11. 어린아이의 힘   143
12. 말을 타고 — 한국의 옛 도읍들   151
13. 북쪽에서 — 나루터 도시 평양   161
14. 재미있고 유쾌한 가정생활   171
15. 복음이라는 보석을 바라보며   183
16. 문자의 독점   189

17. 한국어를 익히다 199

18. 전염병의 시기 209

19. 학교와 교회 223

20. 첫 번째 휴가―고국에서 235

21. 문명의 개척자 245

22. 상상의 세계 257

23. 복음의 동역자들 265

24. 두 번째 고국 방문 273

25. 타인의 생명을 구하다 287

26. 추수의 계절 303

27. 성령의 바람 309

부록1_ 아펜젤러 설교문 315

부록2_ 회고록 329

연보 339

색인 345

일러두기

1. 본문에서 [ ]는 역자가 추가한 부분이다.
2. 원문에는 mile, feet 등 영미식 도량형 단위로 되어 있으나, 이 책에서는 미터(m) 단위로 고쳤다.
3. 주와 색인은 원문에도 일부 있으나, 이 책에서는 그것을 포함하여 새로 만들었다. [원주]라고 한 부분은 원저자가 붙인 것이고 나머지 주는 역자가 붙인 것이다.
4. 이 책에 수록된 사진 중 첫째 묶음(104쪽 이하)은 대부분 원서에 있던 것이고 둘째 묶음(216쪽 이하)은 새로 수집해 실은 것이다.

서문

한국[1] 땅에 온 아펜젤러는 기독교화된 조선을 세운 산 돌이었다. 1885년, 활기 넘치는 전형적인 미국 그리스도인 한 사람이, 마치 그 무엇도 막을 수 없는 햇살이 비쳐 들어오듯 잔학과 억압과 정신적 암흑과 무지와 질병이 가득한 지역으로, 서양인을 냉대하는 은둔의 왕국의 신비로운 밀실 속으로 들어왔다. 사자처럼 용기 있고 여인처럼 부드러우며 주님을 향한 열정으로 뜨겁게 타오르는 동시에, 어떤 종류 어떤 처지의 사람이든 함께 일하고 살아갈 수 있었던 아펜젤러는 이후 한국에서 지속적 성공을 이루었다. 여행가로서, 탐험가로서, 교사로서, 조직가로서, 복음 전도자로서, 성경 번역가로서 다방면의 활동을 하는 와중에도 그의 성품은 늘 한결같이 부드러웠다. 그리고 17년에 걸친 봉사의 삶은 아름다운 결실로 끝을 맺었다. 그가 죽음의 순간에 보여 준 위

---

[1] 저자는 이 책에서 Korea와 Cho-sen을 함께 사용하고 있다. Korea는 한민족, 그리고 왕조와 관계없는 우리나라의 보편적 국호이고, Cho-sen은 조선 왕조가 다스리는 땅의 명칭으로 볼 수 있다. 여기서는 Korea를 한국으로, Cho-sen을 조선으로 번역했다.

대함은 이타적 성공을 거둔 그의 전 생애와 정확히 일치했다. 그는 다른 사람의 생명을 구해 주다 사망한 것이다.

아펜젤러가 한국에 왔을 때부터 알고 지냈던 친구들과 그와 편지를 주고받은 사람들이 기록하려고 했던 것은 단지 경건한 찬사의 말이 아니다. 그들은 아펜젤러와 그의 동역자들이 현실을 거슬러 하나님 안에서 이룩한 업적들을 보여 주려 한 것이다. 사실 아펜젤러가 처음 한국을 찾아왔을 때, 한국은 야만적인 이교도의 나라였다. 그러나 그가 죽어 한국을 떠났을 때 고요한 아침의 나라는 그 이름에 걸맞게 희망과 가능성과 능력으로 가득 차 있었다. 그는 오늘날 모습과 같은 기독교화된 조선을 위해 살고 일했다. 따라서 이 책의 많은 부분은 그가 사랑하여 기꺼이 생명을 바친 이 나라와 민족을 다룬다.

아펜젤러는 세부적인 사실과 일반적 진리 모두를 세심히 고려한 체계적인 사람이었으며, 높은 이상을 지니면서도 세세한 일에까지 밝은 사람이었다. 그래서 그는 젊은 시절부터 꾸준히 일기와 노트, 비망록 등을 써 나갔으며, 중요한 기록의 사본과 편지들을 보관했다. 나는 이 선교 개척자의 부인과 딸이 보관하고 있는 그 문서들을 자유롭게 열람할 수 있었다. 또한 아펜젤러와 편지를 주고받은 많은 이들도 이 전기가 흥미롭고 생생한 동시에 신빙성 있고 확실한 근거를 갖도록 도와주었다. 이분들과 아펜젤러의 '내조자', 그리고 충성스러운 딸에게 무한한 감사를 드린다.

"생명으로부터 생명에 이른다"[2]는 존 밀턴의 소망처럼, 요절한 아펜젤러의 생애가 독자들이 더 고귀한 헌신과 업적을 이루도록 고무할 수 있기를 기원한다. 그리고 이 모든 것이,

---

2   고린도후서 2:16.

파도 위를 걸으신

주의 놀라운 능력을 통하여[3]

이루어지기를.

뉴욕 이타카에서

윌리엄 그리피스

---

3 밀턴의 시 Lycidas에 나오는 구절.

머리말

　　　　　　　　　내가 한국을 위해 기도하기 시작한 것은 1871년 3월 2일 아침이었다. 나는 교육 개척자로서 일본에 머무르고 있었는데—외국인으로서는 최초로 내륙 깊숙한 곳에 살고 있었다—3월 1일 밤에 쌍칼을 찬 열다섯 명의 호위 무사와 함께 바다 건너 한국이 보이는 쓰루가에 묵었다. 다음 날 후쿠이로 가는 길에 우리 일행은 커다란 신도 사원 앞에서 길을 멈추었다. 그 사원은 일본의 전설 속에 '한국의 정복자'로 전해져 오는 신공황후[1]와 군신(軍神)인 그녀의 아들 하치만을 모시는 곳이었다.[2] 세 명의 호위병은 그 앞에서 경건하게 절하고, 손뼉을 치며 경배를 드렸다.

　　그것이 '우상숭배'이든 아니든, 나는 그들이 이해하는 그대로의 소박한

1　고대 일본의 남선경영설과 관련, 일본의 신공황후가 한반도를 침략 정복했다는 것으로, 사실로서 인정할 수 없는 것이다.
2　이 사원은 팔번궁이라고 하는데, 응신천황을 주좌로 하고 신공황후와 비매신이 부사(附祀)되고 있다.

경건 행위를 보고 감동을 받았다. 그리고 문득 바다 건너 서쪽으로 한국 땅을 향해 시선을 옮긴 나는, 그 땅이 하루 빨리 복음으로 축복받기를 소망하는 마음으로 한 분이시고 살아 계신 진리의 하나님을 바라보았다. 이후 나는 일본과 유럽의 자료를 통해 찬란한 아침의 나라[3]를 연구하기 시작했고, 미국에 돌아가서는 은둔의 나라 한국에 대해 매일 기도하는 것에 그치지 않고 한국에 관한 글을 쓰고 강연 활동을 해 나갔다. 또한 워싱턴에서는 의회 위원회에 한국이 평화적으로 문호를 개방할 수 있도록 협정을 맺을 것을 촉구했다. 그리고 1881년과 1882년, 1885년에는 한국에 관한 내 책들이 출간되었다. 그러나 당시 이것들은, 어느 부인의 말대로 먼 동양의 미지의 바닷가에서 주운 '이상한 조개껍데기'에 대해 말하고 있는 것이나 다름없었다.

보스턴에 사는 내 이웃이자 친구인 필립스 브룩스(Phillips Brooks)[4]는 해외선교가 "최후의 영웅적인 행동"이라고 늘 말하고 설교한 바 있다. 종종 편지를 주고받았던 내 친구 아펜젤러는 그의 생애와 마지막 순간을 통해 브룩스 주교의 말을 증명했다. 그리고 나는 그가 사랑했던 민족에게 행한 영웅적인 일들을 사람들에게 이야기해 주고자 지금껏 노력해 왔다. 내가 이 책을 통해 말하고자 하는 것은 그저 형식적인 찬사가 아니라 사실 그 자체다. 아펜젤러는 영웅이었지만, 위선적인 말투와 허세를 싫어했다. 그래서 나는 이 책에 아펜젤러라는 일꾼 한 사람뿐 아니라, 한국이라는 나라와 그 민족에 대한 이야기도 담고자 했다. 여기서 나는 '이방 민족'(heathen)이라는 단어 사용을 배제하는데, 왜냐하면 이 단어는 히브리어나 헬라어로 된 성경 원문, 그리고 엄격히 말해 개역성경(Revised Version)에도 없는 말

---

3 저자는 조선(朝鮮)의 한자 뜻을 그대로 영어로 풀어 쓰고 있다.
4 하버드 대학교와 미국 성공회 신학교에서 공부한 후 1891년 매사추세츠의 주교로 임명된, 당대의 뛰어난 성직자·설교자다(1835-1893).

이기 때문이다.[5] 한때 선교 대상 지역이었던 유럽에서 나온 이 단어는 그때나 지금이나 경멸적인 뜻을 함축하고 있다. 이러한 경멸의 감정은 한국인의 친구이자 연인이었던 아펜젤러의 마음에는 결코 존재한 적이 없었다. 학자이자 설교자로서 한국의 주민들과 항상 살아 있는 관계를 유지하며 그들에 대한 지식이 가장 원숙한 경지에 다다랐을 때도, 그는 그들의 영혼과 육신을 손상하고 파괴하는 것들을 미워하되 인간으로서 그들을 항상 애정 어린 마음으로 대했다. 그는 한국인들에 대해서도 자기 동포에게 느끼는 것과 동일한 감정을 느꼈다. "우리는 몇몇 미국인들이 저지른 일을 부끄러워해야 한다. 그러나 자신이 미국인이라는 사실은 결코 부끄러워해서는 안 된다"라는 그의 유명한 모토는 한국인들에게도 적용되었던 것이다. 그는 한국인들의 특성과 문명 중 많은 부분을 사랑하고 존중했다. 그러나 동시에 그는 거룩에 대한 타고난 사랑으로 한국인이나 자기 동포를 타락시키는 것은 무엇이든 경멸하고 미워했다. 두 민족 모두 하나님 앞에서는 똑같은 죄인이며, 모두 똑같은 은혜가 필요한 사람으로 여겼던 것이다. 그에게는 결코 바리새적인 태도가 없었다. 반대로 그는 한국인이 가진 부정할 수 없는 자비심과 덕을 알고 인정하는 사람으로서, 항상 그들의 손을 잡아끌면서 '형제여, 이리 오십시오. 우리 함께 그리스도인의 이상적인 모습을 삶에서 실현하도록 노력해 봅시다'라고 말하고 싶어 한 사람이었다.

또한 나는 경건한 체하는 진부한 용어와, '동양적' 혹은 '아시아적' 같은

---

5   그래서 저자는 pagan이라는 단어를 사용한다. 그러나 이 두 단어는 서양인에게는 어감 차이가 있지만, 우리말로 옮길 때는 모두 '이교도'라는 뜻이 된다. 킹 제임스 성경에는 pagan이 아닌 heathen이 등장하며, 한글 성경은 heathen을 이방, 열방 등 맥락에 따라 다르게 번역하고 있다. 역자는 단지 heathen에 경멸적인 뜻이 함축되어 있다는 것, 그리고 pagan은 유대교 이전의 그리스나 로마의 다신교를 의미하는 경우가 많다는 점만을 지적해 두면서, heathen은 이방인(이방민족), pagan은 이교도라고 번역한다.

천한 속어들, 마치 그곳과 이곳은 인간 본성에 차이가 있다는 듯한 느낌을 주는 용어들은 사용하지 않았다. 우리 조상들이 반(半)야만적 상태에서 진보해 왔다는 역사를 아는 학자와 그리스도인들에게는 동양이나 서양이라는 개념이 따로 존재하지 않는다. 다만 '해가 뜬다', '이슬이 내린다'처럼 평범한 말과 같이, 있는 그대로의 사실을 표현해야 할 때나 편의상으로만 사용할 뿐이다. 과학적인 눈과 상상력을 고루 갖춘 역사학도라면 지금 중국과 한국과 일본에서 보는 모든 것을 백 년 전 식민지 시대의 미국과 오백 년 전의 유럽에서도 발견할 수 있을 것이다. 다만 중국과 한국과 일본에서는 그것이 늦게 나타났을 뿐이다. 인간 본성은 어디서나 똑같은 것이다.

　이 책을 읽어 보면 내가 소위 한국의 역사라고 말하는 것을 받아들이지 않는다는 사실을 알게 될 것이다. 왜냐하면 그 역사라는 것은 단지 민담에 불과하며, 일본이나 중국의 경우와 같이 민족적 허영심과 동물 신화에 근거하여 전통적이고 지역적인 가치의 차원에서만 어림잡은 연대기이기 때문이다. 동시에 나는 반도와 그곳 사람들에 관한 독특한 사실을 놀랍고 충격적인 것으로 강조하는 일 또한 가급적 피하려 했다. 봉건적인 일본에서 살아 본 나로서는 그리스도 없는 일본과 그리스도 없는 한국은 별다를 것이 없다고 생각했기 때문이다. 관습, 사회생활, 악정, 백성에 대한 억압, 해묵은 미신과 기이하고 낯선 실체들 등의 기본적 특징의 측면에서, 반도의 문명의 본질은 일본과 거의 혹은 완전히 같다고 할 수 있다. 진정한 기독교가 도래하기 이전의 개혁되지 않은 아시아 제국들은 모두 엇비슷하다. 오직 예수님에 대한 신앙이 사람들의 마음을 휩쓸 때 비로소 고대 역사가 끝나고 근대 이야기가 시작된다. 기독교가 예술적 매력과 감성의 덩굴로 화려하게 치장된 채 수세기 동안 지탱해 왔던 거짓의 낡은 건물들을 산산조각 내어 폐허로 만들면, 그때야 비로소 진리의 성전이 솟아오른다.

　처음으로 한국을 위한 기도를 하나님께 올려 드린 이래 40년도 채 되지 않아 놀랄 만한 변화가 일어났다. 은둔의 나라는 그 문을 열고, 이교도의 사막은 그리스도인들의 희망이 꽃피는 정원으로 바뀐 것이다. 일본의 번성, 중국의 세계 지배 도그마 폐기, 태평양에서 미국의 힘과 영향력 확대 등은 모두 이 책이 다루는 기간에 일어난 일들이다. 이후에 일어난 일련의 사건들은 피부나 국적 혹은 정부의 형태에 관계없이 어느 한 인종이 '태평양 혹은 세계를 지배해야' 한다는, 서양이 오랫동안 지녀 온 사고방식에 제동을 걸었다. 군국주의적 러시아는 패전했고, 찬란한 아침이라는 뜻을 가진 조선을 공식 명칭으로 하여 일본의 한국 합병이 이루어졌으며, 새로운 중국의 서막을 연 1912년의 소요[6]가 일어났다. 이 모든 것은 고대 사회 체제의 바탕이 된 과거 사실들에 대한 새로운 해석과, 인류를 재창조하는 새로운 힘에 대한 분석을 요구한다. 어머니 대륙인 아시아의 좋은 점들은 보존되어야 하며, 결코 폐기되어서는 안 된다. 매일 아침 새로워지는 영원한 공의로 새로운 권력의 산물이 획득된다는 사실은 의심할 나위가 없다. "영원하신 하나님 여호와, 땅끝까지 창조하신 이는 피곤하지 않으시며 곤비하지 않으시며."[7] "해 돋는 데서부터 해 지는 데까지 여호와의 이름이 찬양을 받으시리로다. 여호와는 모든 나라보다 높으시며."[8] 이것이 성령이 일하시는 방법이며, "폐하러 온 것이 아니요 완전하게"[9] 하러 오신 분이 가르치신 바다.

하나님이 땅 위의 모든 것을 새롭게 하실 때, 그리스도로 충만한 많은 남녀의 성별된 삶이야말로 선을 이루는 가장 위대한 힘이다. 그리고 이제 그러한 한 사람의 이야기를 시작하려 한다.

---

6 신해혁명을 말하는 듯한데, 그 연대는 1912년이 아니고 1911년이다.
7 이사야 40:28.
8 시편 113:3, 4.
9 마태복음 5:17.

I
하나님의 한국
— 찬란한 아침

백두대간과 황해 사이에 놓인 바위 능선 지대는 여러 이름으로 불리어 왔다. 오랫동안 중앙의 제국이라는 뜻의 이름을 가진 중국의 지적 그늘 아래 있었던 한국은 스스로를 변방의 소국이라고 불렀다. 초기에는 한(韓)이라는 세 국가가 있었다.[1] 시들어 가는 꽃이었던 한국 '제국'은 1897년에 선포되어 '위대한 한'이라는 뜻으로 대한(大韓)이라 불렸다. 그러나 이 국가는 13년간의 고통스러운 생애 끝에 뿌리도 미처 내리지 못한 채 시들어 버렸다. 이 민족의 기원을 설명하려는 여러 환상적인 전설 가운데 나오는 백계림(白鷄林)[2]은 사람들이 중세 때부터 좋아하던 이름이다. 한편 불교도들은 자신의 사원이 번창했던 영광의 시절에 걸맞은 적절한 이름을 붙여 왔다. 또한 여행자들이 붙인 많은 이름이 있는데, 그것들은 주로 이 땅의 지리적인 특징, 나라의 외양, 이 민족의 사

---
1 마한, 진한, 변한의 삼한을 가리킨다.
2 신라의 수도 경주를 두고 계림(鷄林)이라고 하나, 백계림은 미상이다.

회생활을 묘사하거나, 지금은 소멸해 버린 마지막 왕조를 지시하고 있다.

따라서 우리는 예의지국(禮儀之國), 팔도강산, 만이천봉의 나라, 근역(槿域, 무궁화꽃의 나라), 한민족 문명의 전설적 건설자인 기자의 나라(箕子國) 등의 이름을 들어 볼 수 있다. 어떤 시(詩)에서는 최고 통치자가 만 개 섬의 군주라고 하며 인구는 "우리 2천만"이라고 하는데, 그것은 단지 감정적인 표현일 뿐이다. 통계조사에 의하면 섬은 약 2백 개가 있고, 인구는 천이백만이다. 적지 않은 방문객에게 한국은 모기와 말라리아의 나라이며, 사냥꾼들에게는 호랑이의 나라이고, 아름다움을 사랑하는 이들에게는 하나님의 정원이다. 또한 슬픔의 십자가를 짊어진 소수의 사람들에게는 사랑하는 사람이 죽어 잠든 방인 동시에 부활의 영광이 나타날 작은 방이기도 하다. 그리스도인들에게 한국은 황금빛 가능성을 지닌 나라다. 또 단조롭게 보자면, 커다란 도시가 없는 한국은 촌락의 나라다.

가장 오래되고, 가장 장엄하며, 고대의 유서 깊은 것들을 모두 포괄하는, 또 한국인들이 자신의 입으로 가장 많이 부르며 그렇기 때문에 일본 제국이 1910년 한일합병 조약 체결 당시 공식 명칭으로 채택했던 이름은 찬란한 아침이라는 뜻을 가진 '조선'이다. 이 한자어에 담긴 또 다른 의미를 영어로 표현하자면 새벽, 새벽의 광휘, 고요한 아침, 아침의 평온 등이 될 것이다. 그러나 한민족 역사의 장을 연 사람들이 이 이름을 지을 때 생각한 것은 하늘의 미소, 새벽의 홍조, '갓 태어난 날의 순진무구한 밝음'이 아니라, '용안'(龍顔) 즉 중국 황제의 은총이다. 그들의 눈은 중국에 고정되어 있었던 것이다. 한국의 옛날이야기에 따르면 기원전 1122년에 기자(箕子)[3]가 처음으로 조선[4]이라는 이름을 사용했다고 한다. 실제로 이 말은 동쪽

---

3 기자는 중국 은(殷) 왕조 말의 현신으로 주왕을 충간하다가 망명하여 조선에 와서 왕 노릇 했다는 전설이 있다. 그러나 그의 동래설은 부인되고 있으며, 더구나 그가 주나라 무왕의 봉함을 받아 조선 왕이 되었다는 것은 사대주의자들이 벌인 한국사 날조의 한 부분이라고 비판되고 있다.

나라로부터⁵ 국경을 넘어와 종주(宗主)의 은혜를 입은 가신(家臣)들로부터 유래한 것이다. 이것은 신선한 희망의 여명을 가리키는 말이다.

불기운 속에서 쭈그러든 것을 그대로 놓아 둔 듯한 대지의 주름진 지표는 한국의 도계(道界)뿐 아니라 국경을 결정지어 주었다. '이 지구'가 식을 때 형성된 땅 위의 주름들이 한국의 바위 능선 지대를 이루고 있다. 연쇄적인 선으로 끝없이 이어지는 산맥들은 국토 표면을 종횡으로 달리고 있어서 계곡들 역시 그물처럼 복잡하게 얽혀 있다. 따라서 호수도 없고 평야도 아주 적다. 반도의 동쪽에는 힘찬 산맥 하나가 척추처럼 뻗어 있으며, 서쪽에는 낮은 언덕과 경사면들에 비옥한 경지가 있다. 한반도 전체의 정상이라 할 수 있는 백두산의 분화구인 용연(龍淵)⁶에서는 두 개의 물줄기가 흘러나와 이것이 한국의 북쪽 국경을 이룬다. 강과 산맥에 의해 예로부터 팔도가 나뉘어 있는데, 이것은 자연이 구분선을 정해 준 대로 편리하게 나누어 놓은 것이다. 최근에는 5개의 큰 도가 각각 둘로 나뉘어, 모두 합해 13개의 도가 되었다.⁷ 중국과 마주보고 있는 도는 평안도(Tranquil Peace), 황해도(Yellow Sea), 경기도(Capital Circuit), 전라도(Complete Network)이며, 일본과 마주보고 있는 도는 함경도(Perfect Mirror), 강원도(River Moor), 경상도(Joyful Honour)다.

전능하신 하나님이 산맥과 바다 사이에 이 민족을 두고 나라를 세우게 하심으로 거주의 경계를 한정하신⁸ 이후, 이처럼 뚜렷하게 구분된 경계를

---

4 조선이라는 이름은 중국 고대 문헌에서부터 나타나지만, 우리나라 「삼국유사」에 의하면 단군이 나라를 세워 평양에 도읍을 정하고 처음으로 조선이라 불렀다(始稱朝鮮)고 한다.
5 기자 전설에 따르면 기자가 중국 은나라에서 왔기 때문에 서쪽에서 동쪽 조선으로 왔다고 해야 한다.
6 천지를 가리킨다.
7 1894년 갑오개혁 때 지방 행정구역을 개편해 함경도, 평안도, 충청도, 경기도, 경상도를 남·북으로 나누었다.
8 바울이 아덴 사람들에게 한 말 중에 나오는 구절(행 17:26)이다.

가진 한민족의 운명은 어쩌면 미리 예견되어 있었다고 볼 수도 있다. 하지만 워즈워스가 자유의 두 "위대한 목소리"[9]라고 칭한 것을 통해 이들은 자신의 민족적 삶을 사랑해 왔다. 이 한민족의 삶은 여러 면에서 중국이나 일본 민족과 유사한 점이 많으면서도 뚜렷하게 다르다. 중국을 마주하면서 한민족은 주는 것보다 받는 것이 많았다. 반면, 일본 군도에 산으로 등을 돌리고 있는 한국은 일본에 많은 것을 주었지만 최근까지도 얻은 것은 거의 없었다.

하나님의 손으로 지음받은 그대로의 이 땅의 거대한 모습은 참 아름답다. 한국은 산의 나라다. 온통 봉우리와 언덕과 산으로 가득 차 있고, 산맥들이 여기저기 뻗어 있어서 이 나라 사람에게는 이들이 마치 자기들처럼 살아 있는 듯 여겨진다. 이 산들의 모습은 마치 큰 물결이 이는 거친 바다가 하나님의 명령으로 갑자기 얼어 버린 것 같다. 이 땅에서는 결코 산으로부터 피하거나 숨어 버릴 수가 없다. 어디로 가나 항상 산이 보이기 때문이다. 히브리인들이 산이 '달리고' '숫양같이 뛰놀며' '기뻐하고', 산 위의 나무들이 '손바닥을 치는' 것으로 인식하고, 마치 뜻과 목적을 가진 살아 있는 존재처럼 행동하는 것으로 보았듯이, 한민족도 그들의 언덕들을 의인화하고 그 모든 것 위에 위대한 한 존재인 하나님(Hannanim)이 있다고 보았다. 이 나라의 그리스도인들은 여호와를 하나님이라고 부른다.

오래전에는 이 산봉우리들이 하나님이 주신 옷을 입어 숲도 울창하고 크게 자란 나무들도 많았다. 그러나 낭비를 잘하던 고대의 중국인들이나 현대의 미국인들처럼 조선인들은 나무를 베어 버리고 다시 심을 생각을 하지 않았다. 따라서 한민족의 땅은 중국이 그랬고 미국이 앞으로 그렇게

---

9   윌리엄 워즈워스의 소네트 Thought of a Briton에 나오는 것으로, 한 목소리는 바다를 가리키고 또 한 목소리는 산맥을 가리킨다.

될 수밖에 없듯이 수난을 겪어 왔다. 나무 한 그루를 베면 두 그루를 심는 것이 몸에 밴 삼림 애호가인 섬나라 일본인들의 땅과 비교하면, 한국은 나무 없는 산의 나라다.

"헤픈 낭비는 뼈아픈 결핍을 부른다." 지혜롭게 관리하면 가까운 장래에 훌륭한 재목들의 거름이 될 풀과 나뭇잎들을 긁어모아 연료나 땔감으로 사용함으로써 오늘날 막대한 에너지가 낭비되고 있다. 그러나 이미 이 땅의 새로운 주인들은 과거의 잘못을 고치기 위해 수백만 그루의 작은 나무들을 심기 시작했다. 벌거벗은 산은 아주 보기 싫으며, 배의 갑판 위에서 바라보면 이 나라는 무척 황량해 보인다. 그러나 일단 이 땅 안으로 들어가면, 풍경은 훌륭하게 바뀌어 숲이 울창한 계곡과 비옥한 토지가 전개된다. 밖에서 보면 동굴처럼 보이지만, 안에는 보물이 들어 있는 알리바바의 토굴과도 같은 것이다. 러시아인들이 압록강 상류에 있는 거대한 삼림을 약탈한 것이 계기가 되어 러일전쟁이 일어났을 때, 세계는 한국에 목재 자원이 그토록 풍부한 것을 보고 깜짝 놀랐다.

한편, 나라가 그러하듯 사람도 마찬가지다. 해변에서 바라본 외양만으로 그 나라의 모습을 판단해서는 안 되듯, 항구에서만 연구한 것으로 혹은 느지막이 일어나 외출하는 관광객의 입장에서 그 민족을 판단해서는 안 되는 것이다. 한국은 무엇보다도 농업국이며, 촌락으로 이루어진 나라다. 백성 열 명 중 아홉 명은 농사를 짓고 있다. 농부들은 강건하고 근면한 사람들이다.

이 나라에는 물이 풍부하다. 바위를 뚫거나 깎아 내며 흐르는 많은 강들은 아름다운 경관을 이루고, 배가 지나다니는 것을 가능케 하며, 식물을 자라게 하고, 수백만의 주식인 쌀을 생산하기 위한 관개용수 저장을 가능케 한다. 북동쪽에는 두만강이 있는데, 이 강은 이 나라와 러시아, 만주 사이의 경계선이 되고 있다. 북서쪽에는 역사적인 얄루강이 있는데, 이 나라 사람들은 이 강을 압록강이라 부른다. 이 이름은 그 강의 반짝이는 빛깔이 오리의 녹색 깃털의 기묘한 광채와 비슷한 것임을 알려 준다.[10] 웅장한 이 강의 한복판에 물이 넘쳐흐를 때는 세계에서 가장 큰 통나무 뗏목이 떠다니며, 강둑에는 도시와 전쟁터의 유적지가 있다. 압록강은 변발과 상투 사이의 경계, 즉 푸른 옷을 입은 부유한 중국인 농부와 흰옷을 입은 가난에 찌든 한국인 사이의 경계다. 역사상 이 강은 오랜 세월 한반도의 루비콘 강 역할을 하여, 양쪽 어느 편에서든 이 강을 건너는 것은 전쟁을 의미했다. 압록강으로부터 남쪽으로 많이 내려가면 '동쪽의 커다란 강'이라는 뜻을 가진 대동강이 있는데,[11] 이 강 유역에 평양이 있다. 평양은 유명한 역사적 도시로, 전설상으로는 한민족 문명의 건설자[12]가 터를 잡은 곳이기도 하며, 그 건설자의 것이라고 전해지는 무덤도 있다.[13] 한국의 소돔[14] 이기도 했던 이 도시는 지금도 기독교가 새로 가꾸어 놓은 정원에서 가장 아름다운 꽃 중의 하나다.

언제나 이 민족의 상상에서 가장 먼저 떠오르는 '그' 중앙의 강인 한강은 일본의 바다를 내려다보는 산맥의 깊숙한 곳에서 시작해 수도를 통과하여 흘러간다. 서쪽을 향해 반도 전체를 가로질러 흐르는 이 강은, 순환하는 생명의 피를 이 나라의 심장으로 공급한다. 이 심장은 수도 서울[15]로서 프랑스 지도에는 '살레'(Salée, 소금)로 표기되어 있다. 일본말로 케이조(京城)라 불리는 이 서울 외에도 다른 도시들이 이 강변에 둥지를 틀고 있다. 이 강

---

10 압록강은 「통전」(通典)에 "水色如鴨頭"(물결의 색깔이 오리 대가리의 빛깔과 같다)라고 한 데서 그 이름이 유래했다고 하는데, 저자는 이것을 의식하고 있는 듯하다.
11 저자는 대동강의 한자를 大東江으로 생각하고 '동쪽의 커다란 강'으로 의미를 풀이하고 있으나 대동강은 大同江으로 일반적으로 쓰고 있다.
12 「삼국유사」에 의하면, 단군이 먼저 평양에 터를 잡았다. 그러나 저자는 이 책을 읽지 못했던 것 같다. 뒤에 무덤 이야기를 하는 것으로 보아서 기자를 가리키고 있다.
13 기자능을 가리킨다. 대부분의 선교사들은 기자묘를 사진에 담았다.
14 창세기 18-19장에 나오는 도시로 죄악 때문에 고모라와 함께 멸망했다. 아마도 평양을 색향(色鄕)이라고 했던 속설과 관련시켰기 때문에 이렇게 불렀을 것이다.
15 저자는 여기서 서울을 'Seoul(Soul)'로 표기하는데, 이후로는 계속 Soul로 표기한다.

의 하구에는 그 모습에 어울리게 강의 꽃이라는 뜻의 이름을 가진 강화도라는 섬이 있는데, 대부분의 물줄기는 이 섬의 남쪽으로 흐르고 나머지는 북쪽으로 비껴 흘러간다. 좀더 남쪽으로 내려가면, 규모는 한강보다 작지만 역시 풍부한 수량을 가진 강들이 더욱 따뜻하고 비옥한 반도의 남반부를 적셔 주고 있다. 이 가운데서 유명한 강은 낙동강인데, 이 강을 거슬러 160킬로미터 정도는 배가 들어갈 수 있다. 낙동강은 이 나라에서 가장 인구가 많고 일본을 마주보고 있는 광활한 남동부 지방으로 흘러들어 간다. 이 강 유역에는 고대의 영광이 서린 신라라는 중세 국가가 위치해 있었다. 이 나라의 항구를 통해 불교 포교사들과 문명 전파자들이 일본으로 건너갔으며, 또한 중국의 선박들이 당시 유럽에서는 이름도 들어보지 못한 나침반을 이용하여 신라로 항해해 왔다. 신라의 항구에 정박했던 아랍의 배들[16]이 이 하나님의 떨리는 손가락[나침반]을 서양으로 가져갔는데, 이것의 도움으로 콜럼버스는 깊은 바다를 건너 아메리카 대륙을 발견할 수 있었다. 바그다드에서는 한국의 예술품이 유명한데, 「아라비안 나이트」에 나오는 가장 흥미로운 바다의 모험 이야기들은 어쩌면 한국으로의 항해를 소재로 하여 만든 것인지도 모른다.

북에서 남으로 이 지방 전체를 관통하여 흐르는 낙동강은 이 나라에서 가장 넓고 인구가 많은 유역으로 흘러들고 있으며, 배를 타고 다닐 수 있는 구역이 160킬로미터 이상 된다. 만일 이렇게 풍부한 수량을 가진 강들이 없다면, 한국은 지금처럼 비옥한 나라가 될 수 없었을 것이다.

거의 전 국토가 바다로 둘러싸여 있고, 산과 골짜기, 평야와 계단식 경지가 풍부한 한국은 늘 수많은 골짜기에 스민 촉촉한 공기 위에 쏟아지

---

16 아랍의 상인들이 8-9세기에 그들의 지리학자들에게 잘 알려진 신라에 와서 살며 통상했다는 것은 저자의 책 *Corea, the Hermit Nation*, p. 48에도 보이고, 우리나라에서도 신라의 처용설화를 분석하면서 일부 학자들이 그런 주장을 한 바 있다.

는 햇빛으로 옷 입고 있을 뿐만 아니라, 옛이야기에 나오는 목동의 옷이나 왕의 옷보다도 좋은 봄과 가을의 색깔로 아름답게 물들어 있다. 이 나라는 무척 아름다우며, 이 민족도 그것을 알고 그 매력을 느끼고 있다. 이 땅을 가히 백합화의 나라라고 불러도 좋으리라. 다만 백합이 아닌 다른 꽃들, 제비꽃, 들장미, 희고 붉은 장미와 라일락, 철쭉 등이 만발하며, 과수원에는 복숭아꽃과 배꽃이 이 땅을 영광과 아름다움으로 채우고 있을 뿐이다. 끝없는 계절의 변화 과정 속에서, 눈이 내리기 시작할 때까지 아름다운 꽃들이 만발하며, 눈이 녹은 후에 다시 온갖 꽃들이 피어나는 것이다. 봄이 되면 진달래가 언덕과 골짜기에 불붙듯 피어나 눈의 흰색을 짙은 오렌지색으로 바꾼다.[17] 식물학자가 한나절 동안만 서울 근방의 언덕들을 돌아다녀도 47종류의 꽃들로 이루어진 꽃다발을 안고 돌아올 수 있다. 만일 서울 근교의 제물포까지 하루를 들여 다녀올 수 있다면 꽃의 종류는 12가지가 더 불어날 것이다.

    이 모든 꽃들이 다 아름다운 향기를 내는 것은 아니지만, 상당히 많은 꽃들이 향기를 지니고 있기 때문에 산꼭대기에서 불어오는 바람은 매우 감미롭다. 특히 봄에는 향기를 실은 바람이 불어와 신선한 기쁨을 안겨 준다. 가을이 되면, 향기 대신에 색깔과 굳센 꽃들이 두드러진다. 그중에도 쑥부쟁이와 미역취가 주홍, 자주, 금빛 등 다채로운 빛깔로 산을 덮는다. 그러므로 눈이 먼 사람일지라도 한국인들이 길가에 서서 기쁘게 외치는 감탄의 소리로부터, 이쪽을 향해 말을 거는 조선인의 마음으로부터, 조선인의 시와 민요로부터, 여행하는 사람들의 습관으로부터, 심지어는 비천한 신분이면서도 기쁨을 느낄 줄 아는 교양을 갖춘 짐꾼으로부터, 이 나라의 자연이 얼마나 아름다우며 이 민족이 이 경치를 얼마나 사랑하고 있는지

---

17 진달래가 피어나 산들이 짙은 오렌지색으로 변한다는 것은 저자가 잘못 안 것이다.

를 알 수 있을 것이다. 이 나라에서는 뛰어난 휴양지와 관광 명소가 일상 언어와 시인들의 노래를 통해 천 년간이나 칭송되어 왔다.

하늘과 땅 그리고 그 가운데 있는 공기 중의 습기와 햇빛의 뒤섞임과 그 빛깔들의 혼합만으로는 자연을 충분히 색칠해 내기에 부족하다는 듯, 새의 깃털과 동물 가죽에도 다채로운 색조가 풍부하게 어우러져 있다. 흰 왜가리의 희고 검은 빛깔, 따오기의 분홍빛, 매력적인 꿩의 무늬 등이 주의를 끌며, 비록 죽은 것이기는 하지만 의자나 마루에 깔린 호랑이 가죽의 줄무늬와 표범의 반점도 볼 만하다. 빛깔에 특별한 취미가 있는 사람은 돌의 결과 무늬, 흙의 색조, 보석, 금속이나 집 짓는 돌의 다양한 빛깔에서도 풍부한 아름다움을 발견할 수 있을 것이다. 돌 중에는 화강암이 제일 흔한데, 화강암 덩어리가 쌓여 산을 이룬 것도 많으며 그것이 마모되어 생긴 흰 빛깔의 흙은 어디서나 볼 수 있다.

모든 위대한 인종과 문명은 매년 몇 번씩 폭풍우가 찾아오고 또 기후가 거의 예측될 수 없는 지역에서만 지속적으로 살아남고 유지된다는 최근의 이론에 누구나 공감할 것이다. 이런 관점에서 볼 때, 세계에서 가장 쾌적한 편에 드는 기후와 규칙적인 계절 변화 속에 있는 한국은 가장 위대한 업적을 이룰 수 있는 굳건하고 자립적인 인종을 길러 낼 것으로 보이지는 않는다. 물론 영하 12도에서 영상 37도에 이르는 극심한 기온차가 있기는 하다. 북쪽의 골짜기에는 일 년의 4분의 3에 해당하는 시기 동안 90센티미터 깊이의 눈이 쌓여 있으며 강에도 90센티미터 두께의 얼음이 언다고 알려져 있지만, 사람들이 모여 사는 대부분의 지역은 겨울에도 온화한 편이다. 따라서 한강 이남에 사는 사람들은 이북에 사는 사람들의 계절적인 취미 활동인 썰매나 스케이트를 생각도 할 수 없다. 이처럼 한국은 겨울도 대체로 쾌적한 기후다. 이어 봄이 오면, 꽃의 대군이 몰려와 푸른 잎사귀와 꽃잎으로 세상이 뒤덮이고 풀잎들이 물결치며, 아지랑이 때문에 모든 풍경이 부드럽게 변한다. 또한 4월과 5월 일찍부터 보슬비가 내리기 시작한다. 모든 계절의 변화 중에 가장 견디기 힘든 것은 7-8월의 장마인데, 이때는 강물이 무섭게 빠른 속도로 불어나 생명과 재산을 앗아가곤 한다. 장마가 오면 산 사이에 놓인 분지인 서울은, 샤워기를 틀어 증기가 뽀얗게 낀 목욕탕처럼 되어 버린다. 50센티미터의 빗물이 지표에 쌓이며, 가끔 12센티미터 정도에 그치기도 한다. 이때는 하늘에서 쏟아져 내린 강물을 바다로 옮긴다는 것이 땅으로서는 벅찬 일로 보인다. 집 밖의 모든 것은 목욕탕에 들어갔다 나온 것처럼 젖어지고 집 안의 가구와 마루, 또 모든 덮개에 습기가 찬다. 그리고 이런 우기에는 벽들이 마치 유리창처럼 반짝이며, 그 위에서 물방울이 주룩주룩 흘러내린다. 또 유기적 조직을 가진 모든 물건에는 커다랗게 곰팡이가 피어오른다. 어떤 경우에는 검은 가죽 구두가 하룻밤 사이에 녹색 눈이 쌓인 것처럼 변하기도 한다. 그러나 가을은 아름다우며, 초겨울도 멋지다. 한마디로 열 달 동안은 자연이 생활을 쾌적하게 만들어 준다. 항상 불확실성의 규칙이 지배하는 불투명하고 긴장된 기후라면 도덕적 힘이 풍부한 억센 인간형을 만들어 냈을 것이다. 그러나 한국에서는 영국이나 뉴잉글랜드, 스코틀랜드, 네덜란드, 스칸디나비아의 사람들과 같은 인간형을 찾을 수 없다. 한국이 받은 많은 은사와 은혜는 다른 식으로 표현되는 것이다.

 반도 대부분 지역의 토지가 비옥하다는 것은 두말할 나위가 없다. 그러나 땅과 골짜기와 강에 풍부한 물이 있음에도 불구하고, 하늘의 강으로부터 오는 물 공급은 결코 규칙적이지 않다. 벼는 모든 작물 중에서도 가장 불안정한 작물이기 때문에, 결정적인 시기에는 상당한 양의 물을 필요로 한다. 따라서 제때 비가 오지 않으면 벼농사는 실패하고 만다. 한국은 중국이나 과거의 일본처럼 기근을 경험해 왔으며, 통치자들은 곡간이 빌 때, 곡식의 싹 대신 폭동과 소요와 정치적 무질서의 싹이 튼다는 것을 알고 있다. 그래서 노자는 백성들의 사회적 안정을 위해 "백성을 배부르게 해 놓으라"고 말했다.[18] 때때로 기근이 극심하여 집단적으로 굶어 죽는 사람들이 나오기도 하지만, 전반적으로 농업을 위한 환경은 아주 좋은 편이다. 그래서 한국은 사람들이 풍족히 먹고 지내며, 굶어 죽는 일도 드물고, 거지도 없는 나라다.

한마디로 하나님의 손으로 지음받은 있는 그대로의 한국, 자연이 풍성함을 가져다준 있는 그대로의 한국은 신명기 8장에 그려진 약속의 땅처럼 영광스러울 정도로 아름답다. 유교 사상으로 둔해져 버린 이 나라 사람들이 그것을 알았더라면! 토지의 비옥도는 평균치 이상이므로 이 나라 사람들이 다 먹고 남을 만한 식량을 생산해 낼 수 있다. 이 나라를 둘러싸고 있는 바다는 등잔 기름이나 비료를 제공할 뿐만 아니라, 무한한 식량 창고이기도 하다. 육지의 바위에는 광맥이 많아 여러 풍부한 광물의 전시장과도 같다. 값지고 유용한 금속도 매우 풍부하다. 목재의 보고인 북쪽의 삼림, 교통 발달의 가능성, 천연 자원과 그 잠재력의 다양성 등은 독실한 신자의 입장에서든 과학자의 입장에서든, 하나님께 영광을 돌리고 자연에 감사하는 마음이 들게 한다. 그러나 곰곰이 생각해 보면, 자기 뜻을 자유롭게 행할 수 있는 차지인(借地人)으로서 그리고 주님께 커다란 능력을 부여받은 자로서 이 아름다운 땅 위에 놓인 사람들이, 땅으로 하여금 한층 풍요로운 소출을 내게 하고 바다와 보물창고인 산과 금빛 모래가 풍부한 강으로부터 생활을 편안하고 풍요롭게 하며 더욱 고양시킬 수 있는 물질들을 얻도록 좀더 많은 노력을 기울였더라면 좋았으리라는 아쉬움이 생긴다.

"땅에 충만하라. 땅을 정복하라"는 하나님의 명령을 듣고 이해하며 복종할 줄 모르는 사람들을 대신하여, 하나님의 명령을 듣고 복종하며 땅이

---

18 「노자」(老子) 61장, 75장, 80장 참조.

가진 잠재력을 드러낼 수 있는 종족이 들어선다는 것은 인간 역사에서 강하게 들려오는 진리이자 거의 우주의 법칙에 가까운 원리로 여겨진다. 이 법칙은 이제 일본 제국의 한 영역으로 통합되어 버린 조선에도 적용되었다.[19] 한국은 더 이상 '은자의 나라'가 될 수 없었다.

---

19 저자는 일제의 한국 침략 실상을 외면한 채, 단지 한국의 부패한 정권을 대신해 하나님의 명령을 따를 줄 아는 일본이 한국을 통치하게 된 것을 지극히 당연하게 받아들이고 있다. 여기서 저자 및 동시대 서양 선교사들이 침략 강권주의를 기반으로 한 당시 세계 질서를 지극히 피상적으로 인식하고 있음을 엿볼 수 있다.

2
인간의 한국
─ 실제 삶

　　　　　　　　무엇을 한국의 진정한 역사로 보아야 할까? 기원전 1122년에 중국에서 은 왕조가 멸망했을 때, 한 신하(중국에서는 '키쩨'라 읽고 한국어로는 '기자'라고 읽는)가 새로운 지배자를 섬길 것을 거부하고 조정을 떠나 5천 명을 이끌고 동쪽으로 이동했다는 사실은 잘 알려져 있다. 바로 여기까지가 중국 역사에 나오는 내용이다.[1]

　한국의 옛이야기에 따르면, 기자는 반도로 들어와 대동강 유역에 수도를 건설하고 평양에서 통치를 시작했다고 한다.[2] 그는 백성에게 법과 윤리와 도량법과 가치 기준을 가르쳤다.[3] 모든 한국의 아이들에게 이 전설은

---

[1] 「사기」(史記) 송미자세가(宋微子世家條)와 「상서대전」(尙書大傳) 혹은 「한서」(漢書) 지리지 연조(地理誌 燕條) 등, 중국 측 역사서에 의하면 은을 멸망시킨 주의 무왕이, 은의 왕족으로서 현인이라는 평을 듣던 기자를 조선왕에 봉했다고 한다. 그러나 이 사실은 한국 사학계에서는 인정되지 않는다.

[2] 기자가 처음부터 평양에 들어왔다는 내용은 초기 기록에는 없다. 그가 들어와 단군 조선을 잇게 되었다는 전설에 따라, 단군이 도읍했다는 평양을 그의 통치의 중심으로 생각하게 되었다. 그래서 평양에 기자묘, 기자정(箕子井) 등을 전설적으로 설정하게 되었고, 외국 방문객들도 이를 받아들이게 되었다.

성경처럼 무오의 권위를 가진 것으로 받아들여지고 있다.[4] 이 땅에 사는 수백 명의 외국인들도 이것을 의심 없이 받아들이며, 무게 있게 쓰인 백여 권의 책과 백과사전들이 이 아름다운 이야기를 그대로 반복하고 있다.

역사의 기록은 다른 모든 기술이나 예술과 같이, 실제 사실을 묘사한 다기보다 만들어지는 것이기 때문에, 어떤 모형을 따를 수밖에 없으며 인간의 독단과 경쟁과 편견의 영향을 받는다. 유럽에서 우리 야만 상태의 조상들은 로마 문자와 라틴 문화를 받아들이면서 그리스와 히브리, 그리고 알프스 저편의 문학 양식을 따르고 심지어는 라틴 형식 속에 있는 새로운 종교까지도 채택했다. 이와 마찬가지로, 한국의 고대 부족들은 야만을 벗어나 문명 상태로 들어서는 과정에서 문자를 기록하는 지식을 중국에게서 얻었다. 이러한 지식들 중 일부는 기독교 시대가 시작되기 이전 혹은 그즈음 반도로 침투된 것으로 볼 수도 있을 것이다. 그러나 고대 혹은 그 이후의 한민족이나 일본인들이 문자를 소개받기 이전의 자기 역사에 대해 알고 있는 바는 모두 중국의 기록들에서 얻은 것이다.[5] 반도의 부족들이 정치의식에 눈떠 중국에서 연대기와 학자들을 들여옴으로써 자기 역사라고 생각하는 것을 종이에 기록하려 했을 때, 아마 그들은 처음 기자와 기자의 동방 이주에 대한 사실을 발견하게 되었을 것이다. 도그마가 어떻게, 언제, 어디서 만들어지느냐 하는 것은, 특히 일본에서 그랬던 것처럼 그 도그마가 정부 존속의 수단으로 사용될 때 명약관화하다.

---

3 소위 기자가 가르쳤다는 8조의 법금을 말하는데, 이것은 관습법으로서 고조선의 8조법금이라고 하며 중국의 것과는 관계가 없다.
4 이 표현은 저자 자신이 일본인의 학설을 지나치게 신봉한 결과 무비판적으로 표현한 것으로, 이 책이 쓰인 1912년까지의 한국사 인식을 반영한 것이다. 기자가 한반도에 동래(東來)했으리라는 학설은 오늘날 부정되고, 대신 동이족의 유이(流移) 문제와 관련하여 새로운 해석이 시도되기도 한다.
5 중국의 선태문헌이나 「사기」, 「한서」의 조선전, 「후한서」, 「삼국지」 등의 동이전류에 이러한 역사가 기록되어 있다.

따라서 기자가 근대 한국 영토의 영역 내에 정착하여 한국인들을 위해 문명을 세웠다는 이야기는 반도에 한학(漢學)이 전파된 훨씬 이후, 즉 서기 6세기 이후에야 형성되거나 꾸며졌으리라는 추측은 아마 사실인 것 같다.[6] 1894년 청일전쟁 때 크게 훼손되고 그 이후에 재건된 평양에 있는 무덤[기자묘]의 존재도 사실을 고증하는 데는 아무 도움이 되지 않는다. 통계의 불모지인 이곳에서 '역사'는 항상 '4천 년'이며, 인구는 항상 '2천만'인 것이다.

한민족의 발전에서 가장 뚜렷한 사건 중 하나는 서기 352년[7]에 불교를 받아들인 일이다. 그 당시에는 이미 여러 부족들이 통합되어 세 왕국 혹은 국가가 세워져 있었다. 불교는 불상, 서적, 예술을 가지고 들어왔다. 그 뒤를 이어서 수세기 동안 교사, 기술자, 학자, 재주와 학식이 있는 사람들이 줄지어 들어왔는데,[8] 그들에 의해 한민족은 문화를 갖게 되었고, 계몽되었으며, 유교는 제시하지 못했던 내세의 삶에 대한 희망을 갖게 되었다. 서로 싸우던 세 국가는 10세기에 고려라는 왕국으로 통일되었는데, 이때 불교는 민족 대다수가 믿는 신앙이 되었다. 제주도에서 백두대간에 이르기까지 한민족은 정치적 통일뿐 아니라 종교적 통일도 이룩하게 된 것이다.

불교가 국교로 승인되고 전파된 천 년이라는 기간 동안 한민족은 가장 빛나는 번영의 시대를 구가했다. 한국 여러 도시의 유적지에 흩어져 있는 비석과 탑, 천문관측소[첨성대]와 기타 건물 등에 나타난 숙련된 기술자들

---

6 저자의 기자에 대한 관심은 좀 지나치다. 기자에 관한 기록은 중국 한나라의 사마천(주전 145-86?)이 썼다.
7 최초의 불교 전래는 고구려 소수림왕 2년(372년) 전진의 중 순도(順道)가 고구려에 전해 주었기 때문에 원문의 352년은 372년으로 바로잡는다. 그렇다고 저자가 순도 이전에 동진의 지둔도림(314-366)이라는 스님이 고구려 도인에게 준 편지를 들어 352년에 불교가 고구려에 전개된 것으로 보는 것도 아니다.
8 이 내용은 저자의 과장된 표현이다. 자료상 확인할 수 없다.

의 유적, 수도원[9]과 사원, 옛 도시의 터에 무성하게 자라난 수풀 위로 여전히 우뚝 솟아 있는 거대한 화강암 불상 등은 한민족이 신앙의 힘으로 가득할 때 무엇을 할 수 있는지를 보여 준다. 불교의 쇠퇴 이후에 예술적 기념물들이 거의 사라지고, 타타르(Tartary)[10]와 중국, 일본 등의 침범 당시 이 나라가 철저히 유린되고 황폐해졌기 때문에, 오늘날의 여행자들은 과연 그러한 것이 존재했는지 의아해한다. 그러나 당시의 많은 기록들이 한민족의 이전의 번영과 비교적 높은 수준의 문화를 증명하고 있다. 평화 시에 하사품을, 전쟁 시에 전리품을 가져온 일본이 한민족에 큰 빚을 지고 있다는 많은 기록이 있다.

그러나 불교 승려들이 불교가 국교인 점을 악용하여 자신의 살을 찌우는 기생적인 존재로 전락하고, 그들의 자만과 무례와 왕실에서의 음모가 심해지자 혁명이 일어나게 되고 승려들은 혁명을 일으킨 장군에 의해 비참하게 타도되었다. 1392년 잠시 내전[11]이 있은 후, 불교는 왕실의 종교에서 밀려나 인기가 떨어지고 마침내 금지되기에 이르렀다. 이러한 변화를 찬양받을 만한 민족적 발전으로 보고 있지만, 그렇더라도 평민들이 자신의 종교 지도자를 빼앗겨 목자 잃은 양 떼로 남게 된 것 또한 사실이다. 한 민족이 종교를 가져야 할 필요성에 대해 워싱턴 대통령이 이임(離任) 연설에서 한 말이 한민족의 종교적 경험에 대해서만큼 잘 적중되는 경우는 없는 것 같다. 교사와 조력자들이 사라지자, 불교 교리에 의해 고양되었던 한민족은 다시 원시적인 샤머니즘과 귀신숭배로 퇴보해 버린 것이다.[12] 예

---

9 monastery를 수도원으로 번역했으나, 참선 위주의 선원이나 선방으로 번역될 수도 있을 것이다.
10 몽고의 한 부족 명칭 중 달단(韃靼, Tatarus)이라는 것이 있으므로, Tartary는 몽고족의 원나라로 보인다.
11 1392년의 정몽주 피살과 조선 개국을 가리키는 것 같다.
12 원래 불교는 인도에서 발생할 당시부터 타 종교에 대해 관용적이었다. 그런데 한국의 불교는 전래 당시부터 샤머니즘에 뿌리내리는 경향이 더욱 강했다. 신라 이래 고려 시대까지 계속된 팔관

수님의 소박한 기독교가 사제단에 의해 부패하고 예수님 자신도 몰랐던 교리에 의해 짓눌려 버렸듯, 후기의 세속적 번영에 의해 타락했던 한민족의 불교는 석가모니의 8정도[13]에서 멀어지고 말았다. 1392년부터는 유교가 국가적인 의식이 되고, 유교에 근거하여 수립된 중세 철학이 한국의 일반적 양반들에게 공통적인 신조가 되었다.

이제 다른 모든 종교보다 앞서 있었던 원시 신앙에 대해 살펴보도록 하자. 한민족이 실제로 믿은 것이 무엇이었냐를 가장 잘 보여 주는 것은 민담과 군기(軍旗)나 사당에 그려진 그림들이다. 민담이라는 문학 형식은 어떠한 기록이나 경전에 의한 종교보다도 오래된 것이며, 외국에서 수입된 그 어떤 의식이나 사고 체계보다 생명력이 길다. 이러한 민담에 나타나 있는 짐승이나 귀신에 대한 근본적인 생각은 일반 사람들의 정신 활동을 보여 준다. 이 민담 중 어떤 것들, 특히 말이나 문자 형태로 현존하는 것은 틀림없이 중세 혹은 그 이후에 만들어진 것이지만, 그 내용은 귀신(대부분 악귀)이 어디에나 존재한다는 고대 이전의 믿음을 드러내고 있다. 민담에는 다소간 짐승의 형상을 하고 짐승처럼 행동하지만 머리가 좋은 무수한 귀신이 등장한다. 그들은 나무나 바위, 산과 골짜기에 사는데, 거기서 한숨을 쉬고 신음하고 있다. 땅이든, 공기든, 하늘이든, 땅 아래 물이든 그들이 활동하지 않는 곳은 없다. 인간이 활동하는 곳이면 어디나, 또 인간이 세워 놓은 건축물이면 어디나 그들은 떼를 지어 들어온다. 그들은 서까래 사이든, 마루의 아래나 위든, 굴뚝 안이든, 구들장 밑이든, 부엌 아궁이든, 벽

회라는 불교 행사는 토착 종교적 성격도 띤 것으로, 천신·용신·산신·수신에 대한 종합적인 축제였다. 그리고 고려 인종 때 국내 8개 명산의 신을 모시는 팔성단을 쌓은 적이 있으며, 현재의 한국 사찰에도 대개 산신각이 있다. 따라서 고려 시대에는 불교의 영향으로 샤머니즘이 약해지고 조선 건국 이후 샤머니즘이 강해졌다고 단정적으로 말할 수 있을지는 의문이다.
13 바른 것을 이루는 8가지 길. 팔성도(八聖道)라고도 하며 정견(正見), 정사유(正思惟), 정언(正言), 정업(正業), 정명(正命), 정정진(正精進), 정념(正念), 정정(正定)을 말한다.

이든 조선 도처에 사람이 사는 곳이면 어디에나 숨어 있다가 사람의 피부에 들러붙는 벌레처럼 모든 곳에 빽빽하게 들어차 있다. 인간이 수억 개의 세균과 곰팡이 포자에 에워싸여 있다는 과학적 확신처럼, 사람들 특히 여자들은 상자와 꾸러미, 항아리, 빗, 비 등 어디든 존재하는 이와 같은 귀신들에 둘러싸여 있다. 그리고 이 귀신들은 언제든지 병이라는 형태로 파괴를 일삼을 준비가 되어 있다. 이 사람들은 삶의 매 순간 그 귀신들과 접촉한다고 믿고 있는데, 이러한 악마의 무소부재설(無所不在說)을 잘 살펴보면 단지 이교 사상의 섬망증적 광신이 아니라 가장 고귀한 진리, 즉 하나님의 무소부재라는 진리가 서투르게 모방된 형태임을 발견할 수 있다.

이들 타락한 신앙의 가장 흥미로운 결과는, 비교종교학 연구가들이 붙인 여러 학문적인 명칭에 따르면, 우선 지관(地官)과 무당, 점쟁이, 귀신 물리치는 사람 등과 같이 그러한 문화 위에서 배를 불리는 인간 병균들이 놀랄 만큼 많다는 것이다. 이들은 이 민족의 주머니를 털 뿐만 아니라 생명까지도 앗아 간다. 둘째, 이러한 정신적 병 때문에 도처에서 귀신을 모시는 사당과 나무를 조각하여 만든 우상, 헝겊 조각으로 장식한 고목, 무시무시한 장소에 쌓아 올린 돌무더기, 지붕에 매달린 먼지 낀 물신(物神), 집 가까운 곳 거의 어느 마당에서나 볼 수 있는 신장대 등이 발견된다. 이러한 인간적·물질적 미신이 죽음의 밤 그림자처럼 만연함으로써 매년 수백만 달러의 손실이 생긴다. 이러한 미신과 변질된 옛 신앙으로 인해 무당과 박수 따위가 생겨났다. 수적으로 볼 때 무당이 박수보다 많은데, 이들의 한국어 명칭들은 이들이 귀신과 의사소통을 하고, 귀신보다 더 큰 힘을 가지고 있음을 보여 준다. 파종하는 문제와 집 짓는 문제, 여행하는 문제, 사업상의 모험을 하는 문제, 자녀의 결혼 문제, 부(富)나 건강을 구하는 문제, 병을 치료하는 문제 등을 가장이 결정할 때, 그는 미신의 불쌍한 노예로서 점쟁이에게 속임수나 기괴한 짓거리에 대해 돈을 지불해야 한다.

병에 걸렸을 때도 고통과 신체의 불편에다 정신적 고뇌의 짐까지 져야 한다. 모든 마을에서는 산신을 달래고, 호랑이가 마을로 내려오지 못하게 하고, 아직 무엇인지도 모르는 재난을 막기 위해 집집마다 분담금을 세금처럼 내야 한다. 또 아이들은 굶어 죽더라도 귀신을 모시는 사당에는 곡식 자루를 갖다 바쳐야 한다. 산을 지날 때는 사당지기에게 통행료를 물어야지 재난이 뒤쫓아 오지 않는다고 한다. 각 마을의 입구에는 '밀턴의 죄'(Milton's sin)나 '저지의 허수아비'(Jersey scarecrow)보다도 못생긴, 조야한 모습으로 조각된 나무가 '천하대장군'과 '지하여장군'을 나타내고 있다. 과거의 한국은 공포의 영역으로, 귀신에 붙들린 1천 2백만 명의 노예가 살고 있었다. 그 말의 이론적 의미가 어떻든 간에, 이 지역이 완전히 귀신에 붙들려 있었음은 확실하다.

그러나 이렇게 역겹고 지적으로 저급한 상황에도 불구하고, 한민족은 자기 나라를 매우 자랑스러워했다. 일본과 비교할 때도 그들은 일본을 반(半)야만적인 섬나라로밖에 보지 않았다. 막강한 중국과 비교할 때도, 문자와 지식, 철학, 과학, 도덕, 예절 등 모든 문화를 전해 준 그 나라를 영광스러운 모형으로 존중하면서 한민족이 그 중앙의 제국 다음으로 세계에서 가장 위대하다고 생각할 수 있었다. 실로 그들은 감사할 것을 모두 가지고 있었다. 현재도 그들은 조상에게, 통치자에게, 지극히 높으신 자의 은혜에, 또한 모든 길의 중심이며 한민족이면 누구나 죽기 전에 한 번 그 영광을 보고 싶어 하던 훌륭한 도시 서울에 있던 왕조에 감사해야 마땅하지 않겠는가.

하지만 외국인들의 냉랭한 눈에는 비참한 가난 상태로밖에 인식되지 않는 수도 서울이 기묘한 초가집들의 집합, 혹은 더러운 동굴보다 나을 것이 없는 곳으로 비친다면 어떻게 하겠는가. 하인이나 하녀가 병들면 쓸모없는 동물처럼 문밖에 버려 죽어가게 하는 저주받은 노예의 나라라면 어떻게 하겠는가. 소위 '2천만'의 사람들, 실제로는 그 반쯤 되는 사람들이 백만 명의 게으른 기생충과 같은 양반 관료 계급에 의해 법이라는 명목으로 억압당하고 수탈당한다면 말이다. 일반적인 조선의 양반은 고양이를 싫어하듯 육체노동과 정직한 일을 싫어했다. 그들은 다른 사람들을 돕기 위해 손에 흙을 묻히는 것도 싫어했다. 그들은 깨끗한 흰 무명옷이나 좋은 빛깔의 비단옷을 입고, 그들 계급이 사용하는 넓은 테가 있는 검고 큰 모자를 쓰고, 관직을 기다리거나 어떤 식으로든 국가의 녹을 바라며 거기 기대어 살았다. 그들이 그런 삶을 살 수 있도록 부인들은 그들을 위해 식사를 준비하고, 세탁과 청소를 하면서 일생을 보냈다. 이들 중 3천 명은 서울에서 관직을 차지하고 있었으며, 8백 명은 나머지 지방에서 공직을 차지하고 있었다.[14] 그러나 사실보다는 전통에 묶여 사는 여러 애국자들처럼, 국가의 녹을 먹는 이 상류 계급 사람들은 대부분 자신의 나라에 대해 놀라울 정도로 아무것도 몰랐다. 1905년 민영환 장군은 나라가 독립을 잃은 것에 분노해 자결하면서 백 자 정도 되는 유서를 남겼다. 그중에는 '2천만 동포'라는 구절이 네 번 나오는데, 1910년 처음으로 시행된 인구 조사에서는 반도의 전체 인구가 1천 2백만 명이 약간 넘었을 뿐이라는 사실이 드러났다.

그러나 실질적으로든 상상 속에서든 한민족은 다음 사항들을 자랑할 수 있고 실제로 자랑스러워했다. 그들은 산의 웅장함, 하늘과 땅의 아름다움 등 자연의 아름다움에 매우 민감했으며, 조국과 조상의 전통을 명예롭게 생각하고 숭상했다. 또한 그들은 품위가 있었으며, 예절 바르고 위엄을 지켰다. 그들은 예의를 지키기 위해 오랜 기간 수련했다. 그들은 오랜 세월

---

14 조선 시대 서울과 지방에서 양반이 차지하는 관직의 수는 서울(내직)에 400석, 지방(외직)에도 그와 비등했다. 그러나 중인층에 속하는 아전까지 합하면 이보다 훨씬 많았다.

동안 물려받은 환경에 익숙해져 있었기 때문에, 서양인들이 첫눈에 불쾌하고 역겹게 여기며 경멸하는 것들을 제대로 볼 수 없었다. 예를 들어 냄새의 감각만 하더라도, 다른 지역의 모든 사람과 마찬가지로 그것은 민감하냐 무감각하냐의 문제가 아니라 교육의 문제였다. 그들은 어린 시절부터 뿌리 깊은 관습을 따라 묵묵히 살아왔기 때문에, 그 관습은 그들에게는 철칙처럼 여겨졌으며 환경이 부여하는 틀을 따르는 것도 자연스러웠던 것이다. 한마디로, 무덤과 무덤에서 울려 나오는 목소리가 그들을 지배했으며 그들의 황금시대에 대한 이상은 과거 속에 존재했다.

서울에 살 경우, 양반들은 음악 소리에 따라 아침에는 잠을 깨고 밤에는 평화롭게 마음을 가라앉혔다. 아마 그 음악은 성문이 열리고 닫힐 때 울려 퍼지는 소리였을 것이다. 촌락에 있을 경우에는, 높은 담과 성문 등 시골에는 없는 서울의 영광에 대한 환상을 지켜 나가기 위해 악기로 비슷한 음악을 연주했다. 아침 식사 때는 여인과 하인과 아이들이 그들의 시중을 들었다. 낮 동안에 그들은 관리로서의 직무를 수행하거나 남의 식객이 되거나, 담배, 오락, 술, 가무 등으로 시간을 보냈다. 서울의 중심에 있는 가장 큰 종[보신각 종]의 통금 종소리와 성문이 닫히며 삐걱거리는 소리가 그들에게 하루가 끝났음을 알려주었다. 그러고 난 후 남산 꼭대기에 봉화가 타오르는 것이 보이곤 했다. 이 봉화는 마치 전보처럼 국경이나 해변에서 불을 통해 메시지를 보내는 것으로, 산꼭대기에서 산꼭대기로 전달되어 나라 안의 모든 것이 평화로움을 알리는 것이었다. 저녁 9시가 되면, 그들은 자기 집 혹은 이웃의 사랑방에서 가벼운 음식을 들거나 오락을 하면서 이야기를 나누었다. 그러는 동안에 가정의 여인들은 자유롭게 문 밖으로 나가, 거리에서 신선한 바람을 쐬거나 이웃 나들이를 했다.

이때가 바로 한국 여인들에게 주어진 자유로운 시간이었다. 서양인의 예법에 대한 관념과는 정반대로, 여인들이 나들이를 하고 잡담을 나누며 서로 돕는 이 시간에 남자들이 돌아다니는 것이 발견되면 곤장으로 엄하게 처벌받았다. 많은 이방인이 서울을 침략해 근대화하기까지는, 이 시간에 남자와 소년들이 밖에 나오지 못한다는 것은 하나의 규칙이었다. 이때 길거리에서 춤추는 듯한 수많은 등불은 여자의 특권을 말해 주었다. 남자들은 밤에 돌아다니는 법이 결코 없었던 것이다.[15]

음식과 옷이 마련된 풍족한 집안의 가장은 노년기까지 편안히 살 수 있었다. 그뿐만 아니라, 죽어서 조상들과 함께 언덕에 묻힌 후에도 효성스러운 아들들이 족보를 간직하고 자신의 제사를 지내 주며 자신의 무덤이 침해받지 않고 단정하게 지켜지리라는 것을 알고 있었다. 한편 가문의 존속에 대한 욕구 때문에, 그들은 어떠한 어려움과 희생을 무릅쓰고라도 자신이 죽은 후에도 자신을 경배할 아들을 얻고자 했다.

이렇게 한민족은 자신이 가진 식견과 지식의 범위 내에서 정상적인 번영을 누리던 시절에는 자신의 몫에 만족했다. 누추한 생활을 하고 역역(力役)과 조세(租稅)를 바쳐야 하는 사람이든, 특권 계층의 사람이든, 때로 불만은 있었지만 일반적으로는 그들이 운명이나 관습 혹은 천명(天命)이라고 부르는 것에 복종했다. 바로 이 때문에, 좀더 높은 수준의 생활이 불가능했음에도 불구하고 그들은 인생을 매우 낙관적으로 바라보며 남들에게 크게 친절을 베푸는 습관을 지닐 수 있었던 것이다. 그들은 또한 여러 덕목을 가지고 있었는데, 비록 도가 지나칠 때는 그것이 오히려 악이 되는 경우도 있었지만, 대부분 그 덕택에 인생을 즐겁게 살 수 있었다. 그들은 자신이 사는 세상을 비교적 살 만한 좋은 세상으로 여겼다. 질병과 재난과 궁핍, 그리고 상대적으로 높은 지위에 있는 사람들의 억압 등을 지나가면 괜찮아질 것이라 여기며 견뎌 냈다. 그래서 한국인들은 이러한 고통이

---

15 한국의 실상과 부합하지 않는 내용이다.

외국인이나 정복자가 지워 준 명에 때문에 생긴 것이 아니라, 자기 자신의 문제라고만 생각하며 심리적 보상을 받을 수 있었다.

바다 건너 섬나라 왜인들, 산 너머 북쪽 오랑캐들, 혹은 거대한 중국 군대에 의해 유린당하고 모든 방면에서 침략을 당했어도 그것이 한민족에게 무슨 상관이 있었을까? 이 민족의 대다수인 굳건한 농민, 신체가 잘 발달되어 있고 단단한 기질을 지닌 농민들에게는 이 먼 사건이 화산 폭발만큼이나 쉽게 잊혔다. 용암이 식고 나면 다시 포도밭이 생길 뿐이었다. 2백여 년간 한국은 태평성대의 나라였다. 과거와 똑같은 위험이 앞으로 다가올 것이라고는 꿈에도 생각하지 않았다. 나태의 성(城) 속에 가시 장미가 여전히 잠들어 있는 것과 마찬가지였다.

한민족의 이 같은 정신 자세는 1866년 미국의 공사 로우(Low)가 협정 체결을 제안했을 때[16] 답한 말에 잘 요약되어 있다. "4천 년간의 의식, 음악, 문학 등 모든 것을 어떻게 충분한 이유도 없이 무너뜨릴 수 있겠는가?"

---

16 프레드릭 로우(Frederick F. Low, 1828-1894)는 1861년 미 국회의원, 1863-1867년 캘리포니아 주지사를 거쳐 1869년에 그랜트(Ulysses S. Grant) 대통령에 의해 주청 미국 공사로 발탁되었다. 참고로 1866년에 주청 미국 공사로 재직했던 사람은 앤슨 벌링게임(Anson Burlingame, 1862-1867년 재직)이었다. 따라서 이 부분의 저자의 설명에는 착오가 있다.

3
은자의 나라, 문이 열리다

바다 밑 지진으로만 보이던 것이 운명의 순간처럼 갑자기 한민족의 눈앞에서 '거대한 고난의 푸른 바다'가 되어 치솟아 올랐다. 현대 문명의 물결이 밀려들어 그 땅을 온통 삼켜 버릴 지경에 이르렀다. 유럽의 함대와 군대는 이제까지 난공불락으로 여겨 오던 중국을 굴복시켰다. 성스러운 수도인 베이징은 그 거대한 성벽에도 불구하고 침범을 당했으며, 천자(天子)조차도 폐허가 되어 버린 궁궐에서 모욕을 당했다. 일본 역시, 단지 영해에 미국 깃발이 나타난 것에 끝나지 않고 1854년 미국 전함의 함장이 대포 한 방 쏘지 않고 두 항구를 개항시켰다. 그 이후 1858년에는 타운센드 해리스(Townsend Harris)가 매튜 페리(Mathew C. Perry)의 승리[1]를 능가하여 무역과 상업의 권리뿐 아니라 위협적인 종교[기독교]의 선교사들의 거주권까지 얻어 냈다. 문명은 종종 대포에

---

1 해리스(1804-1878)는 1858년에 미일수호통상조약을 체결한 미국의 외교관이었고, 페리(1974-1858)는 1854년 요코하마 앞바다에서 일본의 문호를 여는 미일화친조약을 맺었다.

실려 오는 것 같아 보이지만, 동양에게 미국이란 아서(Arthur) 대통령이 말한 대로 '위대한 평화의 힘'이었다.

1858년 2월 6일, 공간적으로 1만 킬로미터나 서로 떨어진 곳에서 두 개의 사건이 발생했다. 하나님 나라의 발전이라는 측면에서 볼 때 이 둘은 서로 조화를 이루며 진실로 영적인 전망을 지닌 사건이었다. 일본의 시모다에서는 타운센드 해리스가 일본의 다섯 개 항구에 외국인들이 거주할 수 있다는 내용을 포함한 주요 항목의 협정을 사실상 마무리 지었다. 한편, 미국 펜실베이니아 주 몽고메리 카운티 수더턴의 베들레헴 턴파이크 인근의 한 오래된 농가에서는 하나님으로부터 한국에서 위대한 일을 하라는 소명을 받은 헨리 게하르트 아펜젤러가 태어났다. 참새 한 마리가 떨어지는 것까지 아시는 하나님이 보시기에는 전함과 요람이라는 이 두 사건도 하나님 나라 발전이라는 측면에서는 똑같은 가치를 지닌 일이었을 것이다.

이때 일본인들은 중국과 묘지로부터 눈을 돌려 기독교 국가들을 바라보았다. 그리고 불과 한 사람의 생애에 해당하는 기간 동안에 봉건제를 붕괴시켰으며, 지방 세력을 통합하여 강력한 통일체를 이룬 후 근대 과학과 전쟁의 갑옷으로 무장했다. 일본의 역사에서 이때의 통합만큼 아시아 유교 국가들에 큰 충격을 준 사건은 일찍이 없었다. 여태 이원적 정치체제와 분열이 지배하던 일본이 막 통일되어 외부에 큰 타격을 줄 수 있는 능력을 갖추게 되자 한국은 떨면서 이 변화를 지켜보았다.

중국 북부를 분할하면서 동쪽으로 태평양까지 영토를 확대한 러시아가 남하를 계속하자, 한국인들은 강 건너 18킬로미터쯤 떨어진 곳에서 러시아 군대와 상인들을 볼 수 있을 정도가 되었다. 러시아는 대담하게 블라디보스톡을 '동방의 자치령'(Dominion of the East)이라 명명하고, 유럽 해군들에게조차 난공불락으로 여겨지는 요새를 쌓아 올렸다. 한편 미국, 프랑스, 독일의 침략적인 상인과 무장 강도들은 한국의 국경을 어지럽히면서 무장한 원정대를 강 건너 한국으로 들여보냈다. 프랑스의 사제들은 상(喪)을 당한 홀아비로 가장하여 국경을 건넌 다음, 대담하게 자신들의 교리를 부지런히 전파했다. 마침내 수만 명의 신자들이 '국가 내의 국가'를 형성하고 여차하면 프랑스 육군과 해군의 개입을 끌어들일 정도가 되었다. 이렇게 서양의 탐욕스러운 세력들이 은자의 나라에 대한 약탈을 확대해 나가고 있을 때, 국내에서는 무서운 악이 득세할 조짐을 보이고 있었다. 왕가에서 왕위를 이을 후계자가 좀처럼 태어나지 않았고 남편을 잃은 세 명의 대비(大妃)들이 서로 적대하고 경쟁하며 모략하는 당파들의 손에 놀아나고 있었던 것이다.[2]

바로 이때, 독일의 비스마르크나 영국의 크롬웰과 같은 강력한 인물이 예기치 않게 나타났다.

무엇보다 먼저 왕위를 이을 후계자가 정해져야만 했다. 이때 왕위 계승자로 임명된 사람은, 바로 무력한 미성년자였을 때나 장성한 왕이 되었을 때나, 중국과 일본의 분쟁의 씨앗이 되었던 인물이다. 그는 음모와 폭동과 싸움과 납치와 굴욕의 표적이 되었던 인물이며, 왕궁에서 러시아 공사관으로 피신했던 인물이며, 워싱턴과 헤이그에서 중재를 호소했던 인물, 명색뿐인 칭호를 처음 사용했던 인물,[3] 친일적 개혁을 싫어해 개혁자들을 가차 없이 박해한 인물이다. 그리고 작은 제왕, 헌정 체제 수립자 등의 이름으로 익살스럽게 불리는 인물이며, 화폐를 평가절하한 인물,[4] 마침내는 왕

---

[2] 철종 말년을 말하는 것으로, 철종이 후손이 없었고 철종 승하 시에 왕실에는 익종비인 풍양 조씨와 헌종비인 남양 홍씨, 철종비인 안동 김씨가 있어서 각 외척세력이 그 뒤에서 정권 장악을 위해 대립하고 있었다.
[3] 1897년 대한제국 선포와 함께 황제라 부르게 되었다.
[4] 고종은 당오전(1883-1891)과 백동화(1898-1904)를 남발해 실제 가치보다 높은 명목 가격으로 통용시켰으나 상거래에서는 각 화폐의 실제 가치대로만 통용되었다.

위에서 폐위되어 일본 천황의 한 가신과 일본 귀족 계급의 힘없는 구성원이 된 인물이며, 결국 극도의 희망과 절망이 교차되는 사람으로서 신문이나 서적에 가끔 실린 사진을 통해 전 세계에 잘 알려진 바로 그 인물이다.

이 왕위 계승자의 아버지는 정치 문제에 나서기를 싫어하고 정치적 야망이 결여된, 온순하고 얌전한 귀족이자 학문에 깊이 몰두하는 학자로만 알려졌던 인물이었다. 그러나 대원군(大院君)[5]이라는 칭호를 받게 되자, 거대한 야망의 비행선을 타고 이전까지 거의 어느 통치자도 바란 적이 없었던 막강한 권부(權府)로 솟구쳐 올라갔다. 그는 엄청나게 비용이 드는 왕궁[경복궁] 재건 계획에 착수했으며, 세금을 올리고,[6] 사회 하층 계급 사람들에게 만족을 주었으며,[7] 모든 외국인들에게 도전했고,[8] 1868년에 개혁된 일본 정부를 신랄하고 모욕적인 말로 비웃었다.[9] 전반적으로 그는 자신의 영광을 위해 전국의 모든 자원을 최대한 활용하여 한국을 부강하게 만들겠다는 강렬한 결단을 보여 주었다. 1866년, 미국의 무장선 제너럴 셔먼 호가 등장하고 오페르트(Oppert)라는 독일인이 왕릉을 도굴하려 했던 해 봄, '돌로 된 심장과 철로 된 창자'를 가진 이 대원군은 배반자와 밀고자들을 꾀어 로마가톨릭의 전반적인 상황을 알아낸 다음 반(反)기독교 칙령을 포고했다. 그 결과 1만 명가량의 한국 천주교인이 살육되었으며, 배반자의 밀고나 자수에 의해 아홉 명의 프랑스인 천주교 사제들이 잡혔다. 이들은 강

---

5 국왕의 아버지에 대한 일반적 명칭인데, 고종의 아버지인 흥선대원군(1820-1898)을 통칭 대원군이라고 한다. 어린 나이에 즉위한 아들 고종을 대신해 한때 강력한 중앙집권적 개혁 정치를 시행했다.
6 경복궁 중건 계획과 관련하여, 원납전, 결두전, 성문세 등의 징수와 실제 가치가 낮은 당백전 발행 등의 조처를 취했다.
7 탐관오리를 없애고 지방 토호의 백성 학대를 금지했으며, 종래 양반들에게는 면제되어 온 군포를 신분에 관계없이 모든 사람이 내는 호포로 바꾸었다.
8 그의 유명한 쇄국정책으로 외국인과 천주교를 탄압했다.
9 1868년(고종 5년)에 일본은 명치유신의 소식을 알리는 외교문서를 보내 왔는데, 대원군 정권은 그 문서 중에 '아방황조'(我邦皇朝)등의 오만한 표현이 있다 하여 되돌려 보냈다.

가의 일반 사형장에서, 천천히 목을 자르는 방식으로 참수되었다.[10]

이 해 봄의 대학살 후에 프랑스의 로즈(Roze) 제독은 일곱 척의 배에 150명의 군인을 싣고 와 진상을 묻고 복수하려고 했다.[11] 두 척의 포함이 강을 따라 올라가 서울이 바라보이는 곳에 이르렀으나 아무런 사과도 받아내지 못하자, 프랑스 제독은 군대를 강화도에 상륙시켜 그곳을 약탈하고 방화하도록 명령을 내렸다. 맹렬한 전투에 나간다기보다는 오히려 소풍을 가서 가벼운 마음으로 예배당에 들어가듯 불교 사원에 들어가 점심을 먹으리라 기대한 이들 조직화된 프랑스 원정대는 유쾌하게 섬으로 진군했다. 그러나 그들을 맞이한 것은 울타리가 쳐진 정원이 아니라 높은 성벽으로 둘러싸인 요새였다. 프랑스인들은 용감무쌍한 북방의 호랑이 사냥꾼들을 만나 많은 사상자를 내고 퇴각했다. 프랑스 제독은 배를 돌려 되돌아갔으며, 한국인들 사이의 일반적인 의견은 '우리 편이 적들을 멋지게 해치웠다'는 것이었다.[12] 1871년에 들어온 미국인들에 대해서도 그들은 마찬가지로 생각했다. 예를 들어 「쉘리 제독의 자서전」(그리고 특히 호전적인 미국인의 가슴에 불을 지르기 위해 1912년에 그린 충격적인 삽화들)을, 한국인이나 아니면 최소한 사실을 잘 아는 사람에게 비친 실제 상황과 비교해 보면, 양쪽 편의 애국자들이 사실을 서로 얼마나 다르게 파악했는지 알 수 있다.

반기독교 칙령은 한반도 전역에 포고되었으며, 서울에는 중심가의 종각 옆에 그 내용을 한자로 크게 새긴 비[척화비]가 세워졌다. 사형 선고와도 같은 그 금령의 내용은 다음과 같다.

---

10 1866년 1월의 이 학살 이후 3년간 8천여 명의 천주교인이 학살되었다.
11 1866년 9월 7일부터 강화도에서 교전이 시작되었으며, 10월 1일 전투에서 프랑스 해병 160명이 정족산성으로 진격하다가 부상자 80여 명, 중상자 2명을 내고 이 달 5일에 퇴각했다.
12 이제까지 서술된 내용은 병인년에 일어난 대원군의 천주교 박해 및 병인양요에 관한 것이다.

바다 건너 오랑캐들이 우리의 국경을 어지럽히며 우리의 땅을 침범하고 있다. 이에 우리가 싸우지 않는다면, 우리는 그들과 화평조약을 맺어야 한다. 화평조약을 맺고자 하는 사람들은 나라를 파는 것이다. 이것을 자손만대에 경고한다.[13]

그로부터 많은 세월이 흐른 후 이 반동의 상징이 있던 곳에서 얼마 떨어지지 않은 곳[종로]에는 아펜젤러가 세운 감리교 서점과 출판사가 자리 잡았고, 수많은 과학 출판물과 문학 서적을 홍수같이 쏟아내 그러한 반동의 기억이 살아나올 수 있는 싹들을 눌러 버렸다.

이 도전적인 척화비가 세워진 것은 1871년이었다. 이 해에 해군 소장 존 로저스(John Rogers) 휘하의 미국 원정대는 1866년 평양에서 제너럴 셔먼 호와 그 승무원들이 패몰한 것에 대해 보상을 요구하고 강제로 수호통상조약을 맺기 위해 한국으로 갔다. 벨(Bell) 제독은 서울을 점령하기 위해 아시아 함대에 속한 해군과 선원 외에 2천 명을 증원해 줄 것을 요청했다. 거대한 병력을 요청했던 로저스는 1871년 5월 30일, 85문의 대포를 적재하고 1,230명이 탄 다섯 척의 전함을 이끌고 와 강화도 부근에 닻을 내렸다. 주청 미국 공사 로우는 평화 외교를 타결하기 위해 순양함 콜로라도 호에 타고 있었다. 탐측 명령을 받은 블레이크(Blake) 중령이 몇 분 안에 틀림없이 전투가 일어날 위험이 있다고 말했음에도 불구하고, 로저스는 보트들을 예인하고 있던 두 척의 포함 모노카시 호와 팔로스 호에 한강에 들어가 탐측을 하라고 명령을 내렸다. 미국인들은 공격을 받았고[14] 며칠 후 미국군이 성채로 돌격해 한국인 7명을 죽이고 3백 명의 한국군에

---

13 한자 원문은 다음과 같다. "洋夷侵犯非戰則和 主和賣國 戒吳萬年子孫"
14 1871년 6월 1일 작약도에 주둔하고 있던 미국 아시아 함대의 일부는 블레이크 중령을 함장으로 포함 2척, 기정 4척을 가지고 한강을 탐측하여 해로를 작성하던 중 강화도 수비대의 포격을 받았는데, 한국군 20명, 미군 2명이 부상당했다.

게 부상을 입혔다. 그리고 "미국 국기(國旗)의 명예를 회복한" 로저스는 자기 나라로 돌아갔다.[15]

북쪽의 두 도[평안도와 함경도]에서 온 한국의 호랑이 사냥꾼들은 그들의 국토를 지키기 위해 훌륭하게 싸웠다. 그들은 그들보다 훨씬 월등한 무기와 인원에 대항해 싸웠을 뿐만 아니라, 달그렌 곡사포(Dahlgren howitzer)를 향해 계속 돌격하여 그 포탄과 파편에 몸이 산산조각으로 흩어졌다. 그들은 요새와 그 근처에서 최후의 한 사람이 남는 순간까지 조국을 위해 목숨을 바쳤다. 도덕적으로 판단하자면, 미국인들은 자신들이 침범했던 한국에 대해 아무것도 내세울 것이 없었다. 다만 1871년의 로저스 원정은 피로 얼룩진 한국에 영적인 농부를 보내야 한다는 의무감, 더군다나 평화의 왕의 복음을 들고 가기 위해서는 낫[16]을 사용하는 데 능숙한, 그리스도로 충만한 사람이 가야 한다는 끝없는 의무감을 기독교국 미국에 안겨 주었던 것이다.

일본에서는 사회적으로 한국의 양반과 비슷한 쌍칼을 찬 사무라이들이 조선을 침략하자고 시끄럽게 떠들고[17] 있었음에도 불구하고, 한국은 5년 동안 고요했다.

1873년 가을, 일본의 외교관들이 세계 각국으로부터 여행을 마치고 돌아왔을 때[18] 도쿄의 일본 내각에서는 커다란 정신적 싸움이 벌어졌다. 이 싸움은 그 이전이나 이후에 일본의 육군이나 해군이 만주나 일본해[동해]

---

15 1871년 6월 10일, 미국 극동함대 로저스 제독은 6월 1일의 한국군의 공격에 보복하여 "미국 국기의 명예를 지키기 위해" 블레이크를 지휘관으로 한 원정대를 파견했다.
16 성경에는 이 '낫'이라는 단어가 세 번 나오는데, 이 문맥에서 참고할 수 있는 것은 이사야 2:4일 것이다. 거기에는 전쟁의 도구가 농경의 도구로 사용됨으로써 전쟁이 종식된다는 의미가 담겨 있다.
17 사이고 다카모리의 정한론.
18 이와쿠라 도모미 등이 1871년 구미 여행을 마치고 이 해 10월에 귀국했다.

에서 승리를 얻었던 어떤 싸움보다도 큰 것이었다. 이 싸움은 천황의 어전에서 두뇌와 혀를 통해 벌어졌다. 그것은 일본의 복과 화를 판가름하는 지혜의 싸움이었고, 이때 즉각적 한국 공격을 외쳐 댔던 주전파가 패배했다.[19] 권력을 쥔 현명한 사람들은, 준비도 채 안 돼 있고 신형 무기도 아직 조작이 익숙지 않은 미숙한 상태에서 싸움을 걸어 북방의 곰[러시아]을 자극한다는 것은 러시아의 손에 놀아나는 일이라고 보았다. 결국 주화파가 승리를 거두었으며, 전쟁과 같은 행동들은 몇 달 뒤로 연기되어 대만에서 이루어졌다. 거기서 근대적인 복장과 무기를 갖춘 일본 군인들은 미개인들을 사냥한다는 생각을 충족시켰다.

1875년 9월 10일, 넬슨(Nelson) 시대 이래 전 세계의 표준이 된 영국식 해군 복장을 한 일본 선원들이 도쿄에 있는 일본 최고 해도실에 보낼 자료를 수집하기 위해 한국 바다를 탐사하고 있었다. 이들은 프랑스인으로 오인을 받아 강화도 요새로부터 공격을 받았다. 일본인의 용기와 근대식 총의 위력에 대한 교육을 받은 미카도[20]의 해군은 얼마 안 되는 수에도 불구하고 요새에 돌격해 그곳을 점령했다.[21]

이 소식이 도쿄에 전해지자, 일본 정부는 한편으로는 주전파들을 견제하면서도 이 기회를 놓치지 않았다. 그들은 우습게도 세세한 면까지 1853년의 필모어(Fillmore) 대통령의 평화적 함대를 모방해 외교 사절단을 조직했다. 아직 이렇다 할 해군이 없었기 때문에, 그들은 수송선에다 포문의 모습을 그려 넣어 군함처럼 보이게 만들었다. 그들은 한국을 독립국으로 인정하는 협정을 맺기 위해 쿠로다 장군을 서울로 보내는 한편, 베이징에서는 미카도의 사절인 모리가 활동했다. 이러한 과정은 모든 이웃 국가들이

---
19 사이고 다카모리의 정한론이 1873년 10월 패배했다.
20 미카도는 御前으로 표기되며, 천황을 의미한다.
21 1875년 강화도 앞바다에서 일어난 운양호 사건을 말한다.

가신으로서 복종하고 공물을 바칠 것을 요구하는 중국의 낡은 세계 통치 원칙에 처음으로 쐐기를 박아 그 원칙을 산산조각 내는 것이었다.

일본은 힘을 과시하며 재치 있게 조약을 체결했다. 같은 방식으로 미국 역시 중국의 승인과 리훙창(李鴻章)의 도움을 받아 조약을 체결했다. 미국의 해군 준장 슈펠트(Shufeldt)는 1882년 5월 7일 제물포에서 가장 가까운 행정 구역에서 문서에 서명했다.[22] 그것은 14항목으로 되어 있는데, 30년 전 페리 제독이 일본과 맺었던 조약보다 범위가 훨씬 넓은 것이었다. 그러나 슈펠트의 이 커다란 승리는 거의 주목을 받지 못했고 정부로부터도 감사의 말을 듣기는커녕 무시되고 말았다. 그가 이렇게 된 것은 아마도 그가 중국의 황후에 대해 그의 친구에게 써 보냈던 개인 서신이 자기도 모르는 사이에 공표되었기 때문인 것 같다. 그러나 거기에는 워싱턴에 있던 소외된 정치인들의 업무상 질투심도 크게 작용했다. 이 조약은 1882년 7월 29일 상원에 회부되었으며, 1883년 1월 9일 의회에서 비준되고 1883년 5월 19일[23]과 6월 4일에 서울에서 선포되었다. 그러나 이때는 이미 미국 공사인 루시어스 푸트(Lucius H. Foote) 장군이 서울에 도착하여 왕의 배알을 허락받은 상태였다.

중국 역시 조약을 맺었다. 그러나 오랜 기간 자신의 속국이었던 조선의 완전한 자주권을 인정하는 문제는 빠져 있었는데, 바로 여기서 1894-1895년의 전쟁[24]을 위한 씨앗이 뿌려졌다. 한편 조선의 왕세자는 왕이 되어,[25]

---

22 슈펠트는 5월 8일에 중국을 떠나 5월 12일 인천에 도착하여, 5월 22일에 한미조약에 서명 조인했다. 조인한 장소는 제물포에 설치된 장막 안이었다. 본문의 5월 7일은 5월 22일로 수정되어야 한다.
23 5월 19일에는 초대 주한 미국 전권공사 푸트와 한국의 전권대신 민영목이 비준서를 교환했다.
24 청일전쟁.
25 고종이 대원군의 아들이기 때문에 왕세자라고 표현한 것 같다. 하지만 고종은 왕위에 바로 즉위했다.

민씨 가문의 여인과 결혼했다. 이 여인은 왕보다 세 살 위였으며, 고도의 정신력을 소유한 사람이었다. 그녀는 가장 뚜렷한 유전적·민족적 특성을 지닌 전형적인 조선 여인으로서, 궁궐 내 음모의 대가였다. 그녀는, 왕가의 혈통을 내세워 관청의 이권을 요구하던 씨족과 파벌 중에서는 가장 단호하며 가장 무도하고 가장 강력한 민씨 가문을 이끌어 갈 능력이 있었다. 또한 그녀는 철저한 미신의 노예로서 그녀의 개인적 목적, 여성이나 어머니로서의 목적, 정치적이거나 애국적인 목적을 위해서라면, 점쟁이건 박수건 불교 승려건 완고한 유교도이건 상관없이 누구에게든 도움을 받으려고 했다. 궁궐에서 가장 강력한 인물로서, 그녀는 가장 유약한 남자 가운데 한 사람이었던 남편을 능력 면에서는 단연 앞질러 있었다.

4
감리교와 아펜젤러

왕비의 사촌[1]을 비롯한 열한 명으로 구성된 사절단[2]이 미국 군함을 타고 워싱턴을 향해 출발하여, 9월 2일 샌프란시스코에 도착했다. 그들의 목적은 미국의 호의에 답례하고 조약 비준서를 전달하는 것이었다. 그들은 미국에서 석 달을 보냈다. 1883년 11월 25일, 나는 뉴욕의 빅토리아 호텔에서 이들과 하루 저녁을 보낼 수 있는 즐거운 기회를 얻었다. 대화는 일본어로 했는데, 미 해군 중위 풀크(Foulke)[3]의 도움이 컸다. 뒤에 조선 팔도를 용감하게 탐험했던 이 훌륭한 그리스도인 신사는 조선의 악한들이 그의 목숨을 노리고 공격해 온 사건에도 불구하고 변치 않는 조선의 친구였다.

미국 대륙을 횡단하는 동안에 견미 사절단은 볼티모어에서 존 가우처

---

1 왕비의 조카뻘인 민영익을 가리킨다. 그는 민태호의 아들로 태어났으나, 민비의 오빠 되는 민승호의 양자로 입양되었다.
2 1883년 6월에 한국을 출발한 사절단의 전권대신은 왕비의 조카인 민영익, 부관은 홍영식, 서광범 등이었다.
3 주한공사관 직원(무관)으로 왔다가 푸트를 대신하게 되어 대리공사 자격으로 한국에서 활동했다.

(John F. Goucher) 박사를 만났는데, 그는 저명한 교육자로서 뒷날 볼티모어에 있는 가우처 여자대학(Goucher Woman's College)을 설립하게 된다.[4] 처녀지 한국의 상황과 가능성을 알게 된 가우처 박사는 뉴욕에 있는 감리교 해외선교부(Methodist Mission Board)에 2천 달러를 보내면서 '찬란한 아침의 나라'의 선교 기금으로 써 달라고 부탁했다. 버클리(Buckley) 박사는 "크리스천 애드버킷"(the Christian Advocate) 지에 한 해 동안 15회가 넘는 논설을 실음으로써 감리교인들로부터 2천 달러에 달하는 성금을 거두었다. 그때 캘리포니아에 사는 아홉 살 난 한 어린 소녀가 9달러를 냈는데, 이것은 나중에 엡워스 청년회(Epworth League)[5]의 젊은이들이 일으킨 훌륭한 사업의 바탕이 되었다.

한국의 상황은 좀처럼 잠잠하게 누그러지지 않았다. 고요한 아침이라는 명칭은 그 나라에 더 이상 어울리지 않았다. 명석한 왕비 민씨에 대한 시아버지의 수그러들지 않는 증오는 활화산처럼 불타 도저히 끌 수 없게 솟아오르고 있었다. 야망에 불타는 경쟁자인 이 두 파벌 지도자들의 이야기는, 효도라는 한국의 사고방식과 한국적인 이론 및 정통성과 전통을 우습게 만들어 놓았다. 그것은 '질투, 증오, 악의 등 온갖 무자비함'이 지배하는 관계였으며, 칼과 독약, 화약, 폭탄 등에 의한 살인 기도를 대수롭지 않은 사건으로 만들었다. 이 분쟁은 결국 대원군이 바다 건너에서 온 무장한

---

4 가우처(1845-1922)가 설립한 가우처 여자대학은, 먼저 1888년 9월 13일에 볼티모어 여자대학으로 출발했는데, 1908년 가우처 박사가 학장직을 사임하자 이사회가 가우처의 공적을 인정, 대학 이름을 가우처 대학으로 고치게 되었다. 한국의 교회사에서, 1883년 9월 민영익이 가우처를 만났을 때 그가 가우처 대학의 학장으로 있었던 것처럼 기술된 것은 잘못이다.
5 미국 감리교회의 청년 모임. 1884년 옥스퍼드 청년회(Oxford League)가 조직되었고, 1889, 1890년에 북감리회, 남감리회의 엡워스 청년회 총회가 각각 결성되었다. 한국의 엡워스 청년회는 1897년 10월 28일 서울 정동교회에서 정동 엡워스 청년회가 남자 25명, 여자 11명, 합 36명의 회원으로 조직되고, 그 후 평양 등 여러 곳에서도 조직되었다. 을사조약 후 엡워스 청년회가 애국계몽 민족운동에 적극 참여했으므로, 당시 친일적인 감독 해리스(M. C. Harris)의 비판 때문에 1906년 6월 13일 미 감리회 연회에서 한국의 엡워스 청년회를 해체하도록 결의한 바 있다.

악한들을 거느리게 되는 데서 절정에 치달았다. 이 무리들은 1895년 10월 8일 궁궐 마루에서 왕비를 죽이고, 그 시체를 멍석으로 말아 석유를 부어 태움으로써 일본의 이름에 영원히 씻을 수 없는 치욕을 남겼다.

이야기의 순서상 이 사건은 상당히 후에 언급되어야 하지만, 그럼에도 불구하고 그것은 한국을 위태로운 불안 상태에 빠뜨린 요소들이 무엇인지를 올바르게 생각하는 데 도움을 준다. 또한 기독교를 금지하는 법률과 칙령이 철폐되지 않아 수천 명의 사람들이 고문을 받고 죽임을 당했으며, 대중들은 금방이라도 폭발할 것 같았다.

이러한 어려운 상황에도 불구하고, 선교회(Missionary Society)의 총무였던 파울러(Fowler) 감독은 더 적극적인 선교를 위한 준비 단계로서 새로운 땅을 정탐하는 사업을 추진했다. 이것은 감리교인들이 하나님의 인도를 따라 "그 땅을 능히 취할 수 있으리라"는 갈렙과 같은 신앙을 가졌을 때 가능한 일이었다. 1883년 미국 감리회 총회 선교위원회(the General Missionary Committee) 모임에서 한국에 선교회를 수립하는 안이 결정되었으며, 일본에 있던 R. S. 맥클레이(Maclay)가 서울 방문자로 임명되었다. 그는 1883년 6월에 서울에 도착했는데, 개신교 교회나 협회의 일원으로서 이 금단의 땅에 합법적으로 들어간 사람은 그가 처음이었다. 미국 공사 루시어스 푸트 장군이 선교회가 제시한 사업을 설명하자 왕은 그것을 승인했는데, 특히 의료와 교육 사업이 시작된다는 것에 기뻐했다.[6]

맥클레이 박사가 일본으로 돌아온 직후, 미국 북장로교 해외선교부는 중국 난징에 있던 호러스 알렌(Horace N. Allen) 박사를 조선으로 전임시켰다. 1884년 9월 20일 서울에 도착한 그는 이 나라 최초의 주재 선교사였

---

6 맥클레이 목사의 한국 탐방과 국왕으로부터의 승인에 대해서는, 옮긴이의 "맥클레이 목사와 한국선교"("기독교사상", 1984년 7월호)를 참조. 본문에서는 미국 공사 푸트가 국왕에게 설명했다고 하나, 맥클레이 목사의 서울 방문기에는 그런 내용이 없다.

을 뿐만 아니라 과학의 개척자이기도 했으며, 이후에는 한국에서 미국의 외교와 사업을 확장하는 데 능력과 지혜를 발휘한 사람이기도 했다. 또한 그는 복음 전파자로서의 선교사와 상업적인 외교관이라는 두 종류의 일을 완벽하게 수행한 일원으로서, 다소간 이타적이면서도 탐욕스러운 외국인들의 습성과 모호하면서도 특이한 한국인들의 습성을 모두 파악하고 있었으며, 밝고 명랑한 인간적인 성품을 지닌 인물이기도 했다. 그래서 그는 미국과 한국 사이, 한국인과 외국인 사이, 한국 정부 및 그 시민들과 외국 손님 사이, 한국의 적과 친구 사이에서 뛰어나게 훌륭한 봉사를 할 수 있었다. 간단히 말해서 알렌 박사는 네 명의 대통령을 거치며 21년간 봉사하는 동안 미국의 대(對) 극동 관계에서 독특한 기록을 남겼다. 물론 대중 앞에서 뚜렷하게 부각되어 나타나는 이들은 다른 종류의 인물들일 수 있다. 예컨대 전사로서 전쟁에서 피를 뿌리는 승리자가 대중의 상상 속에는 가장 강력하게 새겨질 것이며, 듀이(Dewey)와 같은 사람이 대중의 요란한 박수갈채를 받을 것이다. 반면 중국에서의 미국 정책과 관련해 평화적 정책의 옹호자였던 켐프(Kempff)는 당시 대통령과 상원에 의해 무시당했으며 대중들에게 알려지지도 않았고, 슈펠트조차 실제로 명성과는 거리가 먼 사람이었다. 그러나 다시 한 번 강조하지만, 극동에서 미국의 외교적 직무를 수행하는 일에 있어 두 인종 간의 정의를 위해, 그리스도의 나라가 이 땅에 임하도록 하기 위해, 힘의 승리보다 이성의 승리 그리고 전쟁의 승리보다 평화의 승리를 앞세우는 문명을 궁극적으로 실현하기 위해, 이들만큼 공정한 역할을 담당하고 건전한 정치가상을 세워 놓은 인물들은 없었다.

그러는 동안에 뉴욕의 감리교 해외선교부는 망루에서의 관측을 통해, 한국에 전진하기 위한 두 전초 기지를 구축하기로 했다. 이를 위해, '은둔의 나라'에서 이제껏 침범당하지 않은 질병과 무지와 죄와 악, 그리고 미신의 거대한 영역을 공격하기 위한 군대를 모집해야 했다. 이 군사들과 그 아내들은, 폐하러 온 것이 아니라 완전케 하러 오신 주의 이름으로 나아가는 이들이었다. 그들의 할 일은 생명과 건강과 도덕적 우월성을 보존하는 것만이 아니라, 그 오랜 왕국의 문명 중 선하고 간직할 만한 가치가 있는 것은 무엇이든 지키는 것이기도 했다. 냉정한 머리와 뜨거운 가슴, 주를 향한 열심이 뜨거우면서도 자기를 내세우지 않는 분별 있고 현명한 사람들로서, 그들은 기꺼이 고난을 겪고 참아야 하며, 열심히 일하고 기다려야만 했다. 어떤 사람은 주로 영적인 메시지를 들고 가서 병든 마음을 보살피고 굶주린 영혼을 먹여야 했으며, 어떤 사람은 육신을 치료하고 건강을 돌보아야 했다. 그중에서 의사였던 윌리엄 스크랜턴(William B. Scranton)은 예일 대학교와 뉴욕의 내과 및 외과대학(College of Physicians and Surgeons)을 졸업한 사람이었다. 그는 행복하게도 훌륭한 아내를 가졌을 뿐만 아니라, 한국 여인들을 교육하는 훌륭한 일을 처음으로 시작한 어머니를 가진 사람이었다. 그녀는 실제로 근대 한국 여인들의 지적·정신적 역사의 새로운 장을 열었다. 그러나 이러한 감리교인들의 외로운 도전은 은둔의 나라의 거친 이교주의를 공략하기에는 얼마나 왜소해 보였던가!

1884년 12월 4일, 귀국한 한국의 자유주의자들이 쿠데타를 일으켜 대적자들을 참수하거나 살해하고,[7] 그 뒤를 이어 운명의 인물인 위안 스카이가 이끄는 중국 군대와 일본 군대 사이에 피를 뿜는 시가전이 벌어지고 있을 때, 스크랜턴 박사는 뉴욕에서 파울러 감독으로부터 목사 안수를 받았다.

이 스크랜턴 박사의 동료 선교사가 바로 한국에서 17년간 뛰어난 봉사

---

[7] 갑신정변을 말한다. "귀국한 한국의 자유주의자들"은 일본 미국으로부터 귀국한 개화파 인사들을 가리킨다.

를 이어 갈 헨리 게하르트 아펜젤러다. 이제부터는 그의 이야기를 해 나가고자 한다. 훌륭한 인종적 집합체인 미국에서 자유의 나라 스위스에서 온 민족은 유력한 구성 요소가 되어 왔다. 그리고 튜턴 계통의 스위스인들 중에서 '아펜젤'(Appenzell, 아펜첼)이라는 성을 가진 많은 사람들이 예술과 시와 역사를 통해 잘 알려져 왔다. 그리고 개혁교회 전통과 교육사, 문화사에서도 많은 이름들이 빛나고 있다.

"이브리 전투"(The Battle of Ivry)라는 시에서 매콜리 경(Lord Macaulay)이 언급한 "아펜젤의 막강한 보병"에 대해서는 온 세상이 알고 있다. 독일인 첼베거(Zellweger)가 쓴 4권짜리 「아펜젤 가문의 역사」(History of Appenzell People)나 미국 총영사 리치먼(Richman)의 학문적 연구인 「아펜젤: 순수한 민주주의와 목사로서의 삶」(Appenzell: Pure Democracy and Pastoral Life), 혹은 굳센 스위스 산악인들이 낭시 전투에서 부르고뉴 공작 용담공 샤를을 물리쳤다는 이야기보다는, 매콜리 경의 세 단어로 된 이 말이 우리에게 더 친숙하다.

우리의 이야기에서도 아펜젤은 한국의 복음 개척자에게 어울리는 예언적인 이름이다. 고대 튜턴족이 이교 사상에 물들어 있을 때, 아일랜드 선교사들이 복음을 들고 북부 스위스에 들어가 성공을 거둔 이야기는 잘 알려져 있다. 숲과 골짜기의 우상들은 호수에 던져졌으며, 대신 그 자리에는 성부와 성자와 성령께 바쳐진 교회가 들어섰다. 생 갈(St. Gall) 수도원의 수사들은 그들 단계에 맞는 적합한 방식들을 채택했기 때문에, 이 수도원의 힘과 영향력은 점차로 증대되었다. 대수도원장의 방은 그 지방 언어로 '아펜젤'이 되었다. 오랫동안 우상이 위력을 보이던 자리에 대신 들어선 이 기독교 공동체, 혹은 수도원 중심부는 계속 번창해 갔다. 이렇게 첫 개혁은 이루어졌는데, 이것은 라틴의 문화 형식 아래 있었던 것이며, 로마의 교회 권력과 정부가 화해한 상태에서 이루어진 것이었다. 시간이 지남에 따라 사람들은 영주인 주교의 세속적인 규율로부터 자유를 획득해 나갔으며, 「실버북」(Silver Book)에 기록된 법조문을 가지고 민주적으로 공동체를 다스려 나가기 시작했다.

16세기 초에 아펜젤은 두 개의 금 열쇠를 앞발에 들고 있는 곰 그림을 외투의 팔뚝 부분에 새겨 넣는 것을 허락받았다. 정치적 문제를 숙의하기 위해 주(州)의 모든 사람이 모인 집회에서 수여된 그림은 매우 훌륭했다.

가장 오랜 신약 본문에 근거한 헬라어 신학이 다시 태어나고 모든 사람의 손에 성경이 쥐어지자, 이어서 가장 위대한 프로테스탄트 종교개혁이 시작되었다. 1518년에 설교를 시작한 스위스인 츠빙글리가 그 지도자였다. 사도들의 단순한 가르침에 따라 개혁되어, 교회의 직분과 성례로 통제되는 평신도로 구성된 이 교회는 유럽의 여러 개혁교회 중 하나가 되었다.

1597년에 아펜젤 사람들은 둘로 나뉘어, 반은 기독교 신앙의 라틴적인 중세 단계에 머물고 나머지 반은 그리스적이며 원시적인 혹은 개혁된 질서를 택했다. 후자는 정치적으로 프로테스탄트라는 이름이 붙었는데 그것은 사려 깊은 사람들이 샤를 5세의 자의적이고 로마적인 방식에 저항했기 때문이다. 그러한 기원으로부터 (독일계) '미국 개혁교회'가 생겨나 발전했다. 이것은 이탈리아에 있는 인간적 집단이 아닌 성경에 뿌리박은 유럽 여러 나라의 개혁교회 중 하나, 즉 같은 그루터기에서 자라난 여러 교회 중 하나였다. 이러한 거대한 인간 정신의 운동들 가운데, 개인의 경험적 신앙에 근거한 감리교회는 가장 훌륭하게 발전된 모습 중 하나다. 칼뱅의 귀족적인 지성만으로는 결코 충분하지 않았기 때문에, 하나님은 자신의 말씀을 더 널리 전파하기 위해 따스한 성품을 가진 존 웨슬리(John Wesley)와 찰스 웨슬리(Charles Wesley)를 세상에 보내신 것이다.

1477년 스위스의 농부들에 의해 그 교만과 횡포가 꺾였던 용담공 샤를의 시대로부터 나폴레옹 보나파르트의 시대에 이르기까지, 모험에 굶주린 아펜젤러 가(家)의 많은 젊은이들은 외국의 장군들 밑에서 군인으로 참가하여 매콜리가 그의 시에서 찬탄해 마지않았던 성실과 용맹으로 명성을 얻었다. 지방사(地方史)에서 역시 아펜젤러 가는 전사로 명성을 얻었다. 전쟁이 예외적이 아니라 일반적인 일이었던 시대에, 그들의 영웅적 행동과 용맹에 대한 노래와 이야기는 아직도 많이 남아 있다.

한국의 복음 개척자의 선조인 제1세대 아펜젤러는 1735년 독일계 미국인들의 성지인 펜실베이니아에 도착했다. 정부의 박해를 피해 망명해 온 이 아펜젤러는 흡사 야곱이라는 이름의 시리아 순례자[8]와 같았다. '무임 도항 이주자'[9]였던 그는, 미국에서 사는 동안은 줄곧 한 농장의 소작인으로 살았다. 이 '무임 도항 이주자' 계층으로부터, 대륙회의(the Continental Congress)[10]의 총무였던 찰스 톰슨(Charles Tompson), 존 설리반 장군(General John Sullivan)의 아버지, 그리고 독립선언서에 서명했던 매튜 손턴(Matthew Thornton)과 같은 사람들이 나왔다고 학자들은 말한다.

필라델피아로 가서 제이콥 아펜젤러를 조력자로 뽑아 그의 이주 비용을 지불하고 수더턴으로 데려가서 일자리까지 주었던 신사의 이름은 토머스(Thomas)였다. 윌리엄 펜(William Penn)의 시대[11]에 측량된 땅에 위치한 그의 농토는 그 후 아펜젤러 가의 농장 일부가 되었다. 그 '무임 도항 이주자' 아펜젤러는 오버홀처(Oberholtzer) 가의 여인과 결혼했고, 그들에게서 두 아들이 태어났다.

---

8 야곱이 형 에서가 받을 장자의 축복을 대신 받고 외삼촌 집으로 도망한 사실을 두고 시리아의 순례자라 부른 것이다. 성경의 야곱(제이콥)과 그의 이름이 같음을 착안한 언어유희다.
9 18-19세기 미국 식민지로 대거 이주한 사람들로, 무임으로 배를 타는 대신 노예노동을 통해 비용을 갚기로 계약한 불리한 처지의 사람들이었다.
10 독립 전후에 필라델피아에서 두 번 열린 각 주 대표자 회의(1774-1781)다.
11 윌리엄 펜이 미국을 방문하고 1682-1701년 사이에 필라델피아를 중심으로 펜실베이니아 지역을 개척한 시대를 말한다.

제2세대인 장남 제이콥은 넬리 사바콜(Nellie Savacol)과 결혼하여 벅스 카운티 힐타운 북부에 살면서 6만 제곱미터의 아펜젤러 농장을 소유하게 되었고, 이 농장은 그 후 10만 제곱미터나 증가했다. 혁명[독립전쟁]이 일어났을 때 그는 미합중국 정부에 충성을 맹세했다. 그는 독일계 개혁교회의 일원이었기 때문에, 세 자녀 헨리, 제이콥, 엘리자베스도 그 형식에 따라 세례를 받았다. 1807년이 되자 미국의 독일계 개혁교회와 네덜란드계 개혁교회는 같은 관할에 속하게 되었다. 1783년 6월 8일에 태어나 줄곧 농장에서만 살아온 제3세대 제이콥의 교육은 독어와 영어로 동시에 이루어졌다. 그의 네 자녀 중 장남 데이비드는 1808년 3월 26일에 태어났다. 미국의 아펜젤러 가의 제4세대가 되는 또 다른 아들 기드온은 1823년 1월 14일에 태어나, 1855년 12월 22일 마리아 게하르트(Maria Gerhard)와 결혼했다. 이 게하르트 가문은 수많은 시인과 신학자, 학자, 과학자들이 배출된 가문이다. 이들로부터는 세 명의 아들이 태어났는데 그 가운데 둘째 아들이 한국의 복음 개척자인 헨리 게하르트 아펜젤러로, 1858년 2월 6일에 태어났다. 이렇게 볼 때, 장차 한국의 사도가 될 아펜젤러의 가계와 이름에는, 가장 오래된 편에 속하는 개혁교회의 유서 깊은 전통과 명예뿐 아니라 장래성과 활기 또한 서려 있었다.

5
그리스도의 군병 훈련

영어에서 가장 고귀한 말이라 할 수 있는 '하늘, 가정, 어머니'라는 이 세 단어는 헨리 아펜젤러의 사고에서는 하나와 같았다. 영적인 힘이 삼위일체를 이루듯이, 각각 강력한 영향력을 가진 이 단어들이 하나를 이루고 있었던 것이다. 결코 따로 떼어 놓을 수 없는 이 셋은 지적인 연상 작용과 심적 활동에서 통일을 이루었다.

헌신적인 어머니였던 마리아 게하르트는 죽는 날까지 거의 영어를 쓰지 않았다. 헨리 역시 12살이 될 때까지 그의 어머니와 대화할 때는 어머니가 쓰는 '펜실베이니아식 독일어'를 사용했다. 5살 때부터 학교 교육을 받기 시작한 그는 놀이터와 집에서는 독일 사투리로 말을 하고, 선생님 앞에서나 암송을 할 때는 영어를 사용했다.

헨리의 어머니는 오래된 메노나이트파[1] 집안 출신이었다. 그러므로 그

---

[1] 네덜란드 재세례파 교인이었던 메노 시몬즈(1492-1559)의 사상과 신앙을 추종하는 신앙 공동체다. 이들은 반(反)유아세례, 반(反)사제적 교리를 특징으로 하고 있으며, 스위스와 독일, 미국 등지에 흩어져 있고, 미국에서도 몇 개의 파로 나누어져 있다.

녀는 한국에서 훌륭한 그리스도의 종으로 활동했던 E. B. 랜디스(Landis)[2] 박사의 어린 시절과 같은 문화적 환경 안에 있었다. 이 메노나이트파 교인의 가정생활의 특징 중 하나는 성경공부였다. 그래서 그녀는 자신의 어머니가 자기 앞에서 기쁘게 행하였던 관습을 따라 주일 오후에는 세 아들을 불러 모아 루터가 번역한 독일어 성경을 그들에게 읽어 주거나 그들과 함께 읽었다. 이로써 그들은 이스라엘 민족의 이야기와 신약의 풍부한 영적 진리에 친숙해졌다. 제대로 질서 잡힌 가정을 이루기 위해 세세한 면에까지 헌신적이었던 그녀는 자녀들 앞에서 인생에 대한 높은 이상을 견지하는 것을 잊지 않았다.

따라서 이렇게 가정에서 자연스럽게 배운 것과 훗날의 비판적 연구를 통해 아펜젤러는 모국어인 독일어를 알게 되었다. 그는 죽는 날까지 미국과 유럽에서 능숙한 독일어로 말하고 글을 썼으며, 한국에서도 독일인과는 독일어로 말했다. 그 후 학문적인 훈련을 통해 습득한 성경 언어[히브리어와 헬라어]와 만년에 배워 언제나 능숙하게 읽을 수 있었던 프랑스어도 자기 것으로 소화해 사용했을 만큼 학문적 재능과 언어 능력이 탁월했다. 물론 그는 영어를 지극히 사랑했다. 국기 다음으로 모국어를 사랑한 드 퀸시(De Quincey)도 그를 만났다면 무척 좋아했을 것이다.

총명하고 열성적인 아이였던 헨리는 「하이델베르크 요리문답」을 통해 잘 훈련받았다. 기독교 신자 양육을 위한 이 우수한 책자는 개인적 신앙 계발에 초점이 맞추어진 것으로 십계명, 주기도문, 사도신경을 기초로 쓰였으며, 보석처럼 아름다운 생각과 훌륭한 표현으로 가득 차 있다. 또한

---

[2] 랜디스(1865-1898)는 미국 펜실베이니아 주 랭커스터 출신으로 성공회 한국 초대 주교인 찰스 존 코프(Charles John Corfe)의 권유로 한국에 의료 선교사로 와서 인천에 성 누가 병원을 개설, 외국인 전담 의사가 되었고, 고아 양육 및 그들의 교육과 신앙 훈련에 힘쓰다 장티푸스로 사망했다. 그는 한국과 관계된 유럽 서적을 많이 모았는데, 사후에 대영 왕립 아시아학회에 기증하고 '랜디스 문고'를 설치했다. 본서 제21장 참조.

거룩한 진리를 실험적으로 알아가는 데서 솟아오르는 신앙적 경건에도 큰 도움을 줄 뿐 아니라 개인적 헌신의 수단이 되기도 하며 영적인 성찰을 돕기도 한다. 헨리는 소년 시절의 일기에서 이 '요리문답 수업'에 대해 언급하고 있다. 그의 아버지는 유아세례를 달갑게 생각하지 않았기 때문에, 아이들은 스스로 신앙고백을 할 수 있을 만한 나이가 되었을 때 물로 세례를 받았다. 14세가 되던 해, 집에서 세례를 받은 후 4일 뒤인 1872년 11월 12일, 헨리는 수더턴 근처 임마누엘 개혁교회에서 그에게 세례를 준 피터 피셔(Peter S. Fisher)에게 견신례를 받았다.[3] 이 건물은 보통 '라이디의 교회' (Reidy's Church)라고 불렸는데, 필라델피아 시청 앞에 라이디 교수의 동상이 서 있을 정도로 펜실베이니아에서는 유명한 라이디 가문의 이름에서 따온 것이었다. 헨리는 루터파 교인과 개혁교회 교인들이 함께 사용하던 이 신성한 건물에서 처음으로 성찬식에 참여하게 된 것을 기쁘게 여겼다. 그 건물 곁에 있는 오래된 묘지에는 그 지역에서 잘 알려진 이름들과 역사적 이름들이 새겨진 비석들이 늘어서 있다. 이 묘지의 새로 확장된 구역에는 헨리의 부모가 묻혀 있다. 그리고 그의 조상들은 몇 킬로미터 더 떨어진 인디언 크릭 개혁교회(Indian Creek Reformed Church) 묘지에 묻혀 있다.

그의 부모들은 경제력이 허용하는 한 그의 지적 성장을 위해 지원을 아끼지 않았으며, 총명한 이 소년은 그의 지적 능력을 성실하게 향상시켰다. 그리고 공립학교 교육을 마친 뒤 대학 진학을 위해 웨스트 체스터 주립 사범학교(West Chester State Normal School)에 진학했다.

나는 1912년 1월 29일에 아펜젤러의 농장과 집을 방문할 수 있었는데, 농장은 일대에서 가장 높은 지역에 자리잡고 있어 사방이 모두 잘 내려다

---

3 천주교와 성공회에서 세례받을 때 서약한 신앙을 다시 한 번 확증하기 위해 베푸는 의식이다. 미국 감리교회의 경우, 초기에 성공회의 규례를 준용했으므로 각 교회가 독자적으로 견신성사를 행하기도 했다.

보였다. 이러한 지형에 어울리는 힐타운(Hill town)이라는 이름이 그 마을에 붙어 있었다. 현재의 이 튼튼한 석조 건물은 1860년에 세워진 것이다.

1870년경부터 해리[4]는 일기를 쓰기 시작했다. 이러한 습관은 체계적이고 잘 정돈된 그의 정신 구조와 관련되어 있는데, 그는 이러한 습관 때문에 날짜를 혼동하는 일이 거의 없었다. 또한 이러한 체계적 사고의 결과 토론회와 대중 강연에서 드러난 그의 사상은 명확하기 그지없었다. 아이다우면서도 어른 같은 면모도 갖춘 이 기록들은 정숙하고 청결하며 잘 발달된 육체, 순수하고 용감한 정신, 강하고 겸손하며 사물을 명확하게 볼 줄 아는 영혼, 또한 이 모든 것이 한 남성 안에서 조화를 이루고 있는 모습에 대해 말해 주고 있다. 그는 담배 때문에 육신이 망가지거나 입이나 옷에서 악취를 풍기는 일도 없었으며, 알코올로 맑은 두뇌를 자극하거나 무디게 하는 일도 없었다. 강한 커피나 약, 혹은 술병이나 약병에 든 어떤 것도 그가 일상생활을 하거나 특별한 일을 하는 데 필요하지 않았다. 아펜젤러는 '충만함'을 믿었지만 '방탕한 것'이 있는 '충만함'을 믿지는 않았다. 그는 진심으로 '성령의 충만함'을 믿었다. 그의 육체는 흥분제 없이도 필요한 일을 계속할 수 있는 능력을 지니고 있었고 한편으로는 비상시를 대비한 힘을 비축해 놓고 있었다. 그의 신학교 동료였던 윌리엄 앤더슨(William. F. Anderson) 감독은 1912년에 이렇게 기록하고 있다. "육체적으로 그는 건장했다. 지적으로 그는 주의력이 깊었으며 학자적인 면모를 지니고 있었다. 동시에 그는 따뜻한 마음과 남을 이해할 줄 아는 성품을 지니고 있었다." 자신의 의무에 충실하고 좋아하는 공부에 민첩했을 뿐만 아니라 어렵고 내키지 않는 분야도 상당히 잘 해낸 아펜젤러는, 진실한 효도의 마음으로 부모가 베풀어 준 기회에 감사를 표현했다.

---

4 헨리의 애칭이다.

평범한 공책에 적혀 있는 일기의 첫 부분은 한 소년의 생생한 모습을 보여 준다. 농사일과 오락이나 운동 모두에 열심인 이 소년은 건강한 삶을 즐겼으며, 남으로부터 신뢰를 받고 싶어 했다. 그는 마구(馬具) 달기, 곡식 타작, 가축 먹이기 등을 할 수 있었으며 말을 타고 가게에 가서 심부름도 잘했다. 이렇게 그는 자신을 여러 모로 쓸모 있는 인간으로 키워 가는 동시에 하늘과 땅, 새와 동물, 그리고 다양한 자연의 모습을 사랑하는 법을 배웠다. 땅의 경계와 땅의 가치에 대한 지식, 농업 경제에는 검약과 끈기가 중요하다는 인식은 한국에 있을 때도 그에게 큰 도움이 되었다. 그는 진실로 흙을 사랑하는 사람이었다.

주변 사람들의 증언과 여러 곳에서 얻은 정보를 통해서 좀더 보충하고 정정하면서, 1870년에서 1902년까지 32년에 걸친 이 방대한 기록을 읽어 볼 때, 나는 그의 인생의 주제가 '발톱에서 깃털에 이르기까지 용맹이 넘쳐흐르는' 용사, 전신갑주를 입은 하나님의 전사였다고 자신 있게 말할 수 있다. 공격할 때나 방어할 때나 그는 바울이 잘 묘사해 놓은 예수의 군사답게 행동했다. 아펜젤러는 '두려움도 없고 수치도 없는' 영웅적인 그리스도인이었다.

「선구자」(The Vanguard)의 저자[5]가 '승리의 펜실베이니아인'이라 이름 지어 준 이 사람은 자기 존재의 모든 측면을 통해 자연과 계시에 나타난 하나님의 창조 세계의 아름다움을 느낄 줄 아는 것 같았다. 그는 선천적으로 유난히 날카롭게 빛나는 눈을 가졌을 뿐 아니라, "세상에 와서 각 사람에게 비추는"[6] 성령의 도우심으로 보이지 않는 영원한 것들을 보는 비전 역시 넓게 확장했다. 아펜젤러는 피조물과 계시를 통해 하나님을 본 사

---

5 우리나라에 선교사로 왔다가 오랫동안 연동교회 목사로 있었던 기일(奇一, 제임스 게일)이 1904년에 쓴 책이다.
6 요한복음 1:9.

람이었다. 여호와는 과거에 자기 자녀들과 함께하셨을 뿐 아니라 현재에도 함께하시는 분인 것이다.

결코 자신의 속을 함부로 드러내지 않는 이 고상한 신사는 그의 영적인 생활과 가장 깊은 부분을 모두 일기에 적지는 않았다. 그는 브라우닝(Browning)과 마찬가지로 이런 감정을 느꼈다.

> 하나님께 감사할지어다. 아무리 미천한 피조물이라도 영혼의 두 모습을 자랑하나니,
> 하나는 세상과 대면하는 모습이요, 또 하나는 사랑하는 여인에게 보여 주는 모습이로다.[7]

그래서 그는 자신의 가장 깊은 감정을 자기 마음속에서 털어놓고 그것을 마음의 문서로 만들었지만, 남들이 읽을지도 모르는 곳에 기록하지는 않았다. '그의 조력자'이자 그의 자녀들의 어머니가 된 여성에게 구혼할 무렵, 그는 자기의 생각과 편지들을 다른 책에 기록하여 보관했다. 그 후 세 자녀의 어머니가 된 그녀가 병상에 누웠을 때 그는 자신이 기록한 이 글들을 하얀 리본으로 묶어 그녀의 손에 쥐어 주며 그녀를 기쁘게 했다. 그녀에게는 이것이 세상 그 무엇보다 좋은 약이 되지 않았겠는가! 다른 남편들도 아내가 의기소침해 있을 때는 이 처방을 쓸 수 있을 것이다. 미국 해군에서는 '연인과 아내'를 위해 건배할 때 흔히 이렇게 말한다. "모든 연인들이 아내가 되기를! 또 모든 아내들이 항상 연인과 같기를!"

헨리 아펜젤러의 영혼이 진실한 회개를 경험한 것은 웨스트 체스터에서였으며, 영적 풍성함에 잠긴 곳은 그 아름다운 고장의 장로교회였다. 요리

---

7 영국의 시인 로버트 브라우닝의 One Word More에 나오는 구절이다.

문답을 아는 것은 자칫 단순한 지식에 머물게 할 수 있다. 오직 내적 추구와 깨어 있는 양심(혹은 튜턴족의 조상들이 내적 지혜라고 부른 것)을 통해 죄에 대한 개인적 확신을 갖고 빛을 주는 평화의 하나님 말씀을 영접하고 하나님의 도우심으로 강화된 의지로 영혼이 성령의 내주에 완전히 열릴 때, 믿음의 확신과 전 존재의 변화가 수반되는 것이다.

헨리 아펜젤러는 하나님 아버지의 섭리 안에서 웨스트 체스터의 장로교회에서 특별히 봉사하고 있던 복음전도자 풀턴(Fulton)의 설교를 듣게 된 것에 대해, 평생 동안 아버지 즉 하늘과 땅의 모든 부권에 이름을 주신 그 아버지께 감사했다. 그리고 그가 회개한 날인 1876년 10월 1일을 자기 영혼의 생일로 매년 기념했다.

웨스트 체스터의 학교에 입학한 다음부터 랭커스터에서 대학을 졸업하기까지 그는 몇 가지의 유익한 경험을 했는데, 이것은 자라면서 하나님과 사람에게 더 사랑스러워져 간 이 젊은이의 발전에 도움이 되었다. 회개한 뒤로 그는 학교에서 기도 모임을 시작했다. 이 모임은 그 후 수년간 지속되었으며, 나중에 웨스트 체스터의 YMCA로 성장했다. 후에 그는 펜실베이니아 주의 델라웨어 카운티에서 한 학기 동안 교사로 일했다. 또 랭커스터 카운티의 엘리자베스타운에서도 대학 과정을 마칠 때까지 학비를 벌기 위해 교사로 생활했다. 이렇게 교사 일을 하는 가운데 그는 자신이 정말로 아는 것이 무엇이며 모르는 것이 무엇인지를 알게 되었고, 이것은 자신의 능력을 시험해 볼 수 있는 좋은 기회가 되었다.

한층 높은 지적 훈련을 받을 준비가 되었을 때 해리는 아버지의 희망에 따라 랭커스터에 있는 개혁교회 계열의 프랭클린 앤 마셜 대학에 입학했다. 이 학교의 이름은 퀘이커 시티에 살던 양키 벤자민 프랭클린과 '대법원의 아버지' 마셜의 이름에서 따온 것이다.[8] 아펜젤러는 1878년 가을에 이 학교에 입학해 1882년에 졸업했다.

랭커스터는 식민지 시대, 독립전쟁의 시대, 노예제 반대 및 남북전쟁 시대의 빛나는 영웅들과 기억들이 얽혀 있는 곳이다. 또한 이곳에서 이로쿼이족 인디언과의 회의가 여러 번 열렸다. 여기서 워싱턴 장군의 경호병을 포함한 독일 연대가 모병되었으며, '국부'(國父)라는 명칭이 더 친숙한 이 대륙군[독립군] 지도자가 처음으로 경례를 받기도 했다. 이 지역에서는 한트(Hand) 장군, 뮬렌버그(Muhlenburg) 장군, 하틀리(Hartley) 대령, 허블리(Hubley) 대령, 부르크하르트(Burkhardt) 소령과 같은 지도자들이 일어나 이 자유의 군대를 지도했다. 한때 이곳은 미국의 수도 역할도 했는데, 영국이 필라델피아를 점령하고 있는 동안 대륙회의가 여기서 열렸기 때문이다.

대영제국의 독일계 왕인 조지 3세가 고용한 헤센 출신 용병들은 렌턴에서 워싱턴 장군의 포로가 되었는데, 각각 언어와 혈통이 같은 사람과 목사들에게로 보내져 자기들이 따른 대의명분이 얼마나 악한 것이며 자기들이 알지 못하고 끼어든 그 일이 얼마나 비열한 일인지를 그곳에서 보고 알게 되었다. 수천 명의 사람들이 그 일을 내던졌는데, 그중에는 워싱턴의 마부가 된 프리츠라는 사람도 있었고, 우리의 뛰어난 기병대 지도자인 '금발머리 청년 장군'의 할아버지 커스터도 있었다. 미국에 온 3만 명의 헤센 사람들 중 불과 1만 7천 명만이 독일로 돌아갔다. 이곳에 살다가 이 땅에 묻힌 사람들 가운데는 노예제도가 실시되던 공화국 시절의 마지막 대통령이었던 제임스 뷰캐넌(James Buchanan)뿐 아니라 새디어스 스티븐스(Thaddeus Stephens)도 있었다. 인간을 노예화하는 자들에게 강력한 대적이었으며 인권 옹호의 투사였던 스티븐스는 랭커스터에서 살며 일하다가 랭커스터에서 죽었으며, 이 도시에는 아직도 그의 무덤이 남아 있다. 이 도시 가까이에 흐르는 코네스토가 강은 모호크족의 원수였던 한 인디언 부족의 이름

---

8 두 위대한 이름을 통합한 사람은 제임스 뷰캐넌으로 뒷날 미국의 제15대 대통령이 되었다.

이자 이곳에서 발명된 마차의 이름이기도 했다. 백만 명의 강인한 이주자들이 바로 이 마차에 아내와 자식을 싣고 서부로 가 그곳에서 가정을 꾸몄다. 따라서 개척자들에 대한 기억은 언제나 생생하게 살아 있었으며, 랭커스터라는 이름은 뛰어난 애국자들에 대한 생각을 불러일으키는 데 손색이 없었다. 그리고 이곳에 살았던 아펜젤러 또한 굳건한 미국인이었다.

아펜젤러가 다닌 대학은 조셉 버그(Joseph Berg), 존 네빈(John W. Nevin), 필립 샤프(Philip Schaff) 등 탁월한 스승들뿐 아니라 스타즈(Stahrs), 아펠즈(Appels), 아틀레(Atlee), 게하르트(Gerhart), 크렙스(Krebs), 그리고 그 외 이 지방에서 유명한 교육자들의 이름을 떠올리게 한다. 펜실베이니아 지역의 독일인들이 미국 중부와 서부에서 벌인 교육 사업과 그 영향, 그리고 미국 내 독일인들에 관한 영웅적인 이야기는 뉴잉글랜드의 역사가들에 의해 언급된 적이 거의 없었고,[9] 시간이 지난 후 코넬 대학교의 파우스트(Faust) 교수가 비로소 이 작업을 시도하게 되었다.

아펜젤러는 이곳에서 만난 좋은 스승들 아래 수학하면서 훌륭한 자양분을 얻을 수 있었다. 특히 더브스(Dubbs) 박사는, 윌리엄 펜[10]의 숭고한 자유헌장을 들고서 펜실베이니아에 정착한 개척자들의 영웅적이고 시적인 이야기와 일상적인 이야기, 교회와 개인들의 다양한 삶의 모습을 자세히 알고 있었고, 그래서 단 한 뼘의 땅이 지닌 중요한 역사와 모든 언덕과 시내와 바위가 품고 있는 낭만과 모험의 역사를 생생하게 그려 낼 줄 아는

---

9 뉴잉글랜드는 매사추세츠 주를 중심으로 한 미국 북동 지역으로, 여기에는 주로 영국계가 이민해 왔다. 따라서 뉴잉글랜드의 역사가들은 펜실베이니아 지역 내 독일계의 역사를 별로 언급하지 않았던 것 같다. 네덜란드계 미국인인 저자는 이 점에 유의하고 있다.
10 종교 지도자, 사회철학자, 혁명 지도자. 청교도적인 퀘이커 교인으로서 개인의 종교에 대한 관용, 개인적 자유의 엄격한 보장을 주장하였고 이 사상을 따라 1677년 미국의 웨스트저지에서 정치적 민주주의를 실현하려 했다. 그의 아버지 윌리엄 펜 경이 지급한 기금의 대가로 찰스 2세로부터 미국의 한 영역을 하사받아, 아버지의 이름을 딴 펜실베이니아(Pennsylvania, 펜의 품이라는 뜻)라 이름 지었다. 그는 이곳을 1682-1684년, 1699-1701년에 걸쳐 두 차례 방문한 바 있다.

사람이었다. 그는 일반 역사뿐 아니라 지역사를 동시에 배움으로써 먼 나라에서 위대한 일을 할 준비를 갖추어 갔다. 이 먼 나라의 영적인 광채는 양심을 위해 윌리엄 펜과 함께 바다를 건넌 펜실베이니아의 독일인 순례자들의 광채보다 더 빛나게 될 것이었다. 대학의 교수진 중에서 존 브레이너드 키퍼(John Brainard Kiefer) 박사는 고대 언어의 일인자로 당시에는 그리스 어문학을 가르치며 학장직을 맡고 있었는데, 그가 특히 아펜젤러의 마음에 자극을 주었다.

대학 시절 동안 그리스도인이자 학생인 그의 장래에 좋은 영향을 미쳤던 최소한 두 개의 중요한 사건이 있었는데, 그중 하나는 은혜를 나타내는 것이었으며 또 하나는 용기를 나타내는 것이었다. 첫 번째 것은 그 후 그의 전 생애에 영향을 끼쳤고, 두 번째 것은(얼마간은 몇몇 사람들 사이에서 그의 평판이 나빠졌지만) 그가 어떠한 형태의 야만성도 거부하는 사람이라는 것을 보여 주었다. 그의 이 용기 있는 행위 때문에 그를 나쁘게 생각한 사람들도 없지 않았으나 그들도 나중에는 그의 행동에 경의를 표했다.

1879년경에는 그의 교회 생활에 변화가 일어났는데, 이는 그의 생애에 중요한 계기를 만들어 주었다. 랭커스터에 있는 동안 그는 감리교인들과 많은 교제를 하면서 여러 교회에 참석하고 있었다. 4월 5일자 일기가 증명하듯이, 이때 그는 한동안 정신적 불안 상태에 빠져 있었고, 동시에 자신의 영적 상태에 대한 불만족이 있었음이 확실하다. 그는 더 풍부한 체험을 갈망하고 있었다. 그는 제일감리교회(The First Methodist Church)의 기도 모임과 조모임에 매력을 느끼고 있었으며, 4월 16일에는 '필라델피아 연회'의 회의록을 검토하고 감명을 받아 이렇게 기록하고 있다. "내가 선택한 교회가 하고 있는 선한 사업은 내게 기쁨을 준다." 또 그다음 주일의 일기에는 이렇게 적고 있다. "개혁교회에서 감리교회로 옮기는 문제에 대한 이전의 모든 생각과 논쟁들이 오늘 모두 끝났다. 나는 감리교회의 완전한 신자로 받아들여졌기 때문이다. 이것은 내가 택한 일이다.…이 일은 한동안의 기도와 묵상 끝에 이루어진 것이다. 1876년 10월 1일 회개한 이래 나는 주로 감리교인들과 함께 지내면서 개혁교회에서보다 훨씬 편안하다는 느낌을 받았다. 나는 감리교회에 가입하는 것이 나의 의무라고 생각하며, 오늘 내가 한 일은 오로지 하나님의 영광을 위해 한 일이라고 생각한다."

구주를 따르는 웨슬리적 삶의 방식을 그가 진심으로 받아들이고 감리교의 신자로 받아들여진 것은, 1879년 4월 20일 H. C. 스미스(Smith) 목사가 목회하던 랭커스터 제일감리교회에서였다. 그 후 그는 언제나 감사하는 마음으로 이날을 회상했다. 감리교인과의 교제를 시작하던 첫날 들었던 설교의 본문도 그 상황에 적절하고 감동적이었기 때문에 그의 기억 속에서 지워지지 않았다. 그 말씀은 "오직 우리 주 곧 구주 예수 그리스도의 은혜와 그를 아는 지식에서 자라 가라"[11]는 것이었다. 한국에 온 그가 자신의 이와 같은 이력에 대해 들려준 내용들은 「선구자」에서 읽을 수 있다. 이 책은 아펜젤러와 함께 성경을 번역했던 제임스 게일(James S. Gale) 박사가 쓴 것으로 한국에 온 선교사들의 생활에 관한 가장 흥미로운 소설이다. 여기서 아펜젤러는 포스터(Foster)라는 이름으로 등장한다.

맥키체렌은 포스터의 아르미니우스주의[12]에도 불구하고 그를 매우 좋아했다. 포스터를 보면 볼수록 그는 포스터를 더 높이 평가하게 되었다. 결국 그는 포스터 자신의 말을 듣고, 그가 장로교회(펜실베이니아의 웨스트 체스터에 있는)에서 개심한 것을 알고 크게 기뻐했다.

맥키체렌은 이렇게 말했다. "나는 당신한테 뭔가가 있다는 것을 알고 있었

---

11 베드로후서 3:18.
12 하나님의 절대주권, 예정, 인간의 전적 타락을 주장하는 칼뱅주의에 비판·대립적이다.

습니다. 칼뱅주의만큼 인간의 죄악을 깨끗이 씻어 주는 것은 없지요. 그런데 어떻게 감리교로 바꾸셨습니까?"

포스터는 말했다. "나는 너무 기쁘고 행복해서 할렐루야를 외치고 싶었습니다. 하지만 아시다시피 장로교회에서는 그렇게 외칠 수가 없습니다. 그래서 나는 마음껏 소리칠 수 있는 감리교로 옮겼지요."

"하나님의 계획 속에는 우리 모두를 위해 자리가 마련되어 있을 것이라고 생각해요." 맥키체렌은 말했다. "나는 전보다 훨씬 더 감리교인들을 좋아하고 있습니다. 전에는 별로 그들을 좋아하지 않았거든요. 내가 살던 스코틀랜드에는 감리교인이 없습니다. 그러나 내가 선교 활동을 시작한 다음부터 장로교인뿐만 아니라 감리교인들 사이에도 하나님의 사람이 있음을 알게 되었습니다. 참 위대한 신비지요!"

포스터에게는 맥키체렌의 기묘하게 메마른 칼뱅주의가 무척 흥미로웠다.

아펜젤러는 정정당당함을 좋아하는 다른 많은 의협심 있는 학생들과 마찬가지로 야만적인 것을 싫어했으며 약한 자들에 대한 강한 자의 억압을 경멸했다. 따라서 그는 다른 곳에서는 사라져 버린 야만성이 미국 대학에서 여태 잔존해 있는 이유를 이해할 수 없었으며, 이해하려고 하지도 않았다. 랭커스터 대학에서는 선배들이 후배들을 너무 심하게 다루어서 하급반의 많은 학생들이 나무에 묶이거나 장대에 머리를 박히는 일도 있었다. 아펜젤러는 여기에 반대하여 그러한 위법과 잔인한 폭력을 양산하는 관습에 항의했다. 그는 불량학생들의 명령을 따르기를 거부했을 뿐만 아니라 이 사실을 교수단에 알리기까지 했다. 그는 갈렙과 여호수아의 경우처럼,[13] 그리고 미국의 네이선 헤일(Nathan Hale)[14]의 경우처럼 필요할 때는

---

13 이스라엘의 정탐꾼으로서 가나안 땅을 정탐한 사람들이다.

의무감에 입각해 '첩자'나 '정보원'이 되는 것도 서슴지 않았다. 그는 양심에 따라 대학이라는 훌륭한 이름을 배반하는 행동들을 공격했던 것이다. 예를 들어, 학급 회의에서 하루 수업을 '빼먹기로' 결정했을 때도 아펜젤러는 그것에 항의하고 자기는 모든 수업에 참석하겠다고 선언했으며, 또 그대로 실행했다. 나중에는 그가 '청교도적'이라고 생각했던 사람들도 '애피[15]의 행동'을 칭찬하고 인정했다.

보라! 다수는 군주와 같은 압제자가 될 수도 있다.

아펜젤러에게 그리스도인의 생활이란 그리스도를 위한 즉각적이고 지속적인 봉사를 의미했다. 그는 고귀한 영혼을 지닌 사람이었기 때문에 단지 소극적으로 선한 상태에 자족하는 것을 지독히 싫어했다. 그는 신약을 읽으면서, 주님이 유혹에 넘어간 자나 버림받은 자 혹은 소위 '죄인'을 경멸하시는 것이 아니라, 경건한 체하면서 실제로는 아무것도 하지 않는 자나, 선한 사마리아인과 정반대로 자기가 정통임을 주장하면서 게으름을 피우는 자들을 당장 꾸짖으신다는 사실을 알게 된다.

아펜젤러는 행동과 유리된 지식이란 질병이나 죄악과 마찬가지라고 생각했다. "내 어린 양을 먹이라"는 명령은 주후 33년경에 하신 말씀이 아니라, 주후 1879년 바로 그의 면전에서 하신 말씀인 것처럼 실감나게 들려왔다. "이 지극히 작은 자 하나에게 하지 않은 것이 곧 내게 하지 않은 것이라"고 하신 인자의 말씀은 마치 시내 산에서 위엄 있게 들리는 절대적인 명령과도 같았다. 아펜젤러는 영혼의 목자와 설교자가 되기로 결심한 후, 어떻게 하면 복음을 가장 잘 전파할 수 있는지를 배우기 위해서는 실제로 훈련해 보아야 한다고 믿고 랭커스터에 있는 작은 예배당에서 설교를 시

---

14 미국혁명 당시 미국의 첩자로 영국에 의해 처형당한 인물이다.
15 아펜젤러의 애칭이다.

작했다. 이때부터 '동방[한국] 선교'는 이 젊은 목자 밑에서 싹을 틔웠으며, 그는 이후에 정식으로 교회를 조직해 1911년 여름에는 깨끗한 예배당 건물의 헌당식을 올렸다.

과학과 예술에 관한 내용도 포함하는 설교를 꾸준히 준비하고 전달하는 가운데 아펜젤러는 유창하고 강력하며 설득력 있는 설교자가 되었다. 대중 설교는 그 자신에게 기쁨이면서 동시에 사람들에게 큰 유익을 주었다. 그는 호소하는 듯한 어조를 가지고 있었다. 그는 실로 위로의 아들이었다. 그는 청중의 마음을 사로잡을 수 있었다. 한국에 와서는 한국인들만이 아니라 미국인도, '목사들'뿐 아니라 상인들과 세관 직원과 공사 관원들도 항상 그의 말을 듣고 싶어 했다.

여기, 하나님은 항상 복을 주신다는 것을 실제로 시험해 보라는[16] 명령에 사랑으로 순종한 하나님의 아들이 있었다. 충분한 의지와 능력을 소유하고 있던 아펜젤러는 하나님의 말씀을 성실하게 연구한 후 그와 같은 삶으로 뛰어들고자 결단했다.

---

16 말라기 3:10 참조.

6
한국에 대한 관심

대학을 졸업하여 문학사(文學士)가 된 아펜젤러는 뉴저지 주 매디슨에 있는 드루 신학교에 입학했다. 이곳은 뉴욕에서 40킬로미터 떨어진 곳으로, 맨해튼에서 일하는 사람들이 주로 거주하고 있었다. 매디슨이라는 이름은 '헌법의 아버지'라 불리는 상냥한 제4대 미국 대통령 매디슨의 이름을 딴 것이다. 매디슨 대통령은 중국에 간 영국의 사도 로버트 모리슨(Robert Morrison) 박사를 위해 따뜻한 소개장을 써 주었는데, 이것이 영국인들의 마음을 열어 어려운 시기에 선교의 길을 성공적으로 뚫을 수 있게 했다. 신학교 건물은, 자본가이자 감리교 평신도인 대니얼 드루(Daniel Drew)가 기증한 38만 제곱미터에 달하는 공원에 둘러싸여 있었기 때문에 순박한 활기로 넘쳤다. 또한 제임스 스트롱(James Strong) 박사, G. R. 크룩스(Crooks) 박사, S. F. 업햄(Upham) 박사, R. L. 커목(Cummock) 박사, J. 윌리(Wiley) 박사, J. P. 실버맨(Silverman) 박사 그리고 1912년 당시 학장직을 맡았던 헨리 버츠(H. R. Butz) 박사 등으로 이루어진 교수진은 사람을 끄는 힘이 있었다.

맥클린톡과 스트롱이 편집한 「맥클린톡 앤 스트롱 성경 백과사전」(McClintock and Strong's Bible Encyclopedia)의 기고자 중 한 사람이자 두 편집자의 개인적인 친구였던 나는, 1881년 이 신학교가 위대한 백과사전 편찬 작업의 완성을 축하하며 주최한 축하회의 초청장을 아직도 보관하고 있다.

이 스승들은 아펜젤러가 판단력이 뛰어나고 부지런한 학생이며, 교수 생활에 기쁨을 주는 사람이라고 생각했다. 그는 헬라어에 뛰어났는데, 이로써 신약을 한국어로 번역할 능력을 무의식적으로 갖추었던 것이다. 대학과 신학교에서 학생 생활을 하는 동안 아펜젤러는 대부분 자신의 힘으로 생계를 유지해야만 했다. 그래서 그는 드루 신학교에 있을 때는 크룩스 교수의 개인 비서로 일했다. 그 교수는 때때로 연구 과제를 주거나 참고 문헌을 밝히는 일을 맡겼는데, 아펜젤러가 조사한 것이면 무엇이든 믿을 수 있으며 더 이상 따로 조사해 볼 필요가 없다고 말하곤 했다. 우리가 인간인 이상 교수들 가운데 특히 깊은 영향을 주고 마음을 풍요롭게 만들어 주는 분들이 있기 마련인데, 애피의 마음을 가장 강하게 사로잡았던 교수들은 버츠 박사와 윌리 박사다. 그들의 강의보다는 인간성이 더 그의 마음을 끌었던 것이다. 또한 그는 학급 기도회에 끝없는 흥미를 느껴 거기에는 반드시 참석하는 것을 원칙으로 삼았다.

아펜젤러는 토요일에는 심방을 했으며, 주일에는 설교와 가르치는 일을 했다. 그는 그가 맡은 몬트빌 지역뿐만 아니라 같은 구역의 뉴저지 주 산악지대 테일러타운에서도 학교 건물을 예배당으로 사용하며 사역을 했다. 테일러타운은 메마르고 힘겨운 곳이었지만 그의 신앙에는 변함이 없었으며, 훗날 이 경험은 값진 추억이 되었다. 졸업반이 되었을 때 그는 뉴저지 주 매디슨 시 근교의 그린 빌리지에 있는 어느 교회에서 봉사했다. 이곳은 학생들이 농담 삼아 '드루 신학교가 지정한 5번가'라고 부르던 곳이다.

다행히 이 젊은 설교자는 대중 앞에서 말하고 다른 사람들을 가르치는 가운데서도 듣고 배울 줄 알았다. 그는 자기 비판을 통해서, 전투적인 후광을 쓰는 것으로부터 벗어날 수 있었다. 우쭐해하는 신학생들은 교만한 인디언 추장이 전투에 나갈 때 전투용 장식 모자를 쓰듯이 전투적 후광을 의식적이든 무의식적이든 쓰곤 했던 것이다. 또한 그는 자기 비판을 통해, 새로운 땅에 처음 도착한 선교사들이 괜히 도덕가연함으로써 해를 끼치게 되는 정신 구조로부터도 벗어날 수 있었다. 그러한 도덕가연하는 사람은 개항장의 잡다한 인물 가운데서도 가장 배척받으며 자신의 평판과 유용성을 망치고 마는 법이다. 선교사로 파견된 거룩한 사람을 맞이하는 분위기는, 결코 눈물을 흘리며 따뜻이 공감해 주는 가족 송별회의 분위기처럼 부드럽지 않기 때문에, 젊은 사도는 자기도 모르는 사이에 바리새인의 기질을 보이기 쉽다.

사려 깊은 부인들은 훌륭한 정원사처럼 지혜와 따스한 공감이라는 양날 낫으로 초년생 설교자의 자만을 가라앉히는데, 몬트빌에서 이 젊은 목자는 「부모 힉슨」(*Father and Mother Hixon*)에서 설교자들을 영접하는 브리스길라와 아굴라와 같은 사람을 얻게 되어 그 비슷한 도움을 받았다. 그들은 현명한 조언과 함께 젊은 신학자가 자청한 비판을 솔직히 들려줌으로써 그가 오류와 불행에 빠지는 것을 막아 주었고, 올바른 발전 방향을 제시하기도 했다.

월요일 아침 신학교로 돌아오는 애피는 항상 마음에 노래를 간직하고 있었으며, 전날의 기억과 풍부해진 영혼으로 기쁨에 차 있었다. 그는 자신의 일을 무척 사랑했다. 타고난 아름다운 목소리와 음악을 좋아하는 정열 때문에 그는 찬송가를 즐겨 불렀다. 그중에서도 특히 역사적 시각을 갖춘 곡들을 좋아했는데,

---

1 5번가는 뉴욕에서 제일 번화한 거리다.

환난과 핍박 중에도
성도는 신앙 지켰네.…[2]

와 같은 곡이나 "주여, 제게는 근심이 없나니" "지난 이레 동안에 예수 인도했으니"[3] "고요한 바다로"[4] "이 땅에 왔던 왕들은 다 지나갔으나" "주 예수 우리 구하려 큰 싸움 하시니"[5] 등으로 시작되는 찬송가들이었다.

자신의 재능을 그대로 묻어 두는 일이 없는 그는 멜로디언을 연주했다. 노래를 지도했으며, 잡다한 일들에도 즐겁게 봉사함으로써 다른 사람들에게도 부지런한 태도를 불러일으켰다. "성화, 칭의, 일주일에 일 페니(보다 약간 더 많이)"라는 수정된 웨슬리의 표어대로 그는 가르치고 살았다. 여러 예들이 보여 주듯, 뉴저지에서 "한 사람의 감리교인이며 살아 있는 찬송가"였던 그는 유례가 없을 정도로 순식간에 교회를 성장시켰다.

이러한 생생한 열정 외에도 그는 영혼들을 질서 있고 체계적으로 감독하는 데 심혈을 기울였으며, 재정과 규율도 잘 관리했다. 이렇게 그는 하나님 나라의 첫 번째 법칙의 훌륭한 본보기가 되었다. 훗날 그의 친구 워즈워스(Wadsworth)가 애피를 따라 몬트빌에 왔을 때 그는 흐트러진 것 하나 없이 모든 것이 잘 정리되고 조직되어 있음을 보고 깜짝 놀랐다. 몬트빌의 청년들이 그들의 목회자인 아펜젤러에게 선사한 성경은 그의 연구용 성경이 되었으며, 훗날 일본의 고베에서 분실되기 전까지 수년 동안 그의 곁을 떠나지 않았다.

그는 하나님이 주신 귀중한 선물 중 하나를 잘 사용할 줄 알았다. 애피

---

2 통일찬송가 383장(새찬송가 336장).
3 통일찬송가 56장(새찬송가 44장).
4 통일찬송가 503장(새찬송가 373장).
5 통일찬송가 398장(새찬송가 346장).

는 예리한 유머 감각을 지니고 있었다. 그는 재미있는 이야기를 좋아하고 농담의 요점을 재빠르게 파악하며 사물의 즐거운 측면을 판별해 냄으로써 자신과 타인을 흥겹게 해서 많은 짐들을 가볍게 만들었다. 그는 짜증 나게 하는 사람들이나 상황이 자신의 기분을 언짢게 하도록 가만두지 않았다. 그는 일을 원활하고 마찰 없이 진행시키는 능력을 가진 진실로 '윤활유 같은 사람'이었다. 이렇게 즐거워할 수 있는 능력, 또 유머를 알고 말할 수 있는 능력이 하나님이 주신 많은 축복 중 하나라고 그는 때때로 생각했다. 그는 아마도 "유머 감각과 약간의 종교성이 어울리는 것보다 더 좋은 배합은 없다"는 매리언 할랜드(Marion Harland)의 말에 동의했을 것이다. 그에게 주어진 이러한 하나님의 은사가 후에 이교도들의 마음을 여는 데 도움을 주었을 것임은 확실하다. 한국인은 외국인이 자기를 사랑한다고 여겨질 때는 자기를 깎아내리면서까지 농담하기를 좋아하고 재미있는 이야기를 특히 즐긴다. 많은 서울 사람들이 처음에 이 유쾌한 미국인의 재치와 유머에 반해서 결국 그의 형제가 되고 동일한 주를 따르는 제자가 되었다. 그는 한국어로 설교할 수 있을 정도의 한국어 실력을 쌓기 전에도 한국어로 재미있는 이야기와 속담을 말하곤 하여 둔감한 사람의 얼굴에도 웃음꽃이 피어오르게 할 수 있었다.

그가 태어난 키스턴 스테이트[6]를 떠나 모기가 많기로 소문난 지방[7]으로 갈 때도, 애피는 모기들을 피할 계획을 세우는 한편 잠 못 이루게 하는 이 조그마한 벌레와 마주칠 경험의 희극적인 측면을 느꼈을 것임에 틀림없다.

이 소리 나는 벌레들이 우글거리는 고장 뉴저지는 과거의 명성이 지금

---

6 쐐기돌이라는 뜻으로 펜실베이니아 주를 가리킨다. 독립 당시 13개 주의 가운데 위치한 데서 유래했다.
7 뉴저지 주를 가리킨다.

보다 더 대단했을 것이다. 왜냐하면 아마도 그때는 모기가 무서운 병을 옮긴다는 사실이 알려지지 않았기 때문이다. 창조의 윤리적 목적, 특히 악한 것들의 도덕적 용도가 무엇인지가 늘 논란의 대상이 되어 왔지만, 전문가든 비전문가든 그 어떤 신학자도 '왜 모기가 창조되었는가?'라는 문제를 풀 수 없었다.

1873년 어떤 '과학자'가 모기가 말라리아균을 전염시키므로 경계해야 하며 인간이 늪지대에서 떠나든지 늪을 없애 버려야 한다는 사실을 자연의 신이 가르쳐 준다고 주장했는데, 일본에 있던 한 영국인 편집자는 이 주장을 '재미있는 신학'이라고 비꼬아 표현했다. 이렇듯 모기는 인간에게 불편을 주지만 해를 끼치지는 않는, 피조물 가운데 있는 익살스런 존재 정도로만 여겨져 왔다.

그러나 모기가 병을 옮긴다는 것이 판명되자 문명국에서는 적극적으로 모기를 박멸하기 시작했다. '말라리아와 모기의 나라'인 한국에서 아펜젤러는, 여름이 되면 사려 깊은 아버지로서 아내의 도움을 받아 모기장을 쳐 온 가족을 보호할 뿐 아니라 간혹 모기장을 뚫고 들어오는 모기를 잡는 의무를 다해야 했다.

'요정 나라의 희미하게 울리는 작은 나팔' 같은 소리를 내는 이 피조물들은 9월 말과 10월 초에 끈질기고 극성스러운 위력을 가장 크게 나타낸다. 그래서 잭 프로스트(Jack Frost)가 모기약을 만들기 전까지는, 가장 열심히 공부할 이 시기에 많은 학생들이 낙제 점수를 받았다.

한번은 특별한 일을 충분히 준비해서 최대한의 성과를 올리기 위해 애피는 철저히 휴식해야 할 필요성을 느꼈다. 다음날 자기 반의 학생들과 교수들 앞에서 설교 시험을 보아야 했던 것이다. 그는 설교자로서의 영적인 준비뿐만 아니라 육체적인 준비도 다 갖추었다고 믿었다. 그러나 모기장을 미처 준비하지 못했기 때문에 친구인 워즈워스에게 모기장을 빌려달라고 했다. 워즈워스는 이 '승리의 펜실베이니아인'이 내일의 힘든 일을 위해 힘을 축적할 동안 자기는 담요만 덮고 모기에게 시달려도 좋다고 생각하고 기꺼이 모기장을 빌려주었다. 애피의 설교 본문은 "예수 그리스도 외에 천하 인간에 구원을 얻을 만한 다른 이름을 우리에게 주신 일이 없다"[8]였다. 애피는 이 설교를 훌륭하게 작성해서 멋지게 발표했다.

그가 선교사가 된 과정은 점차적인 확신, 소명에 대한 복종, 완전한 헌신으로 명확하게 이루어졌다. 1881년 2월 19일, 23세의 나이로 대학교 3학년이었던 아펜젤러는 선교에 대한 설교를 듣고, 돈이 조금밖에 되지 않는 것을 안타까워하며 2달러 50센트를 헌금했다. 1881년 2월 26일 주일, 그는 일기에 이렇게 기록했다. "나에게 야망이 있다면 그것은 주님을 봉사하는 데 완전히 헌신하는 것이다."

시간이 흐를수록 해외선교에 대한 관심은 계속 커 갔으며 신학교에서 그것은 명확한 형태를 띠게 되었다. 그는 일본 선교사가 되려고 생각했다. 그와 그의 친구 워즈워스는 일본과 한국에 관한 책을 두 권 가지고 있었으며, 그들은 그것을 흥미롭게 읽었다. 일본에 관한 것은 세계 각국이 일본 천황 및 그 황실과 제휴하고 닻을 내리도록 한 개방된 민족의 단결력을 부각하는 것이었고, 한국에 관한 것은 폐쇄적 나약함을 낳게 된 한민족의 은둔성을 강조하는 것이었다.

워즈워스는 특히 은둔의 나라에 가겠다는 생각으로 가득 차 있었다. 미국의 해군 외교관인 슈펠트 제독은 1882년 해군이나 육군의 도움도 거의 받지 않고 1853년 매튜 페리가 세운 업적을 실제 외교적인 면에서 완전히 능가하는 성과를 올렸다. 페리가 강력한 함대와 값비싼 무기를 가지고 일본에서 얻어낸 것은 지친 선원들이 이용할 수 있는 두 항구를 개항한

---

8 사도행전 4:12.

것이었다. 그러나 슈펠트는 이런 것들에 그치지 않고 미국인의 무역과 상업과 거주를 허용하도록 함으로써 교사와 선교사들이 입국할 수 있는 길을 열어 놓았다. 그러나 이렇게 훌륭한 일을 했음에도 불구하고 그는 워싱턴으로부터 표창은커녕 아무런 인정도 받지 못했다.

신학생들이 미드홀 내의 커다란 방에 들러 워즈워스, 아펜젤러와 이야기를 나눌 때면 화제는 곧 한국으로 옮겨 갔다. 이미 최소한 한 사람—한국에 교구를 가지고 있는 것처럼 느끼고 있던 한 사람—은 그 주제에 완전히 몰두해 새로이 얻은 지식을 남들에게 알리는 것을 즐겼으며, 그들이 관심 가지기를 바라면서 질문을 유도하기도 했다. 물론 각자의 관심 정도에 따라 결과는 다양하게 나타났다. 증상에 따라 어떤 사람에게는 힘을 북돋아 주는 약이 다른 사람에게는 힘 빠지게 하는 약이 되듯이, 어떤 사람들에게는 그 이야기가 진정제, 심지어는 수면제 역할을 하기도 했다. 소수의 학생들은 남아서 이야기를 듣고 질문을 던지고 때때로 시끄럽게 이야기하면서 더 많은 지식을 구하는 가운데 공감대를 넓혀 간 반면, 한국에 대한 이야기가 나오면 방을 도로 나가는 사람도 있었다. 어떤 사람들은 그 신비로운 지리 이야기에 곧바로 빨려들었다. 그러한 미지의 나라의 이름을 듣고 더욱 실천적인 행동을 결심하게 만들려면 추진기나 엘리베이터, 에스컬레이터 같은 역할을 할 장치들이 있어야만 했다. 그러나 1882년에는 그 지역에 대해 논의하고자 하는 욕구도 없었으며, 그 지역이 필요로 하는 바를 이해하려는 영적인 갈망도 없었다. 기회를 눈앞에 두고도 그렇게 늑장 부렸던 그리스도의 교회는 수치심을 느껴야 한다! 문명 전파의 선두에 선 해군 장교 슈펠트가 전문적인 복음 전도자보다도 더 열심인 것처럼 보일 정도다. 하지만 어쨌든 소수의 드루 신학교 학생들은 지도를 통해 그곳을 실제로 찾아보았다. 그들은 미국의 새로운 조약국이 아프리카나 지중해, 혹은 북극이나 남극에 위치해 있지 않다는 것을 발견하고는 다소간 놀랐다. 적어도 이것은 희망적인 일이었다. 오늘날 교회의 양심은 귀중한 2년을 잃었다는 사실을 깨달아야만 한다. "이 세대의 아들들이 자기 시대에 있어서는 빛의 아들들보다 더 지혜로움이니라."

여기서 잠깐, 앞에서도 밝힌 바 있는 한국과 관련된 나의 노력을 회고해 보도록 하겠다. 1874년부터 1882년까지의 신비로운 기간 동안 나는 편지와 논설 등을 쓰고, 여러 사실관계들과 통계 자료들을 제공함으로써 의회 위원회들로 하여금 한국이 미국인의 무역과 거주를 위해 문호를 개방하도록 하는 문제에 관심 갖게 하려고 노력했다. 이러한 일들은 캘리포니아 출신 상원의원 사전트(Sargent)가 한국과 조약을 체결하기 위한 심의위원회를 구성하고 거기에 5만 달러를 책정하자는 결의안을 제출함으로써 한 걸음 더 진척되었다. 같은 해, 나는 "인디펜던트"(The Independent)와 "선데이 매거진"(The Sunday Magazine) 등 여러 정기간행물에 한국에 관한 글을 기고하기 시작했다. 또한 수년간 편집자로부터 "이 괴상한 야만인들에게 너무 많은 지면을 할애하지 말라"는 경고를 종종 받으면서까지 「애플턴 연감」(Appleton's Annual Cyclopedia)에 한국과 그 민족에 관한 항목을 실었다. 그러는 동안에 한국에는 기근이 극심하여 들판이 사람의 해골로 하얗게 덮였는데, 일본에 수출되는 황소뼈 화물 속에 사람의 해골이 끼어 있을 정도였다. 그래도 그 수송물 목록에 러시아인 아버지가 블라디보스톡에서 요코하마의 미국선교위원회(American Mission Home)로 보내는 두 한국 소녀가 끼어 있었다는 사실은 다소 덜 소름끼치는 희망적인 일이었다.

워즈워스는 새로 문호가 열린 그 지역에 가기로 결심하고, 실제로 자청하여 그 요청이 받아들여지기까지 했지만, 개인적인 이유로 포기할 수밖에 없었다. 하나님의 섭리는 그가 고국에 머물도록 했던 것이다. 그러면 누가 그를 대신할 것인가? 그는 바로 일본 열도에서 한반도로 눈을 돌리게 된 아펜젤러였다.

7
위대한 결단

10월 22일 기도회가 끝난 뒤 애피는 워즈워스에게 그의 선교적 소명에 관해서 다시 한 번 유난히 심각한 얼굴로 물었다. 자신이 일본에 가는 문제에 대해 깊이 생각해 왔으며, 하나님이 자신을 이 선교의 영역으로 들어가는 영광을 주셨다고 느꼈기 때문이다. 이 문제를 하나님과 상의하여 완전히 결정을 내리게 되었을 때, 그는 인생의 동반자로 선택한 여인에게 곧 긴 편지를 썼다. 이 여인의 이름은 엘라 닷지(Ella Dodge)였으며, 1879년 4월에 뉴욕 주 렌실러 카운티에 있는 고향 벌린을 떠나 랭커스터에 와 있었다.

뉴욕 시에서 이 이름, 즉 일본 선교사 버벡(Verbeck)의 친구이자 지칠 줄 모르는 박애주의자인 위대한 상인 윌리엄 얼 닷지(William Earl Dodge)의 생애와 업적을 아는 사람들에게는, 미국이라는 국가와 그 기독교에 끼친 이 가문의 영향력을 새삼 언급할 필요가 없을 것이다. 닷지라는 이름을 가진 미국인들은 대부분 영국의 체스터에서 1629년에 배를 타고 매사추세츠의 세일럼으로 건너온 청교도 윌리엄 닷지(William Dodge)의 후손들이다. 이 가문 출신의 엘라 닷지 역시 가문의 이름에 손색이 없는 여인이었다. 사랑하는 사람의 아내와 동반자가 되어 그를 땅끝까지라도 쫓아갈 준비가 되어 있는 약혼녀로서, 그리고 날마다 "나라가 임하기를" 기도하고 기다리며 그 나라의 도래를 위해 일하는 그리스도인 여인으로서, 그녀는 그리스도를 위하여 가족과 친구들을 떠나 해외로 간다는 생각을 기쁘게 환영했다. 그녀는 나에게, 자신은 "공부하기 위해 뉴욕 주의 올버니에 머문 것을 제외하고는 스무 살이 될 때까지 집을 떠난 적이 한 번도 없었다"고 겸손하게 말했다. 랭커스터 제일감리교회에 다니기 전까지 그녀는 줄곧 침례교인으로서 성장해 왔다.

1883년 10월 24일부터 28일까지 전국 신학교 연맹(The Inter-Seminary Alliance)[1]의 집회가 코네티컷 주 하트포드에서 열렸다. A. F. 베렌즈(Behrends), 리처드 뉴턴(Richard Newton), A. A. 핫지(Hodge), L. T. 타운센드(Townsend), A. J. 고든(Gordon) 등 감동을 불러일으키는 연사들이 나왔는데, 이들은 모두 당대의 저명한 인물들로 각각 자신들의 교파를 대표하고 있었다. 이 대회에서 두드러지게 활약한 사람으로 호러스 언더우드(Horace Underwood)가 있었는데, 그는 미국에 있는 개혁교회 신학교에서 교육받은 사람이었다. 이 개혁교회는 버벡, 브라운(Brown), 발라(Ballagh), 위코프(Wyckoff), 스타우트(Stout), 부스(Booth), 피크(Peeke), 키더(Kidder) 등을 일본에 파송했고, 인도나 중국, 일본 등지의 선교를 적극 지원하고 있었지만 한국에까지 그 선교 영역을 넓히지는 못하고 있었다. 그래서 언더우드는 북장로교[2] 소속으로 한국에 파송되어 거기서 개척적인 학자, 사전 편

---

1 1880년 프린스턴 신학교 학생과 하트포드 신학교 학생을 중심으로 당시 일어나고 있던 해외선교 운동의 열의를 수용하면서, 그해 10월 뉴저지 주의 뉴브런즈윅에서 조직되었다. 1897년에는 대학 연합 YMCA와 통합하게 되었는데, 미국의 해외선교사 중에는 이 대회 때 결심한 학생들이 많았다.
2 미국 남북전쟁을 전후하여 미국의 교단들이 남과 북으로 분열되었는데, 남·북 장로교와 남·북 감리교가 대표적이다.

찬자, 번역가, 노련한 선교사로서 선구적인 활동을 했다. 또한 그는 아펜젤러의 변함없는 친구이자 동지이기도 했기에 두 사람은 시종일관 뜻이 잘 맞았다. 하트포드 대회에 참가한 드루 신학교의 대표단은 모두 다섯 명이었다.

애피는 250명의 신학도들과 함께 기차를 타고 뉴잉글랜드로 가 예일에서 랭커스터 대표단을 만났다. 그 집회에서 아펜젤러는 제345번이었으며, 그를 포함한 네 명의 학생들은 독실한 감리교인이었던 라티머(Latimer) 부부의 집에서 머물렀다. 애피는 그곳에 머무르는 동안 감리교회에서 설교를 했으며, 하트포드의 경험들은 이후 좋은 추억이 되었다. 하트포드에서 돌아오면서 그는 하나님의 은혜에 힘입어 '워즈워스 대신에' 한국으로 간다는 생각을 더욱 굳힐 수 있었다.

그로부터 얼마 후 1883년 12월 31일에 그는 다른 사람들과 함께 루터 탄생 400주년 기념식을 가졌으며 풍성했던 한 해에 대해 감사하는 글을 썼다. 또한 그는 감리교인의 관습에 따라 제야 예배에 참석했다. 그는 이 '제야 예배'를 후에 한국에서도 소개했는데 언더우드 쪽과 아펜젤러 쪽에서 번갈아 가며 이 예배를 드렸다. 다음과 같은 찬송을 부르면서 새해는 시작되었다.

바뀌어 가는 해와 함께
주님을 좇는 마음을 새롭게 합시다.
주님이 오실 때까지
결코 멈추지 맙시다.

애피는 주님의 부르심을 따르는 데 몹시 치밀한 사람이었다.
그는 1884년 12월 17일 랭커스터의 제일감리교회에서 결혼식을 올렸다.

그리고 곧바로 수더턴의 오랜 농가를 방문했다. 그가 이곳 고향에서 크리스마스 주간을 보내고 있을 때 그의 한국 선교가 확정되었으며, 곧 떠나야 한다는 통보를 받았다. 친지들에게 작별 인사를 하고 모든 준비를 마치고 집을 떠나기까지 한 달밖에 시간적 여유가 주어지지 않았지만, 아펜젤러는 "교회의 부르심은 곧 하나님의 부르심"이라 생각하고 순종하기로 했다. 그는 십자가를 지고 주님을 따르기 전에 먼저 "자기 부친을 장사하게" 해 달라고 부탁하는 그런 제자와는 관계가 멀었다. 이 비유적인 장례식을 치러야 하는 쪽은 그의 친척과 이웃들이었다. 선교사로 선택된 아펜젤러는 역사적인 수더턴 개혁교회, 피값으로 샀으며 순교의 영광이 서려 있는 조상들의 교회, 게하르트와 아펜젤러라는 이름으로 유명한 이 교회에서 설교를 했는데, 이때 그의 오랜 친구들과 농부들, 마을 사람들, 젊은이들이 설교를 들으러 몰려들었다. 모든 사람들이 이 멋있고 건장한 젊은 목사를 칭찬했다. 미국 개혁교회는 당시 일본의 센다이에 설립된 지 5년 되는 훌륭한 선교 본부를 두고 있었지만, 그 훌륭한 활동에 비해서는 아직 마케도니아인의 부름[3]을 충분히 의식하지는 못한 상태였다. 앞을 내다볼 수 없었던 부모와 친척들은 뛰어난 재능을 갖추고 고국에서 밝은 장래가 약속된 이 청년이 왜 그런 땅으로 가서 "자신을 매장해야" 하는지 의아해했다. 하지만 그럼에도 불구하고 가족들의 자부심은 대단했다. 어머니는 말을 거의 하지 않았지만, 그 사랑의 눈에서는 가슴속의 기쁨이 드러나고 있었다.

그 자리에 참석한 친구 워즈워스는 애피의 어머니의 가슴과 목소리와 눈에 흘러넘치는, 자랑과 슬픔이 뒤섞인 감정을 읽어 낼 수 있었다. 이 선택된 아들, 유망한 장학생 아들로 인해 느끼는 그녀의 기쁨은 사람들의

---

[3] 이교도 지역에 대한 선교의 소명을 가리킨다. 바울은 드로아에서 한 마케도니아인이 "마케도니아로 와서 우리를 도우라"고 말하는 환상을 보고 마케도니아로 갔다(행 16:9).

찬사가 주는 기쁨과는 비교도 될 수 없는 것이었다. 그럼에도 불구하고 어머니와 그녀의 남편—커다란 체격으로 남을 위압하는 듯한 느낌을 풍기는 강한 인물로서 당시 스위스 연방 대통령이었던 에밀 프레이(Emil Frey)를 연상시키는—은 한국에서는 도저히 그 어떤 아름다움도 발견할 수 없었다. 아들을 완전히 신뢰하는 이 아버지 아펜젤러는 외국에 나가 일을 하겠다는 아들의 결심에 대해 솔직하게 슬픔을 표시했지만, 나중에는 애피가 자기 인생을 스스로 포기했다고 생각하는 사람들을 무시하고 마침내 아들의 생각에 동의하게 되었다. 늘 가정 안에서만 살아온 어머니의 마음을 무겁게 짓누르고 있었던 것은 헨리가 익사하지 않을까 하는 두려움이었다. 그녀는 죽기 전 수년 동안 이 두려움에 사로잡혔으며, 그녀가 죽은 뒤에 실제로 일어났던 이 사건[4]을 종종 환상 속에서 보곤 했던 것이다.

수더턴 사람들이라고 해서 다른 많은 사람들과 다를 바는 없었을 것이다. 펜실베이니아의 독일인들이 물질적으로는 번영을 이루었다 해도 이것이 그들의 영적 발전에 항상 도움이 된 것은 아니었다. 사실 그들 중 많은 사람들에게는 큰 물질적 축복이 오히려 그들 자녀의 교육과 지적 성장에는 장애가 되기도 했다. 30년전쟁의 공포와 완고한 루이 14세의 앞잡이들에 의해 황폐화된 팔츠[5]를 피해 미국에 도착한 그들 조상들의 가난하고 비참한 모습은 "방랑하는 아람 사람"[6]의 모습과 같았다. 그러나 이들은 양질의 약속의 땅에서 윌리엄 펜의 '거룩한 실험'[7]을 수행하며 랭커스터 카운티를 미국의 어떤 지방보다 농업적으로 부유한 땅으로 만들었다. 하지만 펜실베이니아에서 역시 맨해튼과 마찬가지로 물질적 번영이 곧 은혜를

4　1902년 아펜젤러는 서해 어청도 앞바다에서 익사했다.
5　신성로마제국 선제후의 영토다.
6　신명기 26:5.
7　윌리엄 펜은 펜실베이니아에서 한 운동을 스스로 이렇게 불렀다.

가져다주는 것은 아니었다.

드루 신학교를 떠나 한국으로 가야 할 시간이 오자, 아펜젤러의 교수와 동료 학생들은 1885년 1월 14일 특별예배를 가졌고, 거기서 매디슨의 J. H. 노울즈가 강론했다. 신학교의 거의 모든 식구들이 기차역까지 따라 나왔으며, 학생들은 노래를 부르며 행진했다. 기차를 기다리는 동안 젊은 학생들은 먼 타국에서 자신들을 대표해 그리스도의 사신의 직무를 감당하게 될 애피를 위해 "주 믿는 형제들 사랑의 사귐은"[8] "우리 그 강에서 만날까" 등의 찬송을 불렀다. 죽음 이외에는 그 어떤 것도 이 위기와 기쁨이 뒤범벅된 그날의 모습을 지울 수 없으리라.

그 일이 있기 얼마 전 1884년 12월 4일 밤, 뉴욕에서 파울러 감독이 스크랜턴 박사를 목사로 안수하고 있을 때, 한국의 수도에서는 폭동과 방화와 전투가 발생하여 무장한 군인들이 살육되고 일본인 민간인들이 대량 학살되어 그들의 시체가 매장되지도 않은 채 개의 밥이 되어 가고 있었다.[9]

기차는 빠르게 미 대륙을 가로질러 헨리 G. 아펜젤러는 2월 2일 샌프란시스코에서 감리교회의 성직자 중 가장 어른인 파울러 감독으로부터 안수를 받고 아직도 전화의 잿더미로 뜨거운 위험한 나라의 도시로 가라는 명령을 받았다. 새로운 선교사가 된 아펜젤러는 필라델피아 연회에 소속되고 싶었으나 공식 임명 서류상의 잘못으로 뉴어크 연회에 보내졌다. 그 후 1886년 3월까지 그는 명목상 이곳에 속해 있었다.

이제 "하나님의 목적이 아직 드러나지 않은 신비 속으로 여행"할 준비는 모두 갖추어졌다.

아펜젤러의 신앙의 배가 풍랑에 떠내려가지 않도록, 그리고 모든 폭풍

---

8 통일찬송가 525장(새찬송가 221장). "우리 그 강에서 만날까"는 한국 찬송가에는 수록되지 않았다.
9 갑신정변을 언급하고 있는 듯하나, 일본인들에 대한 기술은 심하게 과장되었다.

우 가운데서도 고요히 나아갈 수 있도록 항상 붙잡아 준 닻줄은 세 개의 강력한 약속의 가닥으로 짜인 것이었다. 첫 번째 약속은 바로 이것이다. "만군의 여호와가 이르노라. 그것으로 나를 시험하여 내가 하늘 문을 열고 너희에게 복을 쌓을 곳이 없도록 붓지 아니하나 보라."[10] 또 하나는 그리스도의 말씀이었다. "너희는 곧 나의 친구라."[11] 마지막 하나는 사도 바울이 여러 민족에게 한 말씀이었다. "우리가 하나님과 함께 일하는 자로서."[12]

여러 신앙의 훈련을 쌓아 가며 더욱 강해진 아펜젤러는, "하나님과 함께하는 자가 곧 다수와 같은 힘을 가진 자"라는 사실과 "땅끝까지 창조하신 이"[13]는 잘못이 없으시며 결코 헛된 약속을 하지 않으시고 결코 "너무 큰 계약을 맺지 않으신다"는 사실을 믿는 '남은 자' 혹은 '택함받은 자'의 고상한 무리에 끼게 되었다. 그렇게 함으로써 그는 "하나님이 자신이 약속하신 바를 행하시는 분임을 확신하게 되었다." 아펜젤러에게는, 하나님은 과거에 존재하셨을 뿐 아니라 현재에도 존재하는 분이었다. 그는 신앙의 빛나는 기쁨 안에서 계속 전진했다. 초기의 사도들에 대한 존경심을 잃지 않으면서 그 자신도 그들과 같은 강한 믿음을 가지고, 손으로는 쟁기를 잡고 얼굴은 그에게 주어진 일을 향했다. 그의 견해로는 시대나 시간이나 장소가 바뀐다고 하나님의 이 약속들이 희미해지는 것이 아니었다. 1세기의 사도들, 그리고 최후의 사도까지 포함하는 모든 사도들은 "그리스도를 통하여 모든 일을 할 수 있는 것이다."

---

10 말라기 3:10.
11 요한복음 15:14.
12 고린도후서 6:1.
13 이사야 40:28.

1   은진미륵 불상: "불교가 국교로 승인되고 전파된 천 년이라는 기간 동안 한민족은 가장 빛나는 번영의 시대를 구가했다."

2   가장의 의복에 광택이 나도록 다듬이질을 하는 모습: "남성이 사회적·가정적으로 위신을 갖춘 삶을 살 수 있도록 부인들은 그들을 위해 식사를 준비하고, 세탁과 청소를 하면서 일생을 보냈다."

3 **명성황후 기념비:** "고도의 정신력을 소유한 사람이었던 그녀는 가장 뚜렷한 유전적, 민족적 특성을 지닌 전형적인 조선 여인으로서, 궁궐 내 음모의 대가였다."
4 **시집가는 신부**
5 **초가지붕에 얹을 이엉을 엮는 모습:** 1909년 당시, "2백만 명은 초가지붕에다 흙으로 된 벽, 방바닥에는 종이도 안 바른 2.4×2.4미터 크기의 방에서 살았을 것이다."

6 한국 어린이들과 유모들
7 **4대가 한자리에 모인 기독교 가정:** "한국에 온 복음의 개척자들 몇몇은 25년여 만에 4세대 그리스도인 가정, 즉 백발의 할아버지와 언약의 아이가 함께 기독교 신앙을 가진 가정을 볼 수도 있었다."

8 방갓을 쓰고 교회에 가는 모습
9 세상 어디나 비슷한 소녀들의 모습
10 한글 소개를 위한 목판활자: "한글은 자모와 음절문자 체계가 일치하는 아름다운 음성 체계를 가졌다."

11   감리교 선교부(공주): "오늘날의 충청도는 그리스도인들의 고향이며, 복음과 교육 활동의 중심지이기도 하다."
12   아펜젤러와 배제학당 학생들: "깨어 있는 젊은이들과 탐구적인 성인들이 세계와 인류에 대해 알게 되고 자극을 받아, 예수가 구원하기 위해 자기 생명을 내어 준 자기 민족과 인류의 진보를 위해 훌륭한 역할을 수행하겠다고 결심했다."

13 **정동제일감리교회:** "돌이나 벽돌로 만든 외형상의 교회가 아니라 성령에 응답하는 영혼들이 모인 교회가 이루어져서 마침내 외적인 의복이 필요하게 되었을 때, 교회 건물 건축이 계획되었다. 벽돌로 된 벽과 뾰족한 지붕 위로 네모난 탑이 솟아 있는 이 교회당은 서울의 중심부인 정동에 위치했다."
14 **한국의 관립학교(1910년경)**

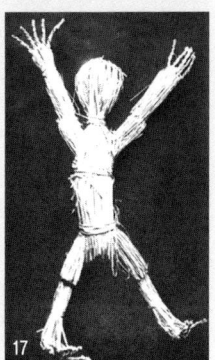

15 1893년 시카고 세계박람회에 전시된 구한국의 예술품: "1893년은 한국이 외국 땅에 처음으로 그 나라의 산물을 전시하고 사람들을 보냄으로써 자신의 모습을 나타낸 해였다."
16 북한 지방의 상점 앞에 서 있는 노인과 소년
17 정초 풍속으로 귀신에게 바치는 일종의 제물: "아펜젤러는 한국인들이 삶의 모든 영역과 사고방식을 지배하는 미신으로부터 자유롭게 되기를 원했다."

8
항해와 첫인상

1885년 2월 3일, 퍼시픽 메일(the Pacific Mail)의 아라빅 호를 타고 세 명의 선구자는 한국으로의 항해를 시작했다. 그중 두 사람은 아내를 동반하고 있었는데 바로 W. B. 스크랜턴 박사와 H. G. 아펜젤러였다. 이로부터 19년이 지난 1904년, 스크랜턴 박사는 1885년에 같이 배를 탄 아펜젤러에게서 받은 인상을 다음과 같이 적고 있다.

그는 누구와 함께 있더라도 관심을 끌 수 있는 매우 인상적인 인물이었다. 잘 다듬어진 몸매를 가진 그는 머리를 들어 약간 뒤로 젖히고 다니기 때문에 그의 훌륭한 체격 구석구석이 모두 잘 드러났다. 그의 몸무게는 아마도 80-90킬로그램 정도였을 것이다. 그는 얼굴까지도 둥글둥글 부풀어 있었으며, 머리칼은 곱슬곱슬하고 숱이 많았다. 더불어 그의 불그레한 얼굴빛은 그가 완벽할 정도로 건강한 사람이라는 것을 보여 주었다. 그의 얼굴에는 항상 미소가 어려 있었으며, 웃을 때는 가슴으로부터 우러나오는 듯이 웃었다. 그의 인사 역시 항상 진실하고 사람을 끄는 듯했다.…

그는 우리의 감독자요 지도자였다. 2월 15일 주일 태평양 위에서 바다가 몹시 사나울 때 그는 우리들에게 설교를 했다.… 설교는 듣는 사람을 만족시키는 긍정적인 성격을 띠고 있었는데, 그는 항상 그런 설교를 했다. 아마 모든 목회자들은 긍정적이고 위로가 되는 약속 혹은 반석에 근거한 신앙이 담긴 이러한 설교를 모방하고 싶어 할 것이다. 이날 그는 출애굽기 17:6로 우리를 인도했다. "내가 호렙 산에 있는 그 반석 위 거기서 네 앞에 서리니 너는 그 반석을 치라. 그것에서 물이 나오리니 백성이 마시리라."

오랫동안 폭풍우 속에서 항해한 후 2월 27일 저녁, 항구로 들어가기에는 너무 늦은 시간에 아라빅 호는 일본에 도착했다. 아펜젤러와 함께 여행했던 한 승객은 아펜젤러가 "사람들이 상륙하기 전에 모두를 자기의 선실로 초대해 안전한 여행에 대해 하나님께 감사를 드리도록 인도했으며, 앞으로도 하나님이 모두를 인도하시고 장래의 방향을 제시해 주시기를 간구했다"고 한다. 다음 날 아침 푸른 바다 위에서의 24일간의 여행이 끝난 뒤 아펜젤러 부부는 일본의 눈 덮인 후지산을 보았다.

2월 27일 그들이 처음 일본 본토인을 보았을 때, 아펜젤러는 미국에서 만났던 우아하게 차려입은 천황의 신하들과는 대조적인 그 모습에 자신의 눈을 믿을 수가 없었다. 도대체 벌거벗은 팔다리에 모자도 쓰지 않은 채 열심히 일하고 있는 이들이 미국에서 본 그 신사들과 같은 나라 사람들이란 말인가? "기선의 승객들이 방한복을 입고서도 거의 얼어 죽을 지경이었음에도 불구하고 녹아내리는 눈 속에서" 그들은 즐거워하며 열심히 일하고 있었다. 사실 일본의 농부들은 한국의 농부와 마찬가지로 굳세고 강건하다. 그리고 '단순한 생활'은 의약품과 문명의 사치품을 별로 필요로 하지 않는다.

그들은 해리스(현재는 감독이 된)와 드루 신학교 동창인 스펜서(D. S. Spencer)를 만나 작은 돛단배를 타고 해변에 닿았다. 그리고 종종 지진이 일어나지만 영원히 지속될 대일본 제국의 땅 위에서 항해에 지친 발을 쉬었다. 한 주는 스펜서의 집에서, 그리고 한 주는 데이비슨의 집에서 묵은 뒤 그들은 도쿄로 떠났다.

모국을 떠나온 그 미국인들은 이 땅이 자기가 살던 곳과 흥미 있는 대조를 이루고 있음을 알게 되었다. 물론 이 땅 역시 다른 나라들처럼, 인종적으로 혼합되어 그 근원이 불분명한 사람들이 사는 곳이었다. 하지만 더 신기하게 보였던 것은 지리나 인종보다는 그들의 가치관이었다. 일본에는 옛것과 새것이 공존하고 있었다. 두렵고 혐오스러운 것이 즐겁고 사랑스러운 것과 뺨을 맞대고 나란히 놓여 있었다. 뉴욕이나 런던에 온 동양의 이방인과 마찬가지로, 외국인 방문객은 애국적인 원주민들이 은폐하려 하는 것들을 보고 냄새 맡고 들으며, 그것에 대한 기억이 첫 인상들 중에서도 가장 오래 지속된다.

요코하마에서 나가사키까지의 항해는 빠른 시간에 이루어졌다. 황량한 겨울임에도 내해(內海)는 그 아름다움을 결코 잃지 않고 있었다. 그들은 그곳에서 일하는 감리교 선교사인 롱(Long)과 키친(Kitchen)을 배 위에서 만나 그들의 집으로 갔다.

"소년 소녀들이 그 속에서 가득히 뛰놀고 있는 성읍의 거리"를 바라보면서 아펜젤러는 이 "아이들의 천국"에 나타난 사랑스러운 인간애로부터 강한 인상을 받았다. 이때 그는 자식을 잃은 그의 부모에게 편지를 보내면서 예언자의 부드러운 말(스가랴 8:5)과 함께 일본의 정경을 묘사한 아름다운 문구로 그들을 위로했다. 그는 이렇게 썼다. "두 분은 이제 한 도시를 가졌습니다. 그 도시에는 당신의 자녀들이 뛰놀고 있습니다."

지금은 일본이 공중위생으로 유명하지만, 당시는 그렇지 않았으며 사람들은 자신이 마시는 물의 화학적 성분이나 병균 수에도 특별한 관심을 가지지 않았다. 이 펜실베이니아인은 이러한 물을 자신의 주 음료로 사용했는데 현미경에 의해 밝혀지는 통계를 그대로 믿기는 싫어했지만 그 물의 질에 대해 어느 정도는 우려하고 있었다. 그는 몽고메리 카운티의 자기 집 샘에서 솟아나오는 물, 당연히 그에게는 '세상에서 최고'인 그 물을 무척이나 그리워했다.

나가사키에서는 설교의 기회가 주어지지 않았으므로 그는 은을 당분간 금으로 바꾸어야만 했다.[1] 그는 "나는 설교 때문에 어려움을 겪어 왔다. 그러나 입을 봉하고 있기는 더 어렵다"라고 적고 있다. 이곳 동방에서는 인내와 은혜가 선교사에게 가장 필요한 구비 요건이다. 그는 항구에 있는 서양인들(문명을 가지고 들어온 사람들)에 관한 추한 이야기를 들었지만 기독교와 공화국에 대한 신뢰를 잃지는 않았다. 그는 이렇게 기록했다. "우리는 몇몇 악한 미국인들이 저지른 일을 부끄러워해야 한다. 그러나 자신이 미국인이라는 사실은 결코 부끄러워해서는 안 된다."

나가사키에 하루이틀 머무른 다음 3월 31일에 첫 기회가 오자마자 아펜젤러는 미쓰비시 사의 작은 기선을 타고 서쪽으로 한국을 향해 떠났다. 같이 여행한 승객 중에는 언더우드, 스커더(scudder), 테일러(Taylor) 등의 선교사와 조선 왕의 고문인 폰 묄렌도르프(von Möllendorf), 지난 12월의 살인 및 폭동에 대해 사과하러 서울로부터 도쿄에 파견되었던 한국 사절단들이 있었다.[2] 저녁 식탁에서는 크고 검은 모자[갓]를 쓰고 흰옷을 입은 위풍당당한 한 저명한 고관이 아펜젤러의 맞은편에 앉았다. 자기 나라에서는

---

1 "웅변은 은이고 침묵은 금이다"(Speech is silver, silence is golden)라는 속담을 이용해서 비유적으로 한 말이다.
2 갑신정변 시 청군에 의한 일본 거류민 살해와 공사관 소실에 대한 배상 문제와 관련, 한일 간에 한성조약을 체결한 후 1884년 12월 20일에 서상우를 특파 전권대신으로 하는 사절단이 일본으로 파견되었다.

보기 힘든 식비 지불의 기회를 마음껏 누려 보기라도 하려는 듯, 그 한국인은 "소꼬리 스프로부터 이쑤시개에 이르는" 모든 식사 과정에서 푸짐한 면모를 보였다. 한 시간도 채 지나지 않아서 고통스럽게 구토하는 소리가 들려왔다. 남은 항해 기간 동안 그 고관은 자기 선실에서 다른 종류의 가벼운 음식물을 들었다.

육지를 최초로 발견할 때 받을 첫인상을 즐기고 싶은 마음이 간절했기 때문에, 아펜젤러는 4월 2일 배가 부산에 근접할 때 해변의 모습을 보러 아침 일찍 갑판에 올라갔다. 그러나 그 광경은 마치 숨바꼭질이나 만우절의 게임 같았다. 여기저기서 진흙 빛깔의 집들이 그의 시야에 들어왔는데, 그에게 이것들은 집이라기보다는 아버지의 농장에 있는 벌집 같아 보였다. 짚으로 된 지붕은 날아가지 않도록 벼의 짚으로 만든 새끼줄로 고정되어 있었다. 때때로 무성한 버섯밭처럼 보이는 것도 있었지만 이 펜실베이니아인은 그것을 자기 머릿속의 촌락 이미지와 결부시킬 수 없었다. 사람의 주거지를 흙처럼 보이게 만들어 놓은 것은 보호색을 위해서일까? 수세기 동안 서울에서 고안하여 해변 지역에 재빨리 강제로 시행한 정책은 해변을 황폐하게 만들어서 그 땅에 이방인이 가까이 가고 싶은 마음이 나지 않게 하라는 것이었다.[3] 배가 동해안으로 더욱 다가왔을 때는 갑판에서 보이는 모든 것이 덥수룩하고 거칠고 헐벗고 쭈글쭈글하고 닳아빠져, 흡사 가난 그 자체를 보는 것 같았다. 서쪽은 조금 나았지만, 수많은 섬들 때문에 배가 파선될 위험이 컸다. 내부에 들어가서 '풍요로운 골짜기들'을 보아야만 한국 경치의 아름다움을 제대로 볼 수 있는 것이다.

그러나 극도로 큰 기대를 가진 이 신출내기 미국인은 부산에서조차 실망을 하지 않았다. 그는 공공도로가 단지 두 사람이 지나다닐 만한 너비

---

[3] 특별히 왜구 때문에 그렇게 한 적이 있다.

밖에 안 되는 것을 발견했다. 수많은 건강한 남성들이 아무것도 하지 않고 빈둥거리는 반면, 국가의 냉담한 정책에 짓눌린 듯한 얼굴을 한 여성들은 모든 일, 특히 게으른 남성들의 옷가지를 빠는 짐스러운 일로 분주해 보였다. 여성들은 외국인이 다가갈 때는 그들의 추한 얼굴을 돌렸다. 유교가 한국에 어떠한 영향을 주었느냐에 대한 가장 좋은 대답은 이 여성들의 얼굴이다. 눅눅하고 침울하며 가까이하기 어려운 이 얼굴들은 이 나라의 잔학과 비통의 역사를 말해 준다. 오랜 세월에 걸친 억압이 그 얼굴에 낙인 찍혀 있는 것이다.

도처에 궁핍과 비참의 흔적이 역력했다. "기근이 닥쳐오면 자신을 먹여 살릴 아내가 없는 홀아비들이 수없이 죽어간다"라고 그는 들은 대로 적고 있다. 태어난 여자 아기들이 생존할 가능성이 거의 없고 오직 남자 아이들만 병이 들어도 정성스러운 간호를 받는 이 나라에서는, 모든 사람에게 아내가 돌아갈 만큼 여자가 충분치 않았다. 1910년 일본인들에 의해 처음 실시된 인구조사는 이와 같은 여성 부족 현상을 잘 보여 준다.

하루 동안 그가 바라던 땅을 처음으로 구경한 다음 날 오후 3시에, 아펜젤러는 쇠와 못을 거의 쓰지 않고 나무로만 만들어져 '세 개의 판자'라는 뜻의 이름을 가진 작은 거룻배(삼판)를 타고 기선으로 돌아갔다. 부두에서는 백 명은 되어 보이는 '이교도'들이 그의 얼마 안 되는 짐을 나르는 일을 얻어 내려고 "아우성을 쳤다."[4]

다음 날 비가 오고 많은 사람들이 뱃멀미를 하는 가운데 기선은 출발하여 반도의 남단을 돌아갔다. 섬들이 점점이 박혀 있는 안개 낀 만(灣)을 통과하여 드디어 4월 5일, 그들은 수도 서울에서 약 50킬로미터 떨어진 항

---

4 이 부분은 1885년의 「한국 도착 보고」에 잘 나타나 있다. 이 부두의 광경은 부산의 광경이 아니고 제물포에 도착했을 때의 것으로, 저자가 잘못 이해하고 있다.

구 제물포에 도착했다. 1620년 미국으로 처음 이민 온 사람 중 메리 칠턴이 플리머스 바위에 첫발을 디딘 것처럼, 한국의 바위에 첫발을 디딘 사람은 아펜젤러 부인이었다. 부활주일이었던 그날, 아펜젤러는 이렇게 기도했다. "오늘 무덤의 빗장을 산산이 부수고 부활한 주께서 그들에게 빛과 자유를 허락해 주옵소서!" 일본인이 지은 호텔에서는 유럽식 음식을 먹을 수 있었고, 미국인을 위해 곧 집을 알선해 준 고바야시 일본 영사의 환대와 격려에 힘입어 기대치 않은 행복감을 느낄 수 있었다. 또한 미국 기선 오시페 호 갑판에서는 맥글렌지 선장의 호의로 "실속 있는 식사"를 즐길 수 있었다.

그러나 한국은 아직 그들이 휴식할 만한 땅이 아니었다. 전쟁이라는 화산의 껍질은 아직 채 굳지 않았고, 나라 분위기도 무척 흉흉했다.[5] 그들의 목적지인 서울도 여전히 소란스러웠으며 부상당한 사람들로 가득 차 있었다.[6] 그 지역에서 가장 바쁜 사람이었던 의사 겸 선교사 호러스 알렌 박사는 세 나라 사람들의 뼈를 고치고, 총알이 관통한 상처를 치료하고 있었다. 그러한 상황에서 문명화된 여성들을 그곳에 데려간다는 것은 상식 밖의 일이었다. 성급하게 구는 것은 지혜롭지 않았으며, 오히려 기다리는 것이 그들의 힘을 보여 주는 길이었다. 회의를 한 뒤 일본으로 돌아간다는 결정이 내려졌다. 1885년 4월 10일 아펜젤러는 고바야시의 친절에 감사를 표했다. 그리고 18일 미국에 보내는 편지에서 아마 일 년 동안은 일본에 숙소를 정할 것 같다고 써 보내면서 "한국에는 복음 선교사보다

---

5 그들이 도착했던 1885년 4월 초까지, 전해 12월에 일어났던 갑신정변의 후유증, 특히 외국인에 대한 혐오감이 그치지 않았다. 이 무렵 미국 대리공사로 있던 풀크도 지방에서 불상사를 당할 뻔했다.
6 과장된 서술이다. 1884년 12월 4일에 일어나 삼일천하로 끝난 갑신정변의 여파로 민심이 흉흉하긴 했으나 부상당한 사람들로 가득 찬 상태는 아니었다. 참고로 당시의 조사에 의하면, 군인과 민간인을 합한 사상자는 한국인 149명, 중국인 10명, 일본인 38명(그중 3명은 행방불명)이었다.

의사가 더 필요하다"고 덧붙였다. 나가사키에서의 두 번째 체류 기간 동안에 그는 인력거를 타고 히고를 거쳐 쿠마모토까지 여행했다. 쿠마가와 강의 빠른 물살은 아펜젤러와 그보다 더 오래 살게 될 그의 동반자의 마음속에 아무런 생각도 불러일으키지 않았다.

그러나 이 열성적인 선교사는 황국의 해변에 오래 살지 않았다. 곧 한국의 지평선에서 구름이 걷히고 폭풍우의 기운은 장밋빛 고요로 바뀌었던 것이다. 한국은 다시 한 번 자신의 이름에 걸맞게 열정적인 순례자들을 초대할 수 있는 고요한 아침으로 돌아갔다. 스크랜턴 박사는 5월 1일 서울에서 의료 사역에 임하고 있었고,[7] 4월 5일에 도착한 언더우드는 그 땅에 거주하는 최초의 목회 선교사였다.

6월 16일 아펜젤러 부부는 헤론 의사 부부, 스크랜턴 박사의 모친 및 아내와 아기와 함께 전과 같은 기선을 타고 일본을 떠나 다시 바다를 건넜다. 오랜 옛날 중국의 선원 시인들이 처음으로 시를 지은 이래 이 바다는 폭풍우의 바다로 유명했다. 이 오랜 명성에 어울리게 파도가 높이 솟아 배는 심신을 혼란하게 할 정도로 흔들렸다. 사람이 가득 들어찬 작은 배에서 멀미를 하지 않은 사람은 아펜젤러와 스크랜턴 박사의 아기뿐이었다.

기선이 항구 안에까지 들어와 승객들을 상륙시키고 짐을 부두에 부릴 수 있도록 일본이 7백만 달러의 공사비를 들여 제물포에 건설한 부두가 그때는 없었기 때문에, 1885년에는 썰물 때면 갯벌이 광활하게 펼쳐져 있었다. 바다로 나가야 할 커다란 범선들이 저 멀리 보이는 바다보다 더 넓어 보이는, 파도 자국이 새겨진 갯벌에 웅크리고서 성난 파도가 다시 밀려

---

7 미국에서 아펜젤러와 함께 출발하여 일본에 같이 도착했던 스크랜턴이 4월 20일 요코하마를 떠나 서울에 도착한 것은 5월 3일이며, 그는 알렌의 요청을 받아 5월 22일부터 6월 24일까지 광혜원(제중원)에서 의료 사업에 협조했다. 그의 서울 도착 일자가 5월 3일인 것은 Annual Report of Foreign Missionary Society for 1885(M.E.C.), p. 237에 실린 아펜젤러의 보고에서 확인된다.

오기까지 그렇게 위엄 없는 모습으로 기다리고 있어야 하는 것은 기묘한 모습이었다. 물이 좀 차 있을 때는 조그만 배가 선객들을 갑판에서 해변으로 나르거나 사람들이 업어다 날랐다. 아직 철도가 없었는데 그 후로도 14년간이나 철도는 놓이지 않았다.

아펜젤러 부부는 수도에 선교사 거주지가 마련되는 동안 7월까지 제물포에 머물러 있었다. 그러는 동안에 그들은 항구에서 집처럼 만들어진 임시 거처에서 지냈다. 그 거처는 가게에서 구입한 포장지 상자로 만들어진 것으로, 다만 집이라는 구실을 해줄 뿐 아니라 읽을거리까지 제공했다. 아펜젤러 부인은 벽에서 여러 상업상의 암호나 부호뿐만 아니라, 사업자의 주소 혹은 "건조한 곳에 보관하시오"라든가 "고리를 사용하지 마시오"라는 경고문까지 읽을 수 있었다. 때는 우기였는데, 지붕은 그물처럼 비가 샜기 때문에 다만 침대라도 젖지 않기를 바랄 뿐이었다.

마침내 그들은 서울을 향해 떠났다. 남자는 말을 타고 여자는 남자들이 어깨에 짊어지는 가마를 탔다. 가마꾼들은 손님에게서 항간에 돌아다니는 이야기들을 듣고 또 옛날이야기와 우스갯소리를 들려주면서 길 가는 고단함을 잊었다. 한국은 전설의 나라이기 때문에 사람들이 집단적으로 하는 노동은 대개 노래나 이야기로 흥겨워지며 사교적인 성격을 띠게 된다. 다행히도 그들은 해가 지기 전에 도착해 성문이 닫히기 전에 성내로 들어갈 수 있었다. 그들은 서울에서 스크랜턴 박사의 환영을 받았으며 알렌의 집에 임시 숙소를 정했다. 도움이 필요한 응급환자를 즉시 도와준 착한 사마리아 사람[8]처럼 스크랜턴 박사는 자기 집에서 환자들을 맞아 진료를 하고 있었다. 그의 유명한 의료 경력은 이렇게 시작된 것으로 그것은 이 글을 쓰는 이 순간에도 계속되고 있다.

---

8 누가복음 10:25-42 참조. 스크랜턴 박사는 '선한 사마리아인 병원'을 한국에서 계획한 바 있다.

그들은 서울 서부의 한 장소를 선택해 그곳 주민의 집을 사서 깨끗이 청소하거나 고쳐서 선교 활동을 위해 계속 사용할 생각이었다. "우리는 이 서울의 한 끄트머리를 조그마한 미국으로 만들 작정이다"라고 아펜젤러는 적고 있다. 그들은 미국에서 상상한 것처럼 초가 오두막집에 살지 않고 안락한 집에서 살게 되었다. 다만 여행할 때만 불편을 겪었을 뿐이다.

한국의 주택은 일본의 것보다 훨씬 튼튼하고 따뜻하며 중국의 것보다 훨씬 안락할 뿐만 아니라, 서양에서 온 근대적인 일반 그리스도인이 세내어 살기도 간편했다. 공간이나 목욕탕, 벽난로 등 '생활을 편리하게 하는 것들'과 같은 부수적인 혜택이 아닌, 산소와 물을 풍요롭게 공급해 주시는 하늘에 계신 아버지께 충분히 감사할 수 있다면, 이 말은 사실이다. 그러나 서양에서 필수품으로 여겨지는 것들에 대한 욕구에서 보자면 '이 세 나라'의 평균적인 사람들의 생활수준은 거의 중세에 속한 것이나 다름없었다. 청결이라는 문제도 마찬가지다. "중국인은 의복을 세탁하는 반면 일본인은 몸을 씻는다." 하지만 외적으로 의복에 있어서든 내적인 피부의 문제에서든 한국인의 기준은 중국이나 일본의 기준과 다를 바 없으며 고려할 가치도 없는 문제였다. 그간 이루어진 수많은 시도들에도 불구하고 지금(1912년)까지 침례교인들이 한국인들에게 아무런 특별한 인상을 주지 못한 것은 생각해 볼 만한 일이다. 보통 한국인들은 비누 냄새를 싫어했으며, 침례통이나 목욕통을 좋게 보지 않았다.

전통적인 조선식 방의 너비는 2.4미터 정도인데, 2.4×3.6미터가 보통이었다. 그래서 서양의 사고방식을 가진 새 입주자는 우선 벽을 없애고 여러 방을 하나로 합치는 일부터 시작한다. 이것을 하고 나면 최소한 뉴욕의 고층 아파트에 사는 사람보다는 훨씬 자유로움을 느낀다. 그런 아파트에서는 아령으로 운동하다가 지하실에서부터 데워지는 스팀 난방기의 열 때문에 손가락 관절의 껍질이 벗겨질 수도 있다. 한국의 많은 방들은 다소 넓은 것들도 있었지만, 그 크기는 항상 1.2미터나 2.4미터의 배수였다.

거실에 양탄자와 흔들의자, 테이블, 책장들을 들여놓고, 침실에 침대와 옷장, 요람, 걸상, 램프 등을 들여놓고, 부엌에 레인지, 접시 넣는 찬장, 그릇과 냄비, 냉장고, 물통과 대야, 연료와 조명 장치 등을 마련하면, 다시 말해 문화생활에 어울리는 저장, 조명, 음식, 수면 등의 생존을 위한 설비가 갖추어지면 한국에서도 편안하게 먹고 자는 것이 가능하며, 따라서 나머지 일은 수월하다. 미국 사절로 서울을 다녀간 한 외교관이 워싱턴에서 다음 발령을 기다리며 유럽 지역 요직으로는 발령이 나지 않을 것임을 알고 "교수형을 당하는 것보다는 사이암[9]에 가는 것이 낫다. 그러나 한국에 다시 가는 것보다는 교수형을 당하는 것이 낫다"고 한 것에 대해 처음으로 한국에 온 사람은 공감할지도 모른다. 그러나 이 아름다운 나라에서 사랑스러운 사람들과 오래 산 사람들은 그렇게 생각하지 않을 것이다. 한 사람의 생애만큼의 기간에도 많은 것들이 변해 가고 있다. 과거 한국의 헐벗음과 궁핍을 알고 있던 구세대들은 1912년의 한국을 보면 놀라워한다. 다른 누구보다도 선교사들이 그러한 변화를 일으킨 주역들인 것이다.

---

9   태국의 옛 이름이다.

9
한국의 집

한국의 집은 흡연가(吸煙家)다. 담배를 피우는 사람처럼 한쪽 끝에는 불이 있고 반대편 끝에는 불이 나가는 곳이 있다. 한쪽 끝에 위치한 부엌에는 땔감이 있어 하루에 두 번씩 불을 때며, 여러 필요한 것들을 만든다. 밥을 짓고 반찬을 요리함으로써 열은 모두 한꺼번에 사용된다. 불기운은 부엌과 출구 사이에 위치한 마루의 구들장 아래 놓인 방고래를 통과한다. 연기의 출구는 그것이 보통 구멍이든 창문 같은 구멍이든 굴뚝 형태든 높든 낮든, 멀리 떨어진 곳에 위치해 있으며 지면보다 낮은 경우도 흔히 볼 수 있다. 동이 트고부터 해가 질 때까지 하루 두 번, 한국의 도시는 (집을 따뜻하게 해주기도 하는) 부엌에 새로이 불을 지피거나 연료를 다시 공급하는 것 때문에 뿌연 연기의 휘장을 드리운 것처럼 보인다. 겨울밤이면 길거리에 나와 있는 사람은 살을 에는 듯한 공기 속에서 눈과 코가 불편하지 않도록 애를 써야 하며 소나무 땔감에서 나는 연기를 헤치고 나아가야만 한다. 겨울에 구들목이라고 하는 뜨뜻한 바닥에는, 춥거나 몸이 젖었거나 관절염을 앓는 사람들이 기뻐하며 찾아

든다. 그러나 여름에는 마치 화덕 속에 들어 있는 빵조각 같은 느낌이 든다. 전통적으로 한국의 밀폐된 방에서, 바깥에서 출몰하는 호랑이에 대한 두려움과 방안의 뜨거운 온돌, 유해한 공기를 견디며 보내는 밤은 비참한 것이었다. 5월에서 10월 사이에 사람들은 자신이 반쯤 구워져 있다는 느낌을 가졌다. 한쪽에서는 독일 친구들이 말하듯 '앉아 있는 고기'가 잘 익어 가는 동안, 윗목에 앉은 사람은 정반대로 혹심한 냉기에 싸여 있어야 했다. 부화기 속에 들어앉은 상태로부터 껍질을 깨고 신선한 공기와 생명을 얻으러 나가고 싶은 느낌이 드는 것이다. 시간이 지나면 한국에서 여행하는 능숙한 여행가는 자신이 달걀 혹은 '끓이고 튀기고 구운, 혹은 껍질 속에 있는' 굴과 비슷하다는 사실을 깨닫게 된다. 그러나 "로마에서는 로마의 방식을 따라야 한다." 그래서 한국에서는 근대적인 병원도 주민들의 경제와 평안과 만족을 위해 병실을 온돌로 만든다. 더군다나 늙은 사람들은 떨어질까 봐 높은 침대 위에 눕는 것을 무서워하기 때문이다.

집을 짓기 위해서는 우선 땅을 고르고 그것을 측량한다. 다음에는 2.4미터씩 떨어지게 간격을 두고 구멍을 파며 거기에 자갈과 깨진 돌을 집어넣는다. 그리고 나서는 건장한 노동자들이 도르래 줄을 잡고 올렸다 내렸다 하는데, 도르래는 쇄광기(碎鑛機)나 말뚝 박는 기계와 같은 원리로 작동하는 쇠로 만든 무거운 추다. 촌락에서는 건축자들이 무거운 통나무로 된 망치를 사용하여 잡석들을 내리쳐 한 덩어리로 만드는 방식을 사용한다. 그다음에는 물에 적신 자갈이나 네모반듯한 돌로 만든 벽돌을 반쯤 채워진 구멍에 집어넣는다. 이 위에다 전체 구조를 지탱하는 곧은 기둥이 세워진다. 들보는 사각형의 무거운 나무둥치인데 이것은 훌륭한 서까래를 이루게 된다. 이것이 세월이 흘러 검은 빛깔을 띠면 플랜더스의 떡갈나무와 비슷해진다.

작은 서까래와 평판들이 적절하게 짜여 지붕을 이루게 되며, 이 위에는 무거운 흙더미가 놓이고, 거기에 다시 잘 구워진 기와가 겹쳐 놓여진다. 잘 만들어진 조선 지붕의 전체적 윤곽은 멋이 넘친다. 조선의 기술자들은 기하학적인 배열과 보통 기와와 채색 기와를 적절히 대비하는 기술이 뛰어나다. 그리고 그 기와들의 두께와 무게는 바람과 비를 막아 주는 동시에 아늑하고 편안한 느낌이 들게 만든다. 그러나 너무 낡거나 수리를 제때 하지 않으면, 날씨가 아주 나쁠 때 다소 음산해 보일 수도 있다.

앞에서 묘사한 것은 관리들이나 유복한 계급들이 거주하는 좋은 집이다. 읍과 시골의 평균 수준의 주택들은 어느 모로 보나 초라하며 지붕은 짚으로 엮여 있다. 가을이 되면 조선은 네덜란드와 같이 붉은 지붕의 나라가 된다. 그러나 그 빛깔은 군데군데서만 나타나는데, 그것은 말리기 위해 멍석 위에 늘어놓은 붉은 고추의 색이기 때문이다.

집의 바깥 네 면을 완성하기 위해, 연기가 통과하는 방고래를 포함하는 토대 전체를 둘러 가며 돌벽이 세워진다. 방바닥의 높이와 돌벽의 높이를 합하면 높이가 2.4미터 정도 된다. 드물게는 장식 석재가 쓰이기도 하지만 대부분은 단단한 자갈이 벽돌로 쓰이는데 하얀 모르타르로 단단히 접촉된다. 잘 지어지면 그 전체적인 모습은 과히 나쁘지 않다.

손질을 게을리하여 황폐하게 놓아두면, 그 건물은 마치 때기름에 절은 사람처럼 추하고 더럽고 단정치 못하게 보이며, 가끔 무너지는 것을 막기 위해 버팀대가 필요할 정도가 된다. 그런 상태는 도둑들이 이용하기에 썩 좋은데, 그들은 느슨한 돌벽에서 도둑질할 기회를 얻는다. 서양의 도둑들이 지붕에서 내려오거나 베란다나 비상구를 통해 올라가 '쇠지렛대'로 문을 억지로 열거나 창문을 들어 올린다면, 한국의 도둑은 석조 건축의 하단에서 돌을 빼내 땅굴을 파는 두더쥐같이 조용히 방고래 혹은 굴을 지나 잠자는 사람들 밑으로 들어간다. 그러고는 방바닥의 평평한 덮개[구들장]를 떼어내고 종이 장판을 잘라낸 다음 나쁜 짓을 하기 위해 몸을 드러낸다.

집의 벽들은 건축된다기보다는 짜인다고(엮인다고) 할 수 있는데, 그 과정에서 기술자는 베틀 앞에 서 있는 것과 마찬가지다. 그들은 노끈 가닥이나 새끼줄을 가지고 처마에서 바닥까지 날실처럼 고정시켜 놓는다. 이 위에 다시 단단한 흙덩이나 돌조각들을 묶어서 벽의 윗가지를 만들고 그 위를 진흙으로 발라 기둥들 사이에 충분한 두께가 확보되도록 한다. 건물 전체 외벽이나 방들을 구분하는 내부 벽들은 모두 이렇게 해서 만들어진다. 창문은 나무 틀에다 반투명 종이를 덮어 높이 다는데, 도시에서는 처마 아래서 바깥으로 열리게 하는 것이 보통이다. 오늘날과 같은 근대에는 촌락에서도 유리창이 일반적이다. 1912년의 서울에는 1885년에는 꿈도 못 꾸었던 훌륭한 공공건물과 근대적 주택, 정면을 유리로 만든 점포들이 많다.

이제 집이 다 세워지면 돌쩌귀로 여닫는 문을 단다. 이 문의 구석에는 항상 작은 구멍을 만들어 개가 드나들 수 있게 한다. 그다음에 하는 일은 가장 중요한 일로서, 그 위에서 먹고 자고 생활하는 방바닥을 까는 것이다. 보통 두께가 5-7센티미터 정도 되는 평평한 석회 석판[구들장]이 세 개의 방고래를 가로질러 바닥 위에 놓인다. 이 판 위에 딱딱하고 두껍고 거친 조선식 종이를 붙인다. 이 종이 장판은 매일 발로 밟고 문지르고 닦아내는 과정에서 어느 정도 시간이 지나면 마호가니 색조를 띠고 길을 잘 낸 안장처럼 윤택을 내며, 심지어는 반짝이는 거울처럼 되기도 한다. 진흙 벽 역시 석회로 발라 하얗게 만들거나 종이를 붙이는데, 이때 종이는 항상 흰색이다. 선반, 옷 거는 가로대, 모자 덮개, 책함, 개인이나 가족의 생필품을 보관하는 놋쇠 테를 두른 자개 장롱 혹은 옷장이 상류 계급의 보통 방에는 갖추어져 있다. 베개는 아름답게 장식되고 채색되거나 끝이 정교하게 꾸며지고 장식물을 넣을 구멍도 있는 것이 도시에서 사용되며, 시골에서는 통나무나 여타 재료로 만들어져 야곱의 베개[1]처럼 딱딱한 것이 사용된다. 상류 계급의 집에서는 이불을 좁은 방에 보관해 두기 때문에 낮에는 눈에 띄지 않는다. 따라서 한국에서는 사람들이 '침대로 가지'(go to bed) 않고 침대[이불]가 사람에게로 온다. 그렇기 때문에 "침상을 가지고 가는"[2] 일이 쉽게 이루어질 수 있다. 또한 지붕을 뚫고 병자가 누운 침상을 달아 내리는 일도 어렵지 않을 것이다. 종종 부유한 사람들은 비단 침구를 사용하기도 한다.

평균 수준 이상의 주택에 대한 이러한 일반적인 묘사를 보고 오해하는 일이 없기를 바란다. 1909년 일본인들이 행한 조사에 의하면 주택의 수는 2,742,263채였고 주민 수는 12,934,282명이었다. 이들 가운데 2백만 명은 초가지붕에다 흙으로 된 벽, 방바닥에는 종이도 안 바른 2.4×2.4미터 크기의 방에서 살았을 것이다. 어디를 가나 진흙 또 진흙, 그리고 때기름 묻은 종이와 초가지붕이 있으며 거기서 나오는 냄새가 코를 찌른다. 조선인 1천 2백만 중에 아마 4분의 3은, 여름에는 명석을 깔고 겨울에는 바닥을 데워 잠을 잤을 것이다.

한국은 너무나 오랫동안 지배자들이 마음대로 좌지우지해 온 나라로, 지배자와 피지배자의 관계는 마치 거미와 파리의 관계와 같다. 백성은 가르치고 치료하고 도울 존재가 아니라 껍질을 벗기고 삼켜 버릴 존재로 간주되었던 것이다. 나무를 심고 꽃이 만발한 정원을 갖추고 기와지붕에다 훌륭한 가구가 비치된 널찍한 집은, 통계가 보여 주듯 예외적인 것일 수밖에 없다. 보통 일반적인 경우는 부엌, 침실, 굴뚝이 하나로 합쳐진 방 하나짜리 오두막이 대부분이다. 바람에 날아가는 것을 막기 위해서 초가지붕을 새끼줄로 고정해 둔 집들은 다소 더럽고 다가가기가 꺼림칙하며 비위생

---

1 야곱이 집에서 도망 나와 외삼촌 집으로 가는 들판에서 자면서 베었던 돌베개다. 창세기 28:18-22 참조.
2 마태복음 9:6. 예수님이 중풍병자를 고친 뒤 하신 말씀이다.

적이었다. 천 명의 증인들의 말보다도 로버트 무즈(Robert Moose)가 쓴 「한국의 촌락 생활」(Village Life in Korea)이라는 소책자를 보면 그것을 알 수 있다. 기독교는 한국 촌락 가옥의 외적이고 내적인 변화를 놀랄 만한 수준으로 이끌어 내는 데 큰 기여를 했다. 신앙은 실로 아름다운 변화를 가져오는 것이다.

여름에는 벌거벗은 진흙벽을 가리고 공간과 햇빛을 이용하기 위해 참외나 다육식물 등을 심어 덩굴이 벽을 타고 지붕으로 자라 올라가게 한다. 이 지붕은 가을이 되면, 말리기 위해 늘어놓은 반짝이는 고추로 붉게 물든다.

귀족과 부유한 사람의 집에는 넓은 방이 많고, 격자무늬로 된 매력적인 나무 장식과 비단 의복과 요가 있고, 벽에도 깨끗한 종이가 발려 있으며, 붓글씨가 쓰인 두루마리와 병풍, 놋쇠 촛대 등 예술과 책을 사랑하는 사람의 흔적이 나타나 있고, 멋진 꽃밭과 웅장한 고목이 있어 매우 즐거운 구경거리가 된다. 이러한 집에 들어가서 위엄과 남성적 품위를 갖추고 활보하는 남자와, 세계 어디서나 보이는 여성적 취미와 청결의 증거인 화장을 한 여인을 보면 찬탄을 금치 못할 것이다. 그러나 진정한 의미의 가정이라 할 수 있는 집은 거의 찾아보기 힘들며 전국적으로도 깨끗하고 안락한 집이 너무도 적다는 것은 얼마나 슬픈 일인가! 1882년의 풀크 중위와 같은 탐험가의 첫 보고서는 이 나라에 사적인 편의시설이 놀랄 만큼 전무하다는 것을 말해 주고 있다. 그러나 이렇게 절망적이고 불쾌한 환경에서도 남자들은 새하얀 옷이나 화려한 비단옷을 입고 다닌다. 특히 새해 무렵이 되면 약혼한 젊은이는 분홍색, 관리들은 푸른색, 어린 소년들은 무지갯빛 색동옷을 입는다. 부인들은 겨울에는 족제비털로 가장자리를 댄 외투를 입으며, 여름에는 여러 멋진 색깔로 만들어진 옷을 입는다.

많은 촌락에서 그 역겨운 더러움 가운데서도 자연스러운 위엄과 순수하고 존경스러운 노년기의 영광을 드러내는 성스러운 얼굴들을 볼 때면 큰 매력이 느껴진다. 그렇다. 이것은 "검은 진창 속에서 하얀 연꽃이 피어나듯" 가능한 일이다. 그러나 전반적으로 지독한 궁핍에 시달리는 놀랍도록 가난한 이 나라에서는 탐욕 죄와 굶주림이 동시에 존재하는 나라다. 더러운 불결함이 남성들의 하얀 의복 혹은 진주와 흰 눈송이를 무색케 하는 여성들의 족제비털과 극단적 대조를 이룬다. 한국이 보여 준 이러한 대조는 지금 20세기에도 변함이 없으니 1885년에는 말할 것도 없었다. 각 지방을 돌아다닌 수많은 탐험가들, 기록을 남기지는 않았지만 말로 자신의 경험을 전해 주는 개척자들, 매일매일 자신의 인상을 종이 위에 기록하는 50여 명의 사람들이 증언해 준 여러 가지 사실들은 부인할 수 없는 중요한 진실을 보여 준다. 많은 선교사들은 자기 글의 서문이나 도입부에서 이 나라와 민족에 대해 잘못 전해진 부분이 많다고 말하면서 글을 시작한다. 그러면서 그가 목격자로서 쏟아내는 이야기들은 과거에 받은 인상을 더 강화하는 결과를 낳는다. 그들이 사용하는 용어 자체도 그러한 상황을 드러낸다. 그러나 인간의 본성이란 너무 다양하고 복합적이며 하나님의 은혜 또한 매우 강력한 것이기 때문에, 이 모든 부정적인 것들이 손상되지 않은 한국인의 성품에 있는 사랑스럽고 뛰어난 점들과 배치되지 않는다. 바로 그 때문에 옛적의 선교사들은 그들의 개종에 그토록 열정을 바쳐 왔던 것이다.

화초 정원의 나라 영국에서 한국에 처음 온 사람이나 앞뜰을 잘 정돈하기를 좋아하는 미국인, 벚꽃을 사랑하는 일본인들은 한국 사람들이 모든 것을 자연 그대로 내버려 두는 것을 보고 놀란다. 한국인들 사이에서 정원을 꾸미는 일이란 좀처럼 찾아보기 힘들다. 그들은 우리가 살아 있는 시[자연]에서 보고 싶어 하는 것을 글로 기록된 시에서 찾는다. 가벼운 대나무, 웅장한 소나무, 깊은 공간에서 몸을 씻고 보름달 앞에서 은빛으로 빛나며 하늘 높이 날아가는 기러기 등, 이 모든 것은 오직 문학 속에만 담겨 있다. "한국인들은 그들이 언덕에서 쉬거나 집에서 편히 누워 있을 때 나무와 꽃과 자연의 감미로운 손길이 위안을 가져다주면서 믿음직스럽게 다가온다는 느낌을 갖지 못한다." 그래서 대개의 한국인들은 매일 구애하며 다가오는 손님인 자연이 주는 기쁨과 즐거움을 모른다. 이에 대한 가르침에 있어서는 예수님이 단연 주인이자 교사가 되시는데, 우선 바다를 건너온 예수님의 자녀들 즉 선교사들이 새로운 삶의 본보기가 되어 주었다. 그들은 먼저 굳건한 진리의 기둥을 세운 후에, "영광과 아름다움을 위해" 자연을 가꾸는 것을 가르쳐 주었다.

아주 오랜 세월 동안 한국의 주민들은 손이 장갑에 맞아 들어가듯이 자신의 환경에 적응해 왔다. 그들은 조상들과 마찬가지로 한옥에 사는 것이 제2의 천성으로서 익숙해져 있기 때문에 외국인의 집에 들어가는 것은 새로운 세계에 들어가는 것이나 다름없었다. 그래서 분별력이나 현실 감각을 잃어버리기 일쑤였다. 설비나 장식, 형태, 크기, 치수, 눈부신 불빛, 공기, 출입구 등 모든 면에서 이 신식 건물은 한국인의 육체와 정신에 너무 생소한 것이어서 어떤 사람은 어지러움을 느끼거나 근육의 경련을 일으키기도 했다. 한 소박한 시골 사람은 스스로 위험에 처할 지경이 될 정도로 중국 가게의 황소나 반미치광이처럼 집주인, 특히 여주인에게 경악을 금치 못할 행동을 했다. 문으로 달려가 부딪히거나, 의자를 넘어뜨리거나, 거울에 비친 방을 보고 들어가려다가 코를 부딪히거나 하지 않고 제대로 방에 들어오려면 상당히 주의 깊은 연습을 반복해야 했다. 이렇게 한국인이 드나드는 것은 주부에게는 아주 귀찮은 일이었지만, 아펜젤러 부인은 열성적으로 그들을 가르치려고 애를 썼다.

하인이 새로운 환경에 적응할 수 있도록 훈련시키려면 주부는 가정학을 가르치는 대학을 하나 세우거나 아니면 최소한 유치원은 하나 만들어야 할 정도다. 그러나 시간이 지남에 따라 평범한 한국 사람이라도 문과 창문, 걸레와 냅킨을 구분하게 되고 여러 가정용구의 용도들을 알게 된다. 그는 청소용 물과 세탁용 물과 식수를 구분할 수 있게 되며, 여기서는 일일이 열거할 수 없는 수많은 생활의 상식을 파악할 수 있을 정도가 된다. 그럼에도 불구하고 처음에는 몇몇 모자(母子)가 남색 표백제를 타 놓은 녹말 물을 마신 경우도 있었다. 그러나 다행히도 그 결과는 치명적인 것이 아니었다.

처음에 한국 여인들은, 하와의 딸들에게 있다고 여겨지는 신비한 통찰력이 결여된 듯 보였다. 성적으로 여성이라는 것을 제외하고는 그녀들 역시 서양에서 천 년간에 걸쳐 수립된 것에 적응하는 데 남성들보다 더 뛰어난 면은 없었다. 여인들은 벌겋게 달아오른 다리미 위에 앉는 경우는 없었지만 외국인의 신식 건물 안에 있는 난로의 뚜껑을 의자로 오인하고 앉았다가 뜨거워서 펄쩍 뛰어오른 경우는 있었다. 특히 이 나라 딸들은 단층집에서 항상 바닥에 앉는 것에 익숙해 있었기 때문에 처음 의자에 앉으라고 권했을 때는 그 높이 때문에 난처해했다. 흰옷을 입은 여자 방문객들이 의자라고 부르는 기묘한 물건의 등받이에 걸터앉아 발을 의자의 앉는 부분에 내려놓고 있는 것을 볼 때면, 아펜젤러 부인은 웃어야 할지 울어야 할지 꾸짖어야 할지 몰라 난감해하곤 했다. 집회 장소에서 서양식 가구를 소개해도 아무 소용이 없었다. 여자들은 의자 등받이에 걸터앉곤 했으며 남자들은 의자가 너무 딱딱하다고 생각했던 것이다. 그래서 교회당에서 한국인은 마룻바닥에 앉았는데, 그들은 이것을 편안하게 느꼈다. 다만 멍석으로 만든 커튼으로 남자와 여자가 앉는 자리를 구분해 놓았을 따름이다.

그럼에도 불구하고 시간이 지나자 한국인 유모나 부엌에서 일하는 하녀, 식탁 일을 거드는 하인 들은 인내와 친절에 부응해 민첩성과 근면성 및 충성심에서 모범이 되었다. 한국 소녀나 여인들의 마음에도 빛이 밝혀지기 시작했으며, 의자와 베개, 침대 등의 신비도 밝혀지게 되었다. 한국 남성들은 바느질과 청소를 하고 다리미질까지 했지만, 음식은 만들려고 하지 않았다. 그것은 여인들의 일이었기 때문이며, 남자와 여자가 한 방에서 같이 일하는 것을 꺼렸기 때문이다. 그래서 이 특별한 일을 위해서는 항상 일본인 요리사가 고용되었다.

10
묵은 땅에 뿌린 새 씨앗

아펜젤러 부인은 보통 남자들의 눈으로는 볼 수 없는 많은 것을 보았다. 그녀가 쓴 편지들을 보면 그녀가 예리하게 간파하게 된 것에 대한 생생한 기록을 찾아볼 수 있다. 아펜젤러 자신도 이교도의 나라에 존재하는 그리스도인 가정의 기능을 높이 평가하며 이렇게 적고 있다. "훌륭한 아내는 남편을 만들어 간다.…나는 결혼한 이후 기량이 훨씬 나은 인간이 되었다.…선교사의 아내들은 용감하고 영웅적이며 헌신적인 여성들이다. 그들은 남편을 위해 좋은 가정을 만드는 데 많은 역할을 한다. 가정, 그중에서도 그리스도인 가정은 이곳에 절실히 필요하다. 이곳에는 우리가 알고 있는 바의 진정한 의미의 가정이 없다. 남편은 결코 아내와 함께 식사하지 않으며, 아주 가까운 친구들 외에는 아내를 만나는 것이 허용되지 않는다. 선하신 주여, 우리가 그들에게 더 좋은 것을 가르칠 수 있도록 도와주소서."

그는 젊음을 빼앗겨 버리는 한국 여성을 딱하게 여겼다. 그의 눈에 비친 이교도 국가의 한국 여성은 현재 우리가 알고 있는 의미에서의 소녀 시절을 전혀 가질 수 없었다. "한국의 소녀들은 8-9세가 될 때까지는 공기와 빛에 노출되어 살아간다. 그러나 그 이후에는 평생 동안 완전히 죄수처럼 갇혀 지낸다. 오직 소년들만이 교육을 받을 뿐이다." 아펜젤러는 한 젊은이로부터 결혼하기 전에 아내의 이름을 알았느냐는 질문을 받았다. 이 말을 듣고 한 여성의 남편이자 여전히 변치 않는 연인이기도 한 아펜젤러는 놀라면서 "그럼요, 물론이지요"라고 대답했다. 그리고 같은 질문을 그 한국인에게 되물었을 때 그 대답은 "몰랐다"였다. 오랫동안 한국에서는 여성이 한 남성의 딸이나 아내나 어머니일 뿐 스스로 인격을 가진 존재가 아니었다. 소녀들에게 붙여지는 이름 중에 어떤 것은 돼지우리에 사는 사람, 혹은 쥐덫이나 헛간 등을 연상시키는 것을 보면 놀라지 않을 수 없다. 한 가족에게 딸이 많을 경우, 그 딸들은 이름을 부여받지 않고 단순히 숫자로만 헤아려진다.

아펜젤러는 평범함이나 어리석음이나 무딘 것을 경멸하는 훌륭한 마음의 선율을 지니고 있었다. "음악은 인간에게 아름다운 경멸을 부어 준다"고 에머슨은 노래했다. 애피의 삶은 그 자체가 음악, 하나님을 찬양하는 하나의 노래와 같은 것이었다. 선택받은 조상을 가지고 하나님께 큰 유산을 물려받은, 하나님 은혜의 트로피라 할 수 있는 이 사람에게는 평범한 것과 표준 이하의 육적인 삶과 불필요한 실패, 그리고 충분히 도달할 수 있는 기준에 전혀 미치지 못한 그런 인간을 경멸하는 훌륭한 성품이 있었다. 의무 앞에서 몸을 도사리는 겁쟁이에 대해, 교회의 돈을 낭비하는 게으른 사람에 대해, 비열한 사람과 자기 기만적인 사람과 위선자에 대해 그는 늘 분노가 불타오르곤 했다. 한마디로 아펜젤러는 의도적인 낭비와 불필요한 나태에 대하여 혐오할 줄 아는 고귀한 성품으로 가득 차 있었다. 그의 분노는 거룩한 것이 진흙 속에서 짓밟힐 때나 진주가 돼지 앞에 던져질 때 주님이 발하시는 분노와 비슷했다. 대학 시절에 그는 나이가 많건 적건 그리스도의 상속자에게는 어울리지 않고 아파치족의 어린아이에게나 어울리는 야만적인 놀이와 신입생 골리기에 시간을 탕진해 버리는 어리석은 훼방꾼들에게 분노를 터뜨렸다. 일본에서는 '고귀한 영어'를 인간쓰레기에 불과한 무지한 술주정뱅이가 많은 돈을 받고 가르친다는 데 분노했다. 신체가 건강하면서도 주로 흔들의자와 쿠션에 기대 소일을 하며 선교부의 자원을 탕진하는 게으른 남녀 선교사에게 그는 경멸의 말을 내뱉었다. 더럽고 게으르고 게걸스러운 거지 같은 한국인을 그는 찬양하지 않았다. 거드름을 피우고 콧대 높고 유식한 체 위엄을 부리지만 실은 무식한 관리들, 아는 것도 별로 없으면서 자기 지위를 자랑하고 공직이 제공하는 편의를 최대한 이용하며 그 권력을 이용해 가난한 자를 빨아먹고 강탈하며 억압하는 괴물들에 대한 그의 혐오는 무척 깊었다.

왕으로부터 거지에 이르기까지 남성들이 그 손과 입으로 여성들을 대하는 모습은 아펜젤러의 영혼에 계속적인 분노를 일으켰다. 그는 열심히 일하는 사람으로서 격렬한 분노의 통증을 느끼면서도 육체적인 폭력을 쓰거나 제지하거나 제거하는 등의 성급한 방식을 사용하려는 유혹을 억제했다. 이렇게 그의 뼛속에 화산의 불길처럼 타오르고 있는 이 내적인 감정들은, 어째서 그가 때때로 골목대장이나 높은 지위에 있는 고집쟁이 혹은 화난 군중처럼 대담하고 용감하게 행동했으며, 자신이나 공직에 있는 동료 미국인의 자유가 축소된다고 느낄 때 주관적 감정이 아닌 미국 역사에 비추어 시민으로서의 권리를 강하게 내세우려 했는지를 설명해 준다. 때때로 이러한 용기와 지혜의 부족은 미국 해군에까지 오염되기도 했다. "자기 부하들의 생명이 위험하기" 때문에 부하 선원이나 해군을 서울에 보내 미국인들의 생명과 재산을 보호하기를 망설인다면 도대체 누가 그러한 함장의 용기와 애국심 혹은 군인적 자질을 존경하겠는가? 데카터(Decatur)로부터 듀이에 이르기까지 깊은 존경을 받아온 그 군인 제복을 입은 사람의 그와 같은 태도는 알렌 박사가 「한국풍물기」(Things Korean)[1]에서 언급하고 있는 어떤 신출내기의 모습처럼 우스운 것이다. 그 책에서 알렌 박사는 "선교사들을 보호하지 않는다면 미국 해군이라는 것이 무슨 소용이 있는가?"라고 묻고 있다.

몇몇 사람들에 의해 세상이 얼마나 지혜롭지 못하게 다스려지고 있는지를 발견하게 되었을 때, 아펜젤러에게는 군중의 포효나 월권을 일삼는 일본의 자칭 도덕가들의 위협, 미 공사관에서 펴낸 문서 같은 것들보다 "뱀같이 지혜롭고 비둘기같이 순결하라"[2]는 오래된 말씀이 더 명확하게 들려왔다. 한국 정부가 주는 급료를 받고 첩자와 고용인 노릇을 하는 일본인들이, 한국 법정의 형사 혹은 그 꼭두각시임을 인정해 주는 미 공사관의 관인이 찍힌 수색영장을 들고, 개인적 감정이 있는 사람을 감옥에 끌고 가서 고문하고 죽이려는 목적으로 아펜젤러의 집을 수색했을 때, 그는 법을 준수하는 미국인으로서 그 서류가 명령하는 바에 복종했다. 그러나 그는 '왕'이나 왕의 앞잡이의 발톱으로부터 혹은 여러 종류의 살인자로부터 피해 온 사람의 생명을 구하기 위해 그를 자기 지붕 밑에 숨겨 주거나 음식을 주고 도피를 도와주는 데 조금도 주저하지 않았다. 사실 수년간 한국에서 정부라고 하는 것은 단순한 웃음거리에 지나지 않았다.

한국인에 대한 개별 일본인들의 혐오스러운 처우나 천황의 충복들 중 어떤 사람들이 한반도에서 자기 사업을 위해 일으킨 경악스러운 소란에도 불구하고, 도쿄 정부가 1910년에 개혁을 거부한 한국 조정의 주권을 빼앗고 통치자들 스스로가 저버린 국가를 없애 버리는 최종적 행동을 취한 것은 정당하다고 보아야 한다.[3] 그럼에도 불구하고 몇몇 일본 신문의 통신

---

1 1908년 "한국풍물기", "한국사정" 등의 이름으로 소개되었고, 신복룡 교수가 「조선견문기」라는 이름으로 번역, 박영사에서 1979년 출간되었다.
2 마태복음 10:16.

원들은 미국 선교사들에 대해 거짓말을 해 왔으며, 지금도 매우 자유롭게 그와 같은 거짓을 일삼고 있다. 그들의 말 중 어떤 것은 거의 사탄적이라 할 만큼 악의적인 것이다. 또한 이런 일도 있었다. 아펜젤러는 그의 생애가 거의 끝나갈 무렵 한 일본인 철도 노동자로부터 이유도 없이 끔찍하고 야만적인 공격을 당했는데, 자신을 방어하는 과정에서 다쳐 피를 흘리게 되었다.[4] 일본 법정은 그 공격자에게 어처구니없을 만큼 단기간의 가벼운 구금형을 선고함으로써 법과 정의를 큰 웃음거리로 만들어 버렸다.

그러나 이 '아름다운 경멸'만으로는 시리아의 주님의 모범을 따르며 한국에 살았던 그 제자의 영혼의 실체를 완전히 드러내지는 못한다. 거룩한 예수님의 불타오르는 진노, 채찍을 휘두르는 응징, 가장 악한 짓을 하는 적들에 대한 도전, 그리고 수치스러운 십자가의 죽음 그 모두는 세상 질서의 기초가 놓이기 전부터 있었던 하나님의 자비와 사랑과 관련된 것이었다. 그분은 십자가형 집행자인 빌라도를 꾸짖고, 위선자들을 신랄하게 비판하며, 겁 많은 제자들에게 수치심을 불러일으키고, 배반자에게 속히 자신의 일을 하라고 명하셨지만,[5] 그와 동시에 아이들에게 부드러우셨고, 회개하는 창녀와 세리와 도망자를 용서하셨다. 인자는 진노하는 분이었지만, 한편으로는 동정심 또한 깊은 분이었던 것이다. 예수님은 제자들과 그들의 구원을 위해 제자들의 발을 씻어 주셨으며, 치유의 손으로 문둥병자를 만져 주셨고, 우리를 위해 달리신 십자가를 감당할 힘을 달라고 기도하시며 우리 대신 괴로워하셨다. 그분의 경멸은 위선과 영적 자만과 부정과

---

3 저자를 비롯한 대부분의 한·일 주재 선교사들이 가졌던 일본의 한국 병탄에 대한 자세는 정도의 차이는 있지만 이와 비슷했다. 그들은, 일본의 한국 병탄이 한국의 개혁을 위한 것이라는 일본 정부의 거짓된 선전을 믿고 그 선전에 감추어진 제국주의 침략의 진상을 이해하지 못했던 것이다.
4 본서 제25장 참조.
5 요한복음 13:27.

죄악을 향한 것이었을 뿐 죄인과 인류를 향한 것은 아니었다. 그분 안에서는 우리를 향한 동정이 혐오보다 앞섰다. 우리를 구속하기 위해 그분은 자신의 진노를 십자가에 못 박았다. 그분은 자신을 이기고 아버지의 뜻에 몸을 던짐으로써 구원과 승리를 이룩하셨던 것이다.

자신에게 주어진 은혜의 분량에 따라 이 한국의 제자는 자신이 주님보다 낫지 못하다는 것을 깨달으면서 늘 자신의 약점에 대해 겸손한 태도를 지녔다. 반면 구속자 예수님이 자신을 부르셔서 구원하신 것에, 그리고 자신에게 구원의 복음을 선포할 의무를 맡겨 주신 것에 감사하는 마음으로 기뻐했다. 그렇게 함으로써 아펜젤러는 자신의 인종적 편견과 유색인에 대한 백인의 본능적인 혐오감과 감각적인 불쾌감, 모든 종류의 더러움·불결함·폭식·저열함·잔인함·역겨움 등에 대한 증오를 극복하게 되었다. 그의 혐오는 실제로 가난하고 무시당하고 길을 잘못 든 인류를 향한 것이 아니라 오직 그 원인이 되어 온 죄를 향한 것이었다. 오히려 그는 보석 감정사와 같이 신경을 곤두세우고 먼지와 누더기에 싸여 있는 반짝이는 영혼의 보석을 발견했다. 하룻밤 혹은 한 시즌을 위해 큰돈을 치를 가치가 있는 목소리를 가진 오페라의 명가수를 찾아 유럽을 뒤지는 그 어떤 흥행주도 이 영혼을 찾는 사람보다 분별력이 뛰어나지는 못했을 것이다. 죄를 뉘우치며 영혼의 길을 묻기 위해 오는 사람이나 영적으로 굶주린 사람에게, 그리고 십자가 밑에서 떠는 영혼에게 아펜젤러는 한없이 인내심이 많고 부드러웠으며 은혜와 사랑으로 가득 차 있었다. 굳고 폐쇄된 전통으로부터 놀라 뛰쳐나와 슬픔의 사람 예수(the Man of Sorrows)에게서 인류 역사상 가장 독특한 성품을 찾고자 했던 자만심 강했던 유학자(儒學者), 굶주림으로 눈이 움푹 들어간 문맹의 거지, 누더기를 걸친 불쾌한 문둥병자, 왕이나 관리의 증오의 희생자로 도망 다니거나 수감된 사람이라면, 한마디로 도움을 필요로 하는 그 어떤 사람들에게든, 아펜젤러는 스스로 의롭다고 생각하여 그들에게 돌을 던지려 하는 사람들 틈에서 "나도 너를 정죄하지 아니하노니 가서 다시는 죄를 범하지 말라"[6]고 하신 그 주님의 충실한 제자였다. 돈을 받고 대신 곡해 주는 사람들 사이에서 모범을 보여 주신 주와 같이 그는 아이를 깨우고 "소녀에게 먹을 것을 주라"고 말했다. 아펜젤러는 가장 고귀한 영적인 목적들과 가장 시급한 상식의 명령들을 적절히 조화시켰다. 그는 능력과 지혜를 동시에 지닌 사람이었다. 우리가 말하고 있는 '아름다운 경멸'을 이루고 있던 구성 요소들은 자기를 내세우지 않는 태도, 예수님과 같은 동정심, 여러 가지 일에서의 굽힐 줄 모르는 인내심 등이었다. 주님은 이러한 헌신적인 영혼의 그릇과 악기로부터 세상에서 가장 감미로운 화음, '고요하고 슬픈 박애의 음악'을 만들어 내셨다.

아펜젤러 부부는 한국인에게 앞뜰을 예쁘게 가꾸는 실물 교육을 실시한 첫 가정들 중 하나다. 풀은 무덤 봉우리에 덮이지 않더라도 그 자체로서 아름다우며, 죽은 사람뿐만 아니라 산 사람들도 이 영광스러운 모습을 즐길 권리가 있음을 가르쳤던 것이다.

풀은 온대 지방에 내려진 축복이다. 팜파스와 프레이리[7]는 미 대륙이 받은 축복이다. 열대 지방과 극지(極地)에서는 그 어떤 곳에서도 풀을 찾아볼 수 없다. 단지 이끼 아니면 정글을 볼 수 있을 뿐이다. 풀의 아름다움을 드러내기 위해 가꾸어진 잔디는 영어권 사람들의 발명품이라고 할 수 있을 것이다. 시인 윌리엄 워즈워스는 '꽃의 영광'뿐 아니라 '풀의 광휘'에 대해서도 노래했다.

우리는 비단결 같은 영국 잔디의 매력을 살려 내는 정원사의 비결을 잘 알고 있다. 그것은 "물을 주고, 깎아 주고, 3백 년 동안 계속해서 돌보라"

6　요한복음 8:11. 간음한 여인에게 예수님이 하신 말씀이다.
7　팜파스는 남미, 프레이리는 북미의 초원이다.

는 것이다. 아열대의 나라에서는 도처에 대나무들이 땅을 덮어 아름다운 모습을 보여 준다. 그러나 양의 먹이라는 측면에서 보자면, 그것은 부드러운 옷감을 조각조각 잘라 낸다는 튜턴족 동화에 나오는 면도날 숲과 같다. 제사 때 중요하게 사용된다는 것을 제외하면, 한국에서는 양에 대해 거의 알려져 있지 않다. 양 떼에 관해 들어 보지도 못한 나라에 산다는 것은 그 민족에게나 외국에서 온 교사들에게나 슬픈 일이다. 그들에게는 성경의 많은 책장이 공백인 것이나 다름없다. 따라서 양과 우리, 목자에 관한 사랑스러운 비유적 표현들이 그들에게는 분명하지 않으며, 뚜렷하게 구체화되기에는 큰 무리가 있다. 남서부 지방인 낙동강 유역은 좋은 풀이 많다는 점에서 한국에서 가장 풍요로운 곳이며, 제주도 또한 풀밭으로 유명하다.

그러나 자신을 조금도 돌보지 않았던 랭커스터 카운티 출신 펜실베이니아인은 1886년까지 풀을 보지 않고 살 수 있었으며, 아펜젤러 부인은 그때서야 뜰에다 고향에 대한 이야기를 들려주는 꽃들을 심기로 결정했고 고향에 있던 것과 같은 종류의 꽃들을 보고 기억 속의 고향을 회상할 수 있었다. 우리는 그들이 남긴 한 편지에서, 새로 마련한 집의 앞뜰에 수입해 온 씨로 심은 녹색 잔디를 깔게 되었으며, 네모난 뜰의 모서리마다 삼각형의 꽃밭을, 중앙에는 원형의 꽃밭을, 그리하여 전부 다섯 개의 꽃밭을 만들어 고향의 정원과 같은 모습으로 꾸며 놓았다는 이야기를 읽을 수 있다. 중국적인 특성에 대한 두려움이 그녀를 방해하지는 못했다. 곧 각각의 꽃밭은 아름다운 빛깔로 뒤덮이게 되었다. 집의 정면은 마치 색칠을 한 듯 카네이션 가지로 짙게 물들어 있었다.

이제 자연의 감미로운 향기는 정신적으로 시의 향기와 꽃의 언어에 섞이게 되었으며, 과거 추억들의 향기가 다시 기억의 창고에 핀 꽃으로부터 흘러나오게 되었다. 안식일의 종소리, 풀과 꽃으로 아름답게 꾸며진 하나님의 집, 교회와 주일학교의 일꾼들, 가족 예배와 식탁에서의 은혜, 사랑하는 친구의 얼굴들(어떤 이는 맞은편에 앉아 있고 어떤 이들은 먼저 갔지만 모두가 '살아 계신 하나님'의 한 가족인), 피아노와 오르간 옆에서 부르는 즐거운 노래, 무르익은 곡식 사이에 소들이 점점이 박혀 있는 들판이 보이는 펜실베이니아의 풍요로운 풍경, 버크셔까지 바라보이는 뉴욕과 서부 매사추세츠 렌실러 카운티의 웅장한 산, 그리고 이러한 과거 속에 묻혀 있던 수많은 기억들이, 집 안의 꽃들이 가슴을 열고 그 영광을 드러낼 때면 기쁘게 부활해 왔다. 그 아름다운 성배가 향기를 발하고 "하나님의 생각"이 꽃잎과 화관을 통해 화려하게 펼쳐지는 것을 보며, 남편과 손님과 방문객과 이웃들은 이것이 "아펜젤러 부인에게 내려진 축복"이라고 말했다. "생명으로부터 생명에 이르는 냄새,"[8] 사랑하는 사람의 이름이 꼭 "쏟은 향기름"[9]과 같다는 성경 구절이 찬란한 아침의 나라에서는 새로운 의미를 띠었다. 그리고 이 나라도 이제 전보다 더 천국에 가까워진 것처럼 보였다.

그러나 이 땅의 모든 피조물이 그 발전에 있어 모두 똑같은 영광에 도달한 것은 아니었다. 어떤 종류의 식물은 새로운 환경에서 멋지게 번성하여 자신의 모습을 찾았다. 또 어떤 종류는, 그 크기와 화려함과 씨의 양에서 크게 증대되어 실로 30배, 60배, 100배로 번성했다. 그러나 선택받지 않은 다른 종류는 열심히 힘썼음에도 불구하고 파라오의 불길한 꿈에 나타난 일곱 마리의 파리한 소와 일곱 개의 마른 이삭을 연상시키는 모습을 보였다. 그러나 접붙이기가 좋겠다고 확신한 사람들이 있었는데 그것은 정확히 적중했다. 그래서 그들은 뉴턴 사과의 산지인 스피젠버그, 킹 사과가 나는 톰킨스 카운티로부터 온 미국 과일들이 한국에서도 열릴 수 있다

---

8 고린도후서 2:16.
9 아가 1:3.

고 생각했다. 실제로 뉴욕의 호수 지역에서는 신맛, 벌레, 고조병 등 심한 장애 요인에도 불구하고 한 문명인이 인내와 믿음으로써 '이로쿼이 인디언 야생능금'을 개량하는 훌륭한 기적을 이루었다. 수세기 전에 유트레히트 지방에서 미국과 네덜란드의 농민들이 지혜와 사랑의 돌봄으로 하나님과 함께 일을 시작해 믿을 수 없을 정도의 승리를 거둔 사실이 있었다. 그렇다면 한국에서도 똑같이 경이로운 일이 일어날 수 있지 않겠는가?

곧 한 묶음의 사과와 배의 접가지가 설명서와 충분한 밀랍과 함께 우편으로 도착했다. 그 결과 계절에 따라 맛있는 과일이 매일의 식탁에 풍성하게 놓일 수 있었을 뿐만 아니라, 영적인 면에 대한 비유 역시 외국인에게나 한국인에게나 너무나 명백해 그 의미를 간과할 수 없었다. 한국 사람들은 멀리서 온 이국의 꽃과 과일을 고마워했으며 지금도 고마워하고 있다. 그러나 복음을 접붙여 주신 하나님께는 훨씬 더 큰 감사를 드려야 한다. '핑거 호수'의 카유가와 세네카 사이, 옛 이로쿼이족의 옥수수와 과일 산지인 과수원 지대에서 태어난 네비어스(Nevius) 박사[10]가, 식물재배학과 기독교적 자립이라는 판이한 두 영역에서 중국과 한국 두 나라에서 하나님의 인도를 따라 경이로운 업적을 이루게 된 것은 행복한 우연의 일치가 아닐 수 없다. 조용한 아침의 나라와 중국에 있는 선교사와 그리스도인들은 그 두 가지 축복에 대해 진심으로 감사해야 한다.

---

10 미국 북장로교 선교사로서 1890년 한국에 와서 자전(自傳)·자급(自給)·자치(自治)의 선교 방법을 소개했는데 이를 네비어스 선교정책이라고 한다.

11
어린아이의 힘

    이렇게 벚나무와 노던스파이 종과 벨플라워 종의 사과가 빛깔과 향기를 내는 아펜젤러의 집에는 좀더 가정적인 분위기가 감돌게 되었으며 신선한 과일을 맛볼 수 있는 기회까지 주어졌다. 정원의 남자와 그 배우자의 편지를 보면 그들이 하나님께 에덴 동산과 같은 가정을 가지게 된 것에 대해 얼마나 감사했는지를 알 수 있다.

    그러나 땅에서 나는 그 어떤 음식과 정원의 꽃도 선교사의 가정에 피어난 인간의 꽃 앞에서는 빛을 잃었다. 세상 어디서나 결혼한 남녀에게는 이와 같은 놀라움이 찾아오는 법이며, 그토록 작은 존재 속에 그토록 커다란 행복이 감추어져 있는 것이다. 그런데 이번에는 나라 전체, 한국인 모두가 그 국경 안에서 백인 여자아이가 태어나는 것을 처음으로 경험하게 되었다. 그 아이는 최초의 '코카서스' 인종의 외국인 아기였으며, 한국에서 눈을 뜬 최초의 외국 그리스도인 아기였다. 때문에 그녀의 출생은 조선의 긴 역사에 획을 긋는 사건이었다. 후에 그리스도인 가정에서 태어난 첫 남자아이는 알렌 박사의 아들이었다.

이 아기가 복음 전도자로서 얼마나 능력이 있는지는 처음에는 미처 깨달을 수 없었다. 그러나 한국 여인들의 어머니로서의 긍지, 여성으로서의 공감, 그리고 한국인 남녀노소의 호기심과 열성으로 말미암아 그들도 예상치 못했던 길이 트이게 되자, 이 그리스도인 교사는 대립의 벽이 눈앞에서 허물어지는 것을 보았다. 이제껏 그의 접근을 완강히 거부해 왔던 사람들이 자력(磁力)에 끌린 듯 그의 집으로 몰려왔다. "애기를 보아야겠소"라는 말은 원근에서 온 낯선 사람들이 집으로 들어올 충분한 변명거리가 되었다. 그렇게 되자 행복한 아버지는 하나님께 새로이 영광을 돌렸으며 용기를 갖게 되었다. 이전에는 서로가 적으로서 항상 이와 발톱으로 서로를 물어뜯고 침과 독으로 서로를 잡아먹던 숲속의 모든 짐승들이 이제는 평화롭게 함께 눕는다는 이사야서의 불멸의 비유가 곧 새로운 빛을 받아 그 의미가 명확해졌다. 이렇게 수많은 사람을 한자리로 이끈 이 아기는, "그때에 이리가 어린 양과 함께 살며 표범이 어린 염소와 함께 누우며 송아지와 어린 사자와 살진 짐승이 함께 있어 어린아이에게 끌리며"[1]라고 예언한 이사야의 거룩한 지혜를 입증했고, 예수의 방식을 설명해 주었으며, 가정에 크리스마스가 매일 찾아오도록 만들었다. 그리고 솔룩(Tholuck)이 좋아하던 성구와 그에 관한 설교("그리스도인의 삶이란 영화된 어린 시절이다")를 상기시켜 주었다.

학식을 갖춘 학자이기도 했던 아펜젤러는 그가 아무리 외쳐 대도 아무 소용 없이 오랫동안 굳게 잠겼던 문을 아무것도 할 수 없고 의식도 없는 아기가 작은 산호 빛 손가락으로 열어젖히는 것을 보고서 겸손해지지 않을 수 없었다. 훗날 양육과 교육에 대한 걱정, 혹은 바다 건너 떨어져 있어야 하는 큰 고통도 이 가정의 첫 아기 출생과 관련한 빛나는 기억을 희

1　이사야 11:6.

미하게 만들 수는 없었다. 이 아기의 출생으로 말미암아 에덴 동산의 로맨스와 그다음에 뒤따른 사건들이 새롭게 재현되었던 것이다. 재창조와 변화의 위력을 가지는 부모로서의 경험에 비교할 때, 책에서 배운 철학이란 기껏 부차적인 것에 지나지 않는다. 한국인 목수가 만들고 충실한 한국 여인에게 맡겨진 요람 안에서, 곧 수적으로 증가해 갈 이 선교사 제2세대의 첫 사람은 하나님과 사람, 특히 여인의 사랑 속에서 성장해 갔다. 때때로 아펜젤러 가정의 아이들은 한국 아이들이 입는 품이 넓고 예쁜 옷을 입었다. 이 옷은 소년의 옷인 경우에는 세심한 노력의 산물인지라 그 다양한 빛깔이 놀라우리만큼 아름다웠다. 완전한 겨울 복장으로 갖추어졌을 때 어울리게 달려 있는 은방울이 사람과 의복의 성별을 말해 준다. 확실히 한국의 어린아이들이 입는 옷은 매우 아름답다.

이어서 아들 하나와 딸 둘이 태어나서 아펜젤러의 가정은 네 명의 '운명에 사로잡힌 자녀들'을 가지게 되었다. 오늘날의 시점에서 보자면 일본 제국에서 태어난 선교사의 후예들이 이룩한 세계적 사역의 결과는 매우 훌륭하다. 그들이 출생한 나라와 그들 부모가 출생한 나라를 모두 고려해서 보자면, 선교사의 자녀가 그 인품과 능력 면에서 표준보다 떨어진다는 천박한 냉소주의자의 사고방식이 완전히 잘못된 것임을 알 수 있다. 그들의 사고와는 반대로 그 아이들은 우생학 이론과도 훌륭하게 부합되며 성경에 가득한 하나님의 약속들을 실현시킨다.

그러면 한국의 작은 소년들은 어떠한가? 잘 알다시피 소녀들은 "세상 어디서나 똑같다." 같은 문맥에서 우리는 어린 남자아이들도 모두 똑같다고 말할 수 있을까? 아니면 막 태어난 이 말썽꾸러기와 천재들 사이에는 야만성과 장난기, 희망과 장래성 등의 정도에서 큰 차이가 있을까? 아펜젤러의 편지와 놀랍게도 의견이 일치되는 많은 관찰자들의 이야기에 따르면, 한국의 남자아이들에게는 다른 어느 곳에 있는 장난꾸러기들과 마찬가지로 비밀과 변덕과 장난을 즐기는 마음과 분별없는 짓을 하려는 경향과 개나 고양이나 누이 등 모든 살아 있는 것들을 골리는 능력이 있음이 확실하다. 한국에서도 소년은 역시 소년이다. 그러나 한국의 어머니들은 아들을 원하며, 아버지는 아들이 없으면 불안해하고, 학교의 선생은 그들에게 관용을 베푼다. 아들이 없으면 살아갈 수 없는 이 작은 반도의 세계는 아들을 번성시키려 애쓰고 있는 것이다. 조상숭배의 체계 안에 있는 한국의 남자아이들은 봉사나 현실적인 문제 등을 완전히 떠난 매우 감상적인 가치를 지니고 있다. 즉 자연적인 유산과 후천적인 성격 사이에는 곳에 따라 큰 차이가 나타난다. 그러나 하나님의 은혜에는 지리적인 한계가 없다. 한국의 거듭난 젊은이들 역시 훌륭한 그리스도인이 되는 것이다.

아펜젤러는 많은 소년들의 등과 팔다리에 오래되었거나 갓 생긴 매 자국들이 있는 것을 알게 되었다. 때때로 그것은 순전히 야만인인 행동의 결과였다. 성난 아버지가 아들의 팔다리에 부젓가락을 올려놓아 데어서 생긴 동전 모양의 자국이 치료도 받지 못한 채 남아 있는 경우도 있었다. 부모들은 그렇게 낙인을 찍고, 문지르고, 채찍으로 때리고, 매를 때려서 자식에게 효심을 집어넣었다. 조상숭배는 상당 부분 이기적인 잔인성에 근거하고 있다. 한국의 부모들이 자녀들에게 지어 준 애칭 중 어떤 것은 역겨울 정도로 추잡하고 더러웠다. 기독교가 수만 명의 한국인들의 신앙이 되어 온 이래 아이들에게 지어 주는 이름에 확실한 변화가 생겼으며, 매를 없애지는 못했지만 사랑이 공포를 몰아내듯 매 없이 가르치는 경향이 생겨나고 있다. 그러나 한편으로는 소년이 나태해져 인성을 망칠 염려가 있었다. 왜냐하면 한국의 아버지들은 조상숭배 의식에서 대제사장 역할을 아들에게 맡겨야만 하기 때문이다. 많은 한국의 아이들은 가정에서 아무런 수고를 하지 않는 제왕으로 군림하고 있다.

거리에는 누더기를 입고 모자도 안 쓴 누추한 장난꾸러기들이 늘 무리를 이루고 있다. 그들은 어디든 나타나서 모든 일에 끼어들며, 성인들 특히 여성들에게 항상 큰 불편을 끼치는 행동을 끈질기게 하면서 동물 같은 장난기로 가득 차 고함을 지르고 웃어 댄다.

소년의 나라 한국에서는 설날(2월)과 그즈음 2주일간 연을 날리고 연싸움을 한다. 아교로 유리 가루를 바른 연줄은 다른 사람의 연줄을 끊기 위한 것이다. 3월에는 버들피리를 만들어 불며, 4월에는 작은 돌을 가지고 노는 '공기놀이'를 즐긴다. 펜실베이니아에서처럼 경사진 지하실 문에서 하는 대신, 한국에서는 흙더미나 경사진 돌 위에서 미끄럼질을 함으로써 옷이 닳아 버린다. 다른 한 철은 그네놀이로 보낸다. 새끼줄 위에 나무판자를 걸치고 그 위에 서너 명의 소년들이 서로의 어깨 위에 올라타 피라미드 모양을 만든 다음에 그네를 생동감 있게 흔들며 논다. 이것은 한국인들이 달걀을 운반할 때 소시지 꾸러미처럼 생긴 짚으로 된 주머니에 넣어 놓은 모습을 연상시킨다. 한국에서는 오랫동안 '그네 뛰는 날'이 민족적인 축제의 성격을 띠었다.[2] 종종 피를 흘리기까지 상처를 입히는 격한 운동으로 석전(石戰)이 있다. 그것은 매우 정열적인 경기이며 필라델피아의 벽돌 제조 공장 지역의 경기와 비슷한 무기와 방식과 시간으로 이루어진다. 이상하게도 한국에는 달리기, 뜀뛰기, 구기 등이 알려져 있지 않았다. 실내운동과 야외 경기의 새로운 방식들은 선교사들에 의해 도입되었으며, 미국 해군은 서울의 소년들에게 축구와 야구를 가르쳐 주었다.

배우지 못한 땅의 어린 아들들은 대개 1인칭과 2인칭의 차이를 이해하지 못하기 때문에 외국인의 재산 중 자기 마음에 드는 것이 있으면 보는 사람이 없을 때 손을 대는 경향이 강하다. 겨울에 그들은 발이 진창에 닿지 않도록 바닥에 두 개의 나뭇조각을 붙인 거친 나무 나막신을 질질 끌

---

2 음력 5월 5일 단오절을 말한다.

며 다녔다. 여름에는 맨발로 다녔는데, 단지 발만이 아니라 피부의 많은 부분이 드러났다. 아주 어린 아이들은 6월 초부터 9월 말까지 에덴 동산의 옷만 입고 지냈다.

그러나 이와 반대되는 훌륭한 모습이 있는 것 또한 사실이었다. 세계 어느 곳의 소년들과 마찬가지로 조선의 소년들이 사랑스럽게 행동하고 돌아다니는 것은 결코 비난할 수 없는 모습이다. 그들은 자신들을 지도할 줄 아는 사람들을 기쁘게 따랐다. 모든 소년들에게는 보편적으로 영웅을 숭배하는 경향이 있다. 그들은 지휘관을 존경한다. 그리고 그들이 자신들을 제대로 보고 이해해 주기를 원한다. 그들은 칭찬과 격려에 반응을 나타낸다. "그들의 마음의 현은 잔인함에 의해 너무 자주 끊어진다"고 아펜젤러는 쓰고 있다. 많은 소년들이 확고한 보살핌과 계속적인 훈련과, 함부로 도전하기에는 너무 강하면서도 친절한 권위를 필요로 했다. 겉으로 행사되는 강한 힘과 동시에 사랑과 친절을 느낄 때, 한 소년의 성격에 일어나는 변화는 놀라운 것이었다. 한국만큼 소년들을 대상으로 한 사업이 잘 이루어진 선교 지역은 없었다. 난폭한 소년들의 무리는 품위 있는 시민과 희망적인 그리스도인 청년 모임으로 변해 갔다. 예를 들어 평양에서 거둔 성과는 그 도덕적 결과 측면에서 그 어느 때 어느 곳에서 이루어진 그 어떠한 시도도 따를 수 없는 것이었다. 오야마[3]의 무적 군단이 중국과 만주에서 행한 군사 훈련은 일본 농민의 아들들에게 놀라운 변화를 가져왔듯이, 한국에서 그리스도인 교사들이 거둔 (비군사적인) 성과도 그에 못지않을 것이다. 아펜젤러는 다른 어떤 부류 혹은 어떤 상황의 한국인보다 소년들 가운데서 더 큰 성공을 거두었다. 그 성공이 워낙 커서 때때로 아펜젤러 자

---

3 메이지 시대의 장군으로, 청일전쟁 때 제2군 사령관으로 출전했고 러일전쟁 때 만주군 총사령관이 되었다.

신이 당황할 정도였다. 여러 계층에 속한 한국의 부모들은 자신의 아들들이 학교 교육뿐 아니라, 미국인의 가정에서 개인적인 훈련, 나아가서는 신체적인 교정도 받기를 원했다. 그들은 아펜젤러가 자신의 가정을 얼마나 잘 다스리는지를 보았던 것이다. 그들은 종종 보통 아이든 못된 아이든 자기 자식을 좋은 사람으로 성장시키기 위해 그에게 데려가서 하인으로 삼아 달라고 간청하곤 했다. 그들은 그리스도인 가정의 교육의 힘을 보고 강한 인상을 받았던 것이다. 이 소년들 중 몇 명은 이제 한국 기독 교회의 강한 기둥이 되었다. 그리스도의 '소자'(小子)였던 그들을, 그들의 친구는 '형제'처럼 받아들였다.

아펜젤러는 한국의 아이들을 진실로 사랑했다. 그는 그들이 살 만한 가치가 있는 사람들이라고 생각했으며, 그들 중 하나를 위해 기꺼이 죽어감으로써 자신의 위대함을 입증했다. 알렌 박사는 이렇게 말하고 있다. "여행하는 동안 자신이 데리고 가던 한국 소녀를 구하려고 되돌아가지 않았더라면, 그는 생명을 구할 수 있었을 것이다." 그러나 이것은 아펜젤러에게는 그리 대단한 일이 못 되는, 진실로 그다운 행동이었다. 그의 그 아름다운 삶의 비밀은 오래전 요한이 하나님의 도우심으로 어린아이와 같이 단순하게 했던 말 속에 담겨져 있다.

"우리는 형제를 사랑함으로 사망에서 옮겨 생명으로 들어간 줄을 알거니와…그가 우리를 위하여 목숨을 버리셨으니 우리가 이로써 사랑을 알고 우리도 형제들을 위하여 목숨을 버리는 것이 마땅하니라."[4] 아펜젤러는 실제로 그렇게 행한 사람이었다.

---

4 요한일서 3:14, 16.

12
말을 타고
— 한국의 옛 도읍들

                        조선에 1,600킬로미터에 가까운 철도가 생기고, 런던에서 일본까지 철도와 기선으로 16일 만에 편안하게 여행할 수 있는 오늘날에는 한국의 수도로부터 동쪽이나 북쪽의 국경까지 몇 시간이면 쉽게 이를 수 있다. 그러나 1885년의 개척자들은 조랑말을 타고 며칠 동안을 가야 했다. 휴식 장소에서는 계속해서 밖에 있을 것인가 아니면 벌레 떼가 이미 점령한 방에서 잘 것인가를 결정해야만 했으며, 가까이에 있는 축사에서는 밤새도록 개와 당나귀와 돼지와 닭들이 소란을 피웠다. 혹시 그가 묵는 방에서 하루 혹은 일주일 전에 천연두 환자나 전염병 환자가 유숙했을지도 모르는 일이었다. 또한 공중위생 시설은 가장 원시적인 형태밖에 없었다.

  한국의 숙박소에는 우선 안뜰이 있는데, 여기서 짐승이건 사람이건 안으로 들어오는 것은 모두 받아들인다. 대문 맞은편에 중앙의 방 즉 거실이 있으며 그 옆에는 하인과 주인의 거처와 짐승의 우리가 있다. 숙박인은 식대만 내고 사람과 짐승의 거처는 무료로 제공된다. 미숙한 여행자는 언제 잠이 든다고 꼬집어 말하기 힘들다. 왜냐하면 밤새도록 벌레들이 몸 위를 기어 다니며, 또 가까이 있는 우리에서는 네발 달린 짐승들이 발을 구르고 앞발로 걷어차며, 말이 울어 대며 끽끽거리고, 왕왕거리고 멍멍거리고 그르렁거리고 꼬꼬댁거리는 소리로 무척 소란스럽기 때문이다. 이래서 잠을 푹 자기란 불가능하다. 여관[1]을 '운영하는' 이들은 대개 여자이며, 그녀가 남편을 포함한 남자들을 시켜 "손님을 맞게 하고" 혼란의 소용돌이 속에서 손님의 주문을 받고 응대하게 했다. 우리에서는 짐을 나르거나 사람을 태우는 동물들을 매 놓지 않기 때문에 멋대로 활동할 수 있는 영역이 더욱 넓어지는 셈이다. 그러나 거기에도 한계가 있다. 한국의 조랑말들은 밤에 누울 수가 없다. 그것들은 말하자면, 머리 위쪽 들보에 매달려 있는 셈이다. 또한 조랑말 몸통의 띠와 연결되어 있는 고삐가 꼭 끼는 윗옷처럼 조랑말을 조이며 당기고 있어서 발굽은 거의 바닥에 닿지 않는 것이다. 이렇게 안장이 꽉 조여져 있기 때문에 이 멋대로 구는 짐승들은 우리를 부수지는 못하고 옆에 있는 짐승을 물거나 걷어차려고만 한다. 그것들은 이 장난스러운 놀이를 힘차고 줄기차게 즐긴다.

새벽녘이 되면 두 다리와 깃털을 가진 잠의 훼방꾼이 홰를 치면서 목을 길게 늘이고, 하늘까지는 아니더라도 서까래 정도는 거뜬히 울리게 만든다. 이 잠을 깨우는 날짐승을 '맥베스'라고 불러도 좋을 것 같은데, 일본 사람들은 이것을 '오래 노래하는 밤의 새'라고 부른다. 부엌에서 일하는 여인들은 언제나 새벽 2시에서 4시 사이에 일어나서 활동을 시작한다. 사람에게는 밥을 주고 당나귀와 조랑말에게는 짚과 콩을 넣은 뜨거운 여물을 주기 위해 불을 때는 것이다. 소들은 기장과 옥수수와 짚으로 된 여물만 주어도 살이 찌지만 말은 그런 음식을 먹으면 살이 빠지고 힘을 잃게 된다.

---

1 원문에 hotel로 되어 있는데, 당시에는 주막으로 불렀을 것이다.

아펜젤러에게 여행의 일차적 목적은 이 나라를 탐험하며 복음을 설교하고 교회를 세울 전략적 지점을 선택하는 것이었다. 1887년 4월 13일 아펜젤러는 세관에서 일하는 헌트 씨와 함께 서울을 떠나 최소한 평양까지 가기로 했다. 그가 해야 할 첫 번째 일은 그가 타고 있는 동물과 그 동물을 돌보는 사람인 마부와 사귀는 것이었다. 말에 관한 기록을 보면, 이 작고 강인하며 인내력 있고 심술궂은 한국의 조랑말은 독특한 위치를 차지한다. 수세기에 걸친 잔인함은 이 말이 원래 가지고 있던 좋은 성질들을 다 앗아간 것처럼 보였다.

그럼에도 불구하고 이 조랑말에게는 온순한 면이 상당 부분 남아 있다. 조랑말은 아침에도 활동력의 과잉 때문에 이빨과 꼬리와 말굽을 마구 사용하고 싶어 한다. 그래서 달리는 상황에서는 주인이 원하는 것보다 더 빨리 달리고 싶어 한다. 이 활발한 시간에는 목에 달린 방울이 즐겁게 짤랑거리며 그 위에 탄 사람이나 마부도 말을 쉽게 조절할 수 없다. 그러나 늦은 시간이 되어 피곤해지면, 조랑말은 천천히 달리며 아침에 발랄하게 울렸던 종소리도 단조롭게 늘어진다. 조랑말은 당나귀처럼 자신의 발걸음에 대해 자신을 가지고 있지 못하며 때때로 수줍어하기 때문에 위에 탄 사람을 떨구거나 작은 모서리에 걸려 타고 있는 사람과 함께 넘어져 버린다. 그러나 항상 웃으면서 다시 일어나기 때문에 그렇게 걸려 넘어지는 것과 같은 사소한 일로 함부로 죽일 수는 없다는 생각이 들게 만든다. 때때로 그는 외국인이나 그의 돈꿰미, 책, 침구 등을 떨구어 버리고 고소하다는 듯 바라보는 것처럼 보인다.

그러나 이 복음의 답사자는 곧 그의 말의 특성을 알아차렸다. 그는 특히 이 조랑말이 자신보다 오랜 경험을 가지고 있기 때문에 여관 문에 펄럭이는 깃발을 보고 자신보다 훨씬 더 빨리 알아차린다는 사실을 알았다. 이 휴식의 즐거운 신호를 보고 말의 상상력 속에 콩과 건초와 여물과 마구간의 휴식의 모습이 떠오르면 조랑말은 한 번 박차를 가하자마자 기쁘게 여관 문까지 뛰어간다. 마부는 말도 자신과 같은 감정을 가지고 있다고 생각해 인간을 대하듯 다룬다. 그는 말을 적절하게 다루는 나름의 방식을 가지고 있다. 마부의 눈에는 여관 사람들을 큰 소리로 불러내며 으스대는 외국인의 하인을 보며 그 외국인이 위대한 사람으로 보일는지도 모른다. 그러나 그 외국인이 말을 혹사한다거나 가파른 절벽이나 경사가 심한 언덕길을 올라갈 때 말에서 내리지 않고 계속 안장에 앉아 있다면, 그는 자신이 바보임을 스스로 나타내는 결과밖에 안 된다. 반면 그가 높은 곳을 올라갈 때 말에서 내려 걸어간다거나 다른 경우에 그의 벙어리 하인인 말에게 자비롭게 대한다면 마부의 눈에는 훌륭한 사람으로 보일 것이다.

한국은 북극과 적도에서 온 기류와 해류가 만나는 지점이기 때문에 따뜻한 남쪽과 눈 덮인 북쪽 지방 사이에는 많은 차이점과 대조적인 모습이 나타난다. 남쪽의 벼농사 지대에는 물소와 같이 온습한 나라와 연관된 짐승들이 많다. 북반도의 추운 지방에서는 사납고 색깔이 다양하고 어마어마하게 큰 동물들을 발견할 수 있는데 그 가운데는 곰, 사슴, 표범, 멧돼지 등이 있다. 그러나 한국에서 짐승의 왕이라고 하면 역시 호랑이다. 이 '산 아저씨'이자 '산의 주인'은 그가 불러일으키는 공포로 한국인의 상상력을 지배하고 있다. 이 호랑이의 재주와 힘은 한국인의 문학과 민속과 일상 언어에 그림자를 드리우고 있다. 또한 그 명성은 일본에까지 들릴 정도로 위대해서 외국인들이 후장총[2]과 청산가리와 쇠 덫을 들고 한국에 찾아들기도 한다. 호랑이는 때때로 촌락을 습격하는 것은 말할 것도 없고 성으로 둘러싸인 도시에도 들어온다고 알려져 있으며, 심지어 수도를 방문하여 파수막까지 찾아들어 온 것으로 유명하다. 그리하여 사람들은 오래

---

2 총 끝에서 장전하는 총이다.

전부터 호랑이가 때와 장소를 막론하고 나타날지도 모른다고 생각해 왔지만, 현재는 주로 북쪽 지방이 호랑이의 활동 무대다.

 가장 활동적으로 인간을 잡아먹는 이 짐승은 한국을 크게 유린해 왔다. 피해자의 수는 매년 수백 명에 달했으며, 농부들이 돼지와 소를 잃어버리는 것이 국가적 손실의 한 항목으로 여겨질 정도로 큰 부담이 된 짐승이다. 그래서 대부분의 산골 마을 근처에는 무거운 통나무로 만들어 작은 돼지를 미끼로 달아 놓은 덫을 볼 수 있으며, 많은 집들이 호랑이가 기어오르거나 넘을 수 없게 날카로운 말뚝으로 울타리를 쳐 놓고 있다. 길가의 사당에는 공포의 신앙을 가진 광신자가 갖추어 놓은 이 무서운 짐승의 조야한 그림이 놓여 있다. 1871년 미국 해군을 맞아[3] 놀랄 만큼 용감하게 싸웠던 호랑이 사냥꾼들이 들고 있던 깃발에는 번개를 휘어잡고 불을 토하며 날개가 달린 이 성난 신의 상(像)이 그려져 있었다. 이것은 고양이과의 우두머리인 이 동물이 사람들의 사고와 실제 생활을 얼마나 단단히 지배하고 있는지를 보여 준다. 사회와 정부의 상층 계급에서 여행 복장이나 가정 양탄자로 사용되는 호랑이나 표범의 가죽은 위엄과 지위의 표시다. 페리 제독이 당도한 시기 이전의 일본 장군들은 한국의 호랑이 가죽을 칼집으로 사용했다. 호랑이 다음으로는 표범이 가죽 시장에서 인기가 높았다.

 반대로 짐승이 인간에게 봉사하는 평화로운 삶의 영역으로 눈을 돌리자면, 우리는 여기서 다시 몇 가지 이상한 점들을 발견할 수 있다. 다른 나라에서는 인간에게 사납고 위험한 것으로 여겨지는 황소가 한국에서는 짐을 나르는 짐승 중 가장 힘이 세면서도 가장 온순한 짐승이다. 그러나 이러한 소의 온순함의 비밀은 이미 잘 알려져 있다. 소가 '의식이 없는 산'

---

3 신미양요 때의 일이다.

과 같은 짐승이 된 것은, 송아지가 일찌감치 어미 소와 떨어져 집에서 아이들과 함께 키워지기 때문이다. 그렇기 때문에 이 유순한 짐승은 결코 자신의 힘에 의문을 던져 보지 않는다. 물론 주인이 '무게가 같은 어떤 짐승과도 싸울 수 있다'고 확신시키는 소들이 있기는 하지만, 한국에서는 이것이 스페인에서처럼 개발되지는 않았다. 한국에서 소는 삼손의 시대처럼 경작을 위해 사용되거나 짐을 나르고 물건을 끄는 동물로 사용되어 왔는데, 인간에게 우유를 공급하는 젖소로 사용될 수 있다는 사실은 오랫동안 알려지지 않았다. 아펜젤러 부인은 송아지를 가지고 인내심 있게 한 시간 동안 힘든 노력을 들인 끝에 1리터의 우유를 얻는 데 성공했다고 알려져 있다. 그러나 대체로 조선의 소들은 데본셔 종이나 프리슬랜드 종과는 진화상으로 상당한 시간적 거리가 있다.

인간을 제외하고 수레를 끄는 동물 중 가장 일반적인 것은 말인데, 순수한 한국 종자는 쉐틀랜드 조랑말보다 별로 나을 것이 없으며, 그 크기도 커다란 마스티프 개만 하다. 이 조랑말은 심술궂을 정도로 활동적이어서 밤에도 발굽을 계속해서 움직여 댈 뿐 아니라 다채로운 소리를 내기까지 한다. 그리고 당나귀가 있는데, 그것은 거의 믿을 수 없을 정도로 뛰어난 지능과 발성력을 가지고 있다. 당나귀의 놀랄 만한 소리에 비교해 볼 때, 자동차의 경적이나 무중호각(霧中號角), 심지어는 기차의 경적도 부드러운 편에 속한다. 이 당나귀는 아직 자신이 고전적 비유에 나오는 '창조에 모욕을 주는 짐승'이라고는 결코 생각하지 않는 것 같으며, 자신이 얼마나 웃기는 동물인지에 대해서도 전혀 모르는 것 같다. 끓인 콩과 짚으로 된 뜨거운 여물을 먹고 난 뒤 구유의 구석에 남아 있는 마지막 콩까지 먹으려고 윗입술을 벌리는 것을 보면 특히 이것을 잘 알 수가 있다. 그리고 당나귀는 희극적인 모습과 얼굴 표정을 연출하는 데도 뛰어나다. 당나귀는 찬 것에는 거의 입을 대지 않으며, 한국인의 사고방식에 따른 오랜 위생 훈련 때문에 뜨거운 물만 마신다.

집에서 기르는 애완동물 중에는 개가 가장 귀여움을 받는다. 시골이건 읍이건 집이라고 하면 문 아래 구석에 네모난 구멍을 만들어 두는데, 이 구멍을 통해 개는 세상을 내다본다. 한국의 개는 인간의 친구로서 전통적인 충성심을 지켜야 할 뿐 아니라, 필요할 때는 주인을 먹여 살리기 위해 솥에까지 들어가 주인의 음식이 될 준비를 갖추어야만 한다. 어느 나라에서건 개는 눈에 보이는 물건이란 물건은 죄다 물어뜯기 마련이다. 그런데 한 선교사의 집에서 기르던 한국 토종개는 부인들의 모자나 책이나 냅킨 고리 혹은 다른 신기한 것들을 물어뜯을 정도로 적극적이어서 '초서'[4]라는 이름이 붙었다고 한다. 이로써 이 유명한 시인의 이름의 음성학적 가치가 유감없이 발휘된 셈이다.

한국의 고양이는 일본에서처럼 꼬리를 잘라 놓지는 않지만 애완동물로 받아들여지지 않는다. 고양이는 개나 어린 소년의 호의를 얻으려는 시도를 충분히 하지 않아 개나 인간의 사랑을 얻어 내지 못했기 때문에, 아이들도 고양이를 가까이하는 것을 금기로 알고 있다. 성인들은 일종의 두려움을 가지고 고양이를 경멸하며, 뱀이나 해충과 같은 족속으로 취급해 버린다. 한국의 신사들이 외국인의 집을 방문할 때 가장 두려워하는 것은 가당치도 않게 고양이가 친근하게 굴며 다가오는 것이다. 고양이가 정강이를 털로 문지르는 것은 혐오감을 불러일으키는 정도겠지만, 만일 무릎에 웅크리고 앉기라도 한다면 그는 놀라 기절하고 말 것이다. 물론 쥐도 많은데, 쥐는 블레셋과 이스라엘의 황금 쥐 시대[5]로부터, 쥐가 박테리아를 옮

---

4 제프리 초서(Geoffrey Chaucer). 영국의 시인이다.
5 원문에는 emerods라는 말이 있으나 무엇을 뜻하는지 분명하지 않다. 문맥으로 보아 에글론의 오기인 것 같다. 이 사실은 사무엘상 6:4 이하와 관련된다. 블레셋이 이스라엘로부터 언약궤를 빼앗아 에글론에 두었는데, 이때 에글론 성에 하나님의 재앙이 임해 사람들이 죽게 되었다. 블레셋 사람들은 금독종 다섯과 금쥐 여섯으로 하나님께 속건제를 드린 후 언약궤를 되돌려 보냈다.

긴다는 이론이 성행한 시대에 이르기까지 사람에게 병을 옮기는 짐승으로 알려져 있다.

평범한 처마 밑에 보금자리를 짓는 제비와, 덩굴이나 기와 사이에 웅크리고 있는 뱀도 애완동물에 집어넣을 수 있을지 모른다. 이 뱀들은 자주 제비를 잡아먹는데, 그런 위험한 순간이 오면 이 작은 새들은 시끄러운 까치를 부르며, 까치는 뱀을 쪼아 물러가게 만든다. 선교사나 외국인들은 아이들에게 애완동물을 마련해 주고 또 쥐를 없애기 위해 외국 고양이를 수입해 길러 왔는데, 유럽에서 들여온 이 고양이들은 아직 환경에 적응하지 못하고 교육도 받지 못해 까치를 저녁거리로 삼을 요량으로 살금살금 다가간다. 그러나 이 싸움 잘하는 맵시 있는 새에게 항상 비참한 패배를 당할 뿐이다. 겨울에 헐벗은 나뭇가지 위에 놓인 까치둥지는 눈에 잘 띈다. 또한 까치는 한국의 민담에서도 유명한 새다.

아펜젤러는 서울에서 이 모든 동물들을 다소간 알게 되었으며, 외지에서 오랜 여행을 하는 가운데 이들과 더욱 가까워졌다. 그는 거의 매일 지진이 일어나고 때때로 태풍과 화산이 몰아쳐 공포가 일고 생명이 파괴되는 일본에서보다 한국의 자연은 한층 친절하게 자신의 모습을 드러낸다는 사실을 알게 되어 기뻤다.

일본과 한국에서는, 일정 정도 관리의 후원을 받아 여행을 하게 되면 각 촌락에서 환대를 베푸는 것이 마음에 든다. 어디를 들어가든 그 지방을 책임지는 관리의 노복들이 방문객들을 맞아들이며, 그 관할 지역의 경계까지 호위한 다음 전송을 해준다.

한강을 건넌 헌트와 아펜젤러는 말을 타고 황해도로 들어가 좁은 길을 따라 과거 영광이 흔적만 남아 있는 한 지역에 다다랐다. 황해도는 당시에는 강도(強盜)의 지방이라 불리고 있었다. 그러나 중세에는 고려 왕국의 수도인 부유한 도시 송도가 있어 이 산악 지방은 웅장한 불교 사원이 많았다.

하지만 인도에서 건너온 그 종교에 적대적인 새 왕조가 1392년 서울에 자리잡자 이곳의 장엄한 사원과 절들은 불태워졌다.

흔히 한국의 민담은 친숙한 해충의 특징과 관련된 오래된 이야기들을 전해 준다. 그리고 민족사에서 커다란 사건들은 거의 모두 환상적인 전설 속에서 기념되거나 벌레나 뱀 혹은 여타 다른 동물의 특징에 의해 설명된다. 봄마다 이곳에서는, 사람과 함께 잠자기를 좋아하는 노란색의 다양한 생물들이 돌 밑에서 발견된다. 과장된 것이지만 그것들은 무게가 220그램이나 나간다는 이야기가 있다. 믿을 수 없는 이야기들이 위력을 과시하며 존재하고 있는 것을 보면, 이 고대 한민족의 소문 전파자나 이야기 창조자들의 능력이 서양의 선풍적인 출판사들보다 더 뛰어났던 것 같다.

이곳에 있는 두 개의 미륵상은 키가 15미터는 될 것 같은데, 마치 거대한 파수꾼처럼 돌 눈으로 과거를 바라보면서 빽빽한 숲의 가장 높은 나무보다 더 높이 그 모습을 드러내고 있다. 하나는 네모난 모자를 썼고, 또 하나는 둥근 모자를 썼다. 남자상은 하늘을 나타내며 여자상은 땅을 나타낸다. 두 상은 모두 수세기 전에 단단한 바위를 정으로 파서 만든 것이다. 그들은 불교 교리와 유교 윤리의 조화를 나타내는 것처럼 보인다. 어떻든 간에 이 두 상은 일본의 거대한 불상처럼 수도의 멋을 증대시키기 위해 만들어졌다. 당시 불교는 물질적으로도 풍요로웠으며, 국가의 보호 속에서 수많은 노동력을 부릴 수 있었다. 촌락에서는 그 두 상의 모습을 초라하게 표현한 것으로서, 긴 통나무에 조야하게 새긴 천하대장군과 그의 아내인 지하여장군의 상이 있다. 이 여장군의 이름이 한국에서의 여성의 지위를 단적으로 드러낸다.[6] 어떻게 설명할 것인가의 문제는 차치하고, 돌이나 나무로 만든 이 크고 작은 상들이 하나의 중요한 예술적 표현임은

---

6 저자는 지하여장군을 Queen of Hell, 즉 지옥의 여왕이라는 뜻으로 번역하고 있다.

의심할 바 없다.

　한국에서 가장 강력한 목소리인 민담은 이러한 상들이 있는 이유를 이렇게 설명한다. 한양(서울)이 일어나자 송도는 질투를 느꼈다. 서울을 둘러싸고 있는 높은 산들은 워낙 거대해서, 마치 힘센 고양이처럼 쥐보다 작아 보이는 송도 부근 산들을 덮칠 기세였다. 그래서 고려의 왕은 바위로 깎은 이 파수꾼들을 서울을 향해 세워 영원히 송도를 지키도록 명령했다. 그리고 아직도 그들은 송도를 지키고 있다.

13
북쪽에서
– 나루터 도시 평양

더러운 침실이 있는 불결한 숙박소는 악취가 나서 "하이에나의 소굴로도 적합하지 않을" 정도였다. 이것은 조선 자연 경관의 아름다움과 비교할 때 무척 대조적이었다. 풍경이 아름다운 장소와 인공적으로 만든 것 중 가장 훌륭한 장소는 거의 모두 죽은 사람들을 위한 것처럼 보였다. 확실히 죽은 조상들이 묻힌 흙이 살아 있는 영혼과 육신보다 더 존중받고 있었다.

들판에서 아펜젤러는 아이를 등에 업고 남자와 함께 일하는 여인들을 보았다. 촌락에서는 사람들이 외국인을 보자마자 목숨을 구해야 하겠다는 듯이 달아났다. 이 외국인 흡혈귀들이 그들을 잡아먹고, 아기들의 눈을 뽑아 약을 만들며,[1] 아이들을 납치해 바다 건너에서 노예로 만든다는 무시무시한 이야기를 들었음에 틀림없었다. 한국인들은 작은 시내를 건너갈 때는 옷을 벗고 벌거벗은 채 건넜으며, 큰 강은 나룻배를 타고 건넜는데

---

1 서울에서 나돌던 소문으로, 서양 선교사를 배척하는 원인이 되기도 했다.

종종 사람을 너무 많이 실었다.

촌락의 장터에서 아펜젤러는 유난히 추하게 생긴 여인들이 줄 지어 행상하는 모습을 보았다. 그 마귀할멈 같은 모습에 아펜젤러의 마음에는 곧 분노의 소용돌이가 끓어올랐다. 잔학과 억압이 없다면 이 여인들이 이렇게 혐오스러울 정도로 추할 수 있겠는가? 여성의 외양을 한, 짐을 진 이 짐승들에게는 개선의 가능성이 없어 보였다. 그들은 변덕스러운 이교 신에 너무 강력하게 매인 노예 상태였기 때문에 도저히 아름다울 수가 없었다. 이 그리스도인 기사도를 가진 기사는 이교도들이 만들어 놓은 것에 거센 반발을 일으켜 그 원인을 때려 부수기로 마음먹었다. 물론 기도와 사랑과 신앙으로 말이다. 그에게는 예수의 종교야말로 아름다움의 창조자였다.

아펜젤러는 새롭고 신비로운 것들을 많이 보았는데, 나중에 그것들은 익숙해져서 평범한 것이 되었다. 한국은 오랫동안 큰 도시가 별로 없었는데, 그중 하나인 송도가 이들의 첫 방문지였다. 그 지역에서 그는 10-20제곱킬로미터에 달하는 인삼 경작지를 보았다. 인삼은 그늘 아래 90센티미터 높이 정도 되는 공간에서 자라며, 슬레이트가 쳐진 두둑한 땅에서 경작된다. 인삼은 땅 위에 나온 부분은 토마토와 흡사해 보이며, 땅에 묻힌 뿌리는 당근과 같이 생겼다. 시장에서는 잘 재배되어 반짝이는 하얀 뿌리는 동일한 무게의 은을 받고 팔리며, 쪄서 말린 홍삼은 동일한 무게의 금과 교환된다. 외국인들의 체질에는 이 뿌리의 즙액은 전혀 생기가 없어 보인다. 그러나 약국의 주요 상품으로 그것을 쉽게 구할 수 있는 한국인과 중국인은 인삼을 강장제로 여기며, 때로는 만병통치약으로 여기기까지 한다. 그것을 복용하면 확실히 한국인 환자들은 체온이 오른다. 이 식물의 이름은 인간의 모습을 하고 있다는 뜻을 지녔는데, 사실상 인간의 몸과 그다지 비슷하지 않은 이 인삼의 형태와 이름을 둘러싸고 무성한 전설이 만들어져 왔다. 그 뿌리가 증기 속에서 말라 줄어들게 되면, 그 쪼그라든

모습이 꼭 방금 화덕에서 나와 발가락과 손가락이 노끈처럼 변한 말라빠진 늙은이 같다. 희망적 비전을 갖기 전 단계에서 미국인들은 한때 유행마냥 가난한 한국과 부유한 중국에서 인삼을 재배해 한몫 잡겠다고 생각했다. 그러나 동장군(冬將軍)은 환영받지도 못하면서 너무 자주 이 땅을 방문해 이 꿈을 산산조각 내 버렸다. 더불어 일본의 독점가들이 한국의 곡식을 전부 사들여서, 값을 내릴 염려가 있는 잉여분은 태워 버림으로써 그 꿈을 완전히 깨뜨려 버렸다.

아펜젤러는 1592년, 1894년, 1904년 일본 군대가 평양으로 진격하던 길을 따라갔다.[2] 훗날 그가 한국의 역사를 잘 알게 된 후 북방 여행을 할 때는 땅의 경계표에 담긴 역사를 한층 명확히 읽을 수 있었으며, 풍경을 보면서도 과거 인간의 이야기를 들을 수 있었다. 그러나 첫 번째 여행에서 받은 강렬한 첫인상 또한 잊을 수 없었다.

전 왕조의 수도였던 송도는 그 폐허와 주택지와 희미하게 남은 조각된 돌을 통해 상상력을 불러일으켰다. 특히 찬탈자에게 충성을 거부했다는 이유로 5백 년 전에 살해당한 자랑스러운 애국자 정몽주의 '피'가 난간에 묻어 있는 돌다리[선죽교]가 인상적이었다. 새로 비를 맞을수록 그 붉은 자국은 더 뚜렷해진다. 그러면 신화를 무척 사랑하는 사람들은 그 '피'에 주의를 기울이는데, 이 때문에 비가 오는 날에는 그 전통의 진실성은 침범할 수 없는 것이 된다.

송도 사람들은 커다란 모자를 자랑한다. 이 모자는 짚으로 만들어졌는데, 전체는 원추형이고 가장자리는 부채꼴로 생겨서 마치 반쯤 펼쳐진 우산처럼 보인다. 아펜젤러는 이들이 서울 사람들을 시기한다는 것, 또 군주제를 사랑하는 프랑스인들이 공화국과 근대적인 것에 반대하고 왕족과 귀

---

2 1592년은 임진왜란, 1894년은 청일전쟁, 1904년은 러일전쟁을 말한다.

족에 대한 추억을 아끼는 것만큼이나 새 왕조를 반대하고 옛 왕조에 대한 편애를 아직도 고수하고 있다는 흥미로운 사실을 발견했다.

좀더 북쪽으로 가면 임진강 너머의 한 곳에 1592년 일본의 침입 때 왕이 서울로부터 몽진(蒙塵)한 것을 기록한 비(碑)가 서 있다. 그 비가 있는 곳에 자리잡았던 그 집의 주인은, 자기 집을 태워서 몽진하는 왕이 북쪽으로 가도록 환하게 불을 밝혔다. 거기에는 바위에 이끼가 붙듯이 아름다운 전설이 얽혀져 내려온다. 그 내용은 한 예언자가 "나라에 큰 재난이 닥칠 것을 예상하고" 불이 잘 붙을 수 있도록 미리 그 집에 기름을 칠해 놓았다는 것이다. 목적한 대로 불은 활활 타올랐고 왕은 무사히 몽진할 수 있었다.

4월 24일, 평양의 흰 성벽을 보게 된 아펜젤러의 첫인상은 무척 좋다는 것이었다. 본래 거기로 다가가는 길은 강둑의 무성한 숲 사이로 길게 나 있었다. 그러나 이 숲은 1894년 일본 군대가 야영용 땔감으로 사용하기 위해 다 베어 버렸다. "정사각형이나 다른 어떤 사각형의 형태"도 볼 수 없는 이 도시의 사람들은 그 도시 모양이 배처럼 생겼다는 미신을 믿고 있다. 그래서 이 도시 안에서는 절대로 우물을 파서는 안 되며, 만일 파는 날에는 유사(流砂)에 몸이 빠져들듯이 도시 전체가 침수한다고 한다. 이러한 생각은 네덜란드의 발(*val*), 즉 땅 전체가 침몰하는 현상을 연상케 한다. 한국의 다른 지역에서도 우물을 파서는 안 된다. 왜냐하면 이 나라는 용의 등을 타고 있는 형상이라서, 우물을 팔 경우 그 용의 등에 상처가 나 화난 용이 재앙을 가져온다는 것이다.

어떤 거리에는 처음 들어서자마자 이임한 지방 통치자나 감사를 기리는 송덕비(頌德碑)들이 늘어서 있었다. 외국인들이 지나가자 군중들이 모여들었으나, 두 외국인 손님을 호위하는 군인들에게 손바닥으로 맞고 목덜미를 잡히고, 밀어젖혀지고, 내동댕이쳐지고, 돌로 맞을 뿐이었다. 관아 문에서의 예절은 정교했으며 공자보다도 앞선 시기에 이 민족을 세운 이를 조상[3]으로 자랑하고 있는 이 도시에 어울리는 것이었다. 흰옷을 입은 감사는 성대한 환영식을 한 후 그의 사무실로 아펜젤러 일행을 안내했는데, 거기에는 먼 길을 걸어온 것처럼 보이는 신발을 신은 저명한 한국인들이 앉아 있었다. 대문과 내부 사이에 엄청난 거리가 있는 서울의 왕궁에도 이런 신발을 신는 것이 예절이 되어 있었다.

저녁에 그 감사의 집에서 식사를 할 때는 몇 가지 외국 물건을 볼 수 있었으며, 특히 미국 시계의 째깍거리는 소리는 마치 집에 온 것 같은 느낌을 주었다. 아펜젤러는 처음으로 한국식 식탁에 앉은 것이었다. 그는 주인의 의도가 훌륭하게 성공하여 자기가 무척 행복해졌음을 보이려고 최선을 다했다. 그러나 한국의 식탁에서 배추에 고춧가루와 양념을 넣은 김치를 한입 삼키려고 했을 때는 자신의 돌아가신 조상을 위해 슬퍼하는 듯한 표정을 짓지 않을 수 없었다. 내부에서는 열이 남에도 불구하고 눈물을 보이는 것만은 가까스로 막을 수 있었다. 독일식 김치(Sauerkraut)에다 고춧가루를 친 것 같은 이 한국의 중요한 음식은 폭발하는 화산 같은 맛이 나는데, 부주의한 외국인이 멋모르고 이 매운 음식을 한입 먹을 때는 원치 않는 눈물을 흘리는 경우도 종종 있다. 그러나 견과류와 양념, 여러 가지 과일 혹은 채소 재료를 넣어 비방(秘方)으로 만든 한국의 훌륭한 물김치는 외국인의 입맛에도 맞으며 인도의 처트니(Chutney)보다도 맛이 뛰어나다. 그 밖에 평양에서 먹은 다른 음식들은 김치처럼 맵지는 않았다.

많은 외부 인사들이 외국인을 보기 위해 들렀다. 한국에서는 감옥과 같은 여인의 방을 제외하고는 사생활이라는 것이 거의 없었다. 옛 일본에서처럼 외국인들은 계급, 연령, 성별을 불문하고 한국인들의 엿보는 눈을

---

3   여기서는 단군 혹은 기자를 말하는 듯하다.

피할 수 있는 안식처를 가질 수 없었다. 여관에서도 오래되어 너덜너덜하건 새로 바른 것이건 간에 모든 종이 벽에는 침을 바른 손가락으로 뚫은 구멍이 있었으며, 그 구멍 뒤에는 항상 엿보는 눈이 숨어 있었다. 마치 에스겔이 본 그룹들[4]처럼 벽은 온통 눈으로 가득했던 것이다. 이렇게 엿보는 눈들에 신경이 익숙해지는 데는 꽤 오랜 시간이 걸렸다. 공식적인 연회에서도 '바다 건너 온 사람'이 음식을 먹는 것을 보는 기회는 너무 희귀한 것이어서 그냥 지나치는 법이 없었다.

연회가 무르익어 가자 그 감사의 애기(愛妓) 세 명이 걸어 들어왔다. 한 명은 살이 조금 찐 편으로 예뻤는데, 18세쯤 되어 보이는 그 소녀는 담배를 피우고 있었다. 그 감사는 이 여인들이 자신의 개인적 소유물이라고 했다. 그것은 여느 가축 소유자나, 말이나 개를 소유한 미국의 농부가 말하는 투와 별로 다를 바가 없었다. 이교도의 한국 중에서도 평양은 기생을 포함한 이런 계급의 여인들이 많은 것으로 악명 높았다. 이 기생이라는 말은 일본의 게이샤(藝者)와 같은 것이다. 사실, 이들 욕정의 희생자들은 다른 지방에서 평양으로 보내진다. 이들은 특히 아버지가 죽어 고아가 되었거나 아버지가 빚을 진 죄로 벌을 받게 될 때, 어린 나이로 돈을 받고 팔린 것이다. 그러나 한국의 여인들이 교육받지 못하고 자기 생각을 갖지 못해 단지 복종하는 기계로만 존재하는 한 이러한 상태는 계속되리라고 아펜젤러는 생각했다. 기독교적인 교육이 조만간 반드시 한국의 이 '제도'를 없애야만 했다.

이 미국인 개척자가 1866년 제너럴 셔먼 호—언어를 배우겠다는 훌륭한 동기를 가지고 동행했던 스코틀랜드인 선교사[5]도 태우고 있던—에 타

---

4 에스겔 10:1-19.
5 로버트 토머스(Robert Jermain Thomas, 1840-1866) 선교사를 말하는데, 그는 스코틀랜드인이 아니고 웨일즈 출신이다.

고 있던 자신의 불행한 동포에 관해 물었을 때, 평양 사람들은 모두 입을 꽉 다물어 버렸다. 물론 아무도 그 사건에 대해 알지 못했으며, 그 일이 일어난 장소에 대해서도 묵묵부답이었다. 이 사건의 진상은 「선구자」에 나와 있다.

시냇가에는 어디서나 빨래하는 여인들이 줄을 잇고 있었다. 중국에 간 사신들이 돌아오는 날에는 도시가 아름답게 장식되었으며, 높은 장대에 깃발이 휘날렸다. 전신국에는 중국인 그리스도인이 한 사람 있었다. 또한 아펜젤러는 서울에서 가르치던 학생 하나를 거기서 만났는데, 그는 이 미국인 교사가 평양에서 당장 일을 시작하기를 원하고 있었다.

아펜젤러는 금과 석탄을 캐는 광산을 방문했다. 그는 논밭 사이에서 물이 가득 차 있는 구멍들을 발견했다. 그 땅을 소유한 사람들은 땅을 파서 얻은 금속과 광물을 땅 밑에 있는 모든 것의 소유자인 '왕'에게 팔았다. 훗날 주한 미국 공사인 알렌 박사가 정부로부터 채광 허가를 얻어 내, 거기서 수많은 값비싼 광물들을 으깨고 씻은 다음 아말감으로 거르거나 청산가리에 용해시키고 걸러서 가루나 금괴의 형태로 바다 건너 미국으로 보냈다. 그러면 이미 부유한 미국인들은 더욱 부유해지는 것이었다. 그러나 "자기 나라로부터 수탈되는" 이 부(富) 때문에 조선인들이 폭동을 일으켰다는 이야기는 들은 적이 없다. 한국 노동자들은 마치 하와이에 있는 것처럼 이상적인 상태에 있다고 주장되는데, 아마도 그들이 단지 '값싼 노동력'으로만 여겨지기 때문일 것이며 또 그들이 낮은 임금에 계속 만족하는 한 그런 상태는 지속될 것이다. 아펜젤러는 어떤 마을에서는 아이들이 놀려 대는 백치를 보았으며, 다른 마을에서는 한국의 '엄지손가락 톰'(Tom Thumb)[6]을 보았다.

---

6 영국 동화에 나오는 엄지손가락 크기만 한 주인공이다.

서울로 돌아오는 길에는 이렇다 할 사건은 없었지만 날카로운 관찰력을 가진 아펜젤러는 많은 것들을 보느라 바빴다. 한국 시골 생활의 목가적인 단순성이 아펜젤러에게는 성경의 비유를 그대로 보여 주는 것처럼 느껴졌다. 그곳의 관습은 매우 '동양적'이었으며, 이념보다는 관습에 의해 다스려지면서 오랫동안 안정되어 온 시골의 특징들을 보여 주었다. 밀을 탈곡하고 까불러서 곡간에 넣는 것, 찌꺼기를 불에 태우는 것, 신랑이 오는 것, 장례식에서 돈을 주고 곡(哭)꾼들을 사는 것 등을 보고 그는 많은 성경 구절을 떠올렸다. 점심 때 그는 들판의 한구석에서 남자들과 여자들이 점심을 먹는 것, 그리고 그 가까이에서 소가 여물을 먹으며 쉬는 것을 보았다.

5월 16일에 여행자들은 서울에 돌아왔다. 서울에서 몇 킬로미터 떨어진 북경로[7]에 그의 조선인 친구 일곱 명이 마중을 나와 있었으며, 그와 함께 집까지 갔다. 집에는 학교의 학생들이 모두 나와 문간에서 선생을 맞을 채비를 하고 있었다. 그들은 선생을 마중하러 북경로까지 나갔으나 너무 이른 시간이었기 때문에 다시 들어온 것이었다. 아펜젤러는 이들의 깊은 배려에 감동했다. 여행에서 돌아온 이에게 한국 학생들이 항상 하는 질문은 "안녕히 다녀오셨습니까?"였다.

25일 동안 집을 비우고 났더니 그의 어린 딸은 이 낯선 사람이 누구냐고 물었다. 딸은 푸른 플란넬 옷을 입은 검게 그을린 사내에게 의심을 품었으나, 그가 말하는 것을 듣고 아버지라는 것을 알았다. 그간에 온 우편물 중 뉴욕으로부터 온 명령이 있었는데, 거기에는 "계속 분발하라"고 적혀 있었다. 그리고 학교 건축을 위해 쓸 4천 달러가 동봉되어 있었다. 이것

---

[7] 지금 독립문 자리에 영은문(迎恩門)이 있었고, 그 옆에 모화관(慕華館)이 있었던 것을 감안한다면 이 부근인 듯하다.

은 "미국인들이 한국에 주는 선물"이었으며 이 왕국에 서양식으로 지어질 첫 학교 건물은 한국인들의 신뢰를 받을 것이었다. 아펜젤러는 교회가 이런 일을 할 수 있는 영광을 갖게 되기를 원했는데 이제 그 소망이 이루어진 것이다. 그는 하나님께 감사했으며 더욱 용기를 얻었다.

14
재미있고 유쾌한 가정생활

아펜젤러 부인은 장미에는 모두 가시가 있다는 사실을 알게 되었다. 영적 자긍심을 가진 그녀가 이웃집 창문이 종이로 된 데 반해 자기 집은 유리창과 무거운 창틀로 되어 있는 것에 은근히 자만할 때, 그 자만심은 검은딸기나무 위에 앉은 것처럼 상처를 입었다. 그녀는 반쯤은 바리새적인 마음으로 자기 운명이 다른 사람의 것과는 다르다고 생각하며 바느질을 하고 독서를 했으며 아이들이 생긴 이후로는 옷가지를 고치고 꿰매는 등 '여자의 일'을 해 나갔다.

그러나 곧 고독의 매력은 사라지고 자긍심도 빛을 잃었다. 지나다니는 모든 사람들에게, 그리고 '두드러지게 참신한 것'을 항상 눈여겨보고 있는 모든 사람에게 이 외국인, 특히 여자 외국인은 박물관의 못에 걸린 진귀한 동물과 같았다. 진품은 감정되어야 마땅하지 않을까? 곧 크게 벌어진 눈들이 창에 나타나기 시작했다. 넓은 모자의 챙을 유리창에 부딪치며 어른들이 주변을 배회했고, 아이들은 유리창에 코를 납작하게 박고 안을 들여다보곤 했다. 창턱에서 퍼덕거리는 심술궂은 까치조차 처음에는 눈을 미

혹하는 이 투명한 매체의 신비를 꿰뚫어보지 못했지만, 나중에 가서는 유리에 부리를 대 보는 것만으로는 만족하지 못했다. 그래서 이 '엿보기 좋아하는 까치'는 마치 불확실한 소문을 들었을 때의 답답함만큼이나 큰 답답함을 느낄 수밖에 없었다.

바느질, 독서, 가구 등에도 호기심이 집중되었지만, 사람들이 가장 호기심을 가진 것은 아기였다. 그런 상황에서 이 선교사의 부인이 정말 하고 싶었던 것이 무엇이었는지를 공개적으로 밝힐 수는 없을 것이다. 그렇게 한다고 해서 우리가 신뢰를 배반하는 것은 아닐 테지만 말이다. 그러나 이 지점에서 우리는 두 가지 사실을 말할 수 있을 것 같다. 우선, 신약에서 말하는 절제(temperance)가 자신의 기질(temper)을 조절한다는 것을 의미한다는 것과 연관해 부정적 차원이긴 하지만 실제로 행한 진실한 행동으로서, 선교사 부인은 뜨거운 물이건 찬물이건 엿보는 사람의 얼굴에 물을 끼얹지 **않았다**. 또한 그녀는 사도의 말씀대로 이 절제라는 덕에 인내를, 인내에 경건을, 경건에 형제 우애를, 형제 우애에 사랑을 더했다.[1] 그럼에도 불구하고, 아무리 자기를 보호하는 것이라 하더라도 항상 커튼을 쳐 놓는다는 것은 힘든 일이었다. 훗날 그녀는 이렇게 고백했다. "우리는 이 사람들을 좋아합니다. 어떤 일꾼들은 마치 오랜 친구 같아요." 많은 여인들이 집을 찾았는데, 그들은 거울을 볼 때 가장 큰 놀라움을 나타냈다. 그 집의 가장이 방문객들을 위해 오르간을 치고 노래를 할 때는 모든 일꾼들이 문간과 창문가에 모여서 그것을 들으며 즐거워했다.

하지만 사람이란 항상 성실하게만 자기 자리에서 버틸 수 있는 존재가 아니다. 하루는 존이라는 중국인이 지나가고 있었다. 그는 군함에서 일한 적이 있었으며 영어도 약간 할 줄 알았다. 여가가 남아도는 선원들로부

---

[1] 베드로후서 1:5-7 참조.

터 거친 대우를 받아 고생했음에도 불구하고 존은 외국인들을 무척 좋아해 웬만한 일은 기꺼이 하려고 했다. 그러나 그는 한국의 여인들에 대해서는 거의 알지 못했다. 그는 조금씩 앞으로 나아가 오르간에 깊은 절을 하더니, 권하지도 않았는데 태연히 선교사 부인의 개인용 흔들의자에 앉았다. 그 가정의 미국인 주권자의 왕좌에 앉은 셈이었다. 펜실베이니아인이 아무리 성자의 면모를 갖추고 있다 해도 이것은 외국인 주인 부부에게는 견디기 힘든 일이었다. 그러나 이것을 더 못 견딘 것은 아펜젤러에게 충성을 다하는 한국인들이었다. 공자의 나라에서 온 이 사람이 채 흔들의자에 몸을 앉히기도 전에, 그 물건의 소유자가 보는 앞에서, 돌연 아기 보는 할머니가 방으로 뛰어들었다. 그 모독적인 광경에 놀란 그녀는 뒤에서부터 흔들의자를 잡아 뺐고 덕분에 중국인 존은 바닥에 뒹굴고 말았다. 그리고 할머니는 그 신성한 가구를 당당하게 부부의 침실로 옮겨다 놓았다. 한 여인에 의해서 큰 중국이 작은 한국 앞에서 초라해지는 것을 보고 한국인 구경꾼들은 즐거워 웃음을 터뜨렸다. 그 이후로 이 유모는 모든 이웃들 사이에서 영웅이 되었다.

한국인들은 훌륭하게 아펜젤러를 도왔다. 처음에 아펜젤러는 자기의 고용인이 되기를 원하는 사람들 대부분이 제대로 끼니를 잇지 못하고 있는 상태라고 생각했다. 확실히 한국인들의 위는 켄터키의 매머드 굴을 연상시킬 만큼 용량이 컸다. 한국어에서 많은 관용구들에 '먹는다'라는 말이 들어갈 정도로 이 말이 두드러진 것을 보고 한국어를 배우는 학생인 아펜젤러는 놀랐다. 음식물의 공급이 적었으므로 뜨거운 것이건 찬 것이건 모든 음식은 잠가 두고 보관할 필요가 있었다. 물론 먹는 음식만 잠가서 보관하고 경계할 재산인 것은 아니었지만 말이다.

아펜젤러는 네 명의 하인을 두었다. 이 일을 가드에도 알리지 말라.[2] 자기 나라의 사회경제학밖에 모르는 어리석은 미국인들이 이 말을 들으면,

잘 알지도 못하면서 선교사들의 '사치'에 대해 떠들어 댈 것이기 때문이다. 그는 우선 나가사키에서 일본인 요리사를 불러왔다. 두 번째 하인은 나이가 40세나 되었음에도 불구하고 무슨 일이든 잘했기 때문에 '사환'(the boy)으로 분류되었다. 세 번째는 중요한 사람으로 아기를 돌보는 늙은 여인 '유모'였다. 마지막으로 문지기가 있었는데, 그는 청소도 하면서 다른 일도 도왔다. 고용인들은 한 달에 한 번씩 봉급을 받았으며 식사는 자기 힘으로 해결했다. 이 네 사람 모두에게 드는 돈은 미국 도시의 일급 하인 한 사람에게 드는 돈보다 적었던 것이다!

그러나 사환은 은혜와 호의로부터 떨어져 나가고 말았다. 세상 어디를 가나 가정에서 일어나는 범죄의 역사에는 잼(jam)과 젊은이가 연관되어 있듯이, 이 나이 든 하인은 미국인의 잼을 탐냄으로써 예절과 명령을 어겼다. 이것이 발견되어 해고당하자 그는 다시 받아 줄 것을 간청했으며 결국 용서를 받았다. 그 이후 그는 충실히 일했다. 회개한 사환은 마치 연인처럼 선교사 부부에게 헌신적이었다. 말썽을 피우는 장난꾸러기들을 쫓아내고 충성을 다함으로써 그는 하나의 귀감이 되었다.

그는 외국인들을 위해 일하는 것을 좋아했다. 외국인들 사이에서는 신분 관념이 줄어들고 인간애를 강하게 느낄 수 있었기 때문이다. 그는 그들 누구에게나, 심지어 아기에게까지 기꺼이 경칭을 붙였다. 그러나 소유주에게 무언가를 보고할 때, 엽전 꾸러미처럼 길게 흥분된 말을 늘어놓는 것이 흠이었다.

선교부의 감리사로서,[3] 15년 동안이나 맡아 온 선교부의 회계로서, 그리고 집과 학교와 교회의 건축자로서 동시에 일한다는 것은 상세한 부분에

---

2 사무엘하 1:20.
3 아펜젤러는 일본에서 한국으로 들어오기 전에 미 북감리회의 파울러 감독으로부터(1885년 2월 23일자 편지) 이 직책을 임명받았고, 이때 스크랜턴이 회계로 임명받았다.

대한 계산 능력과 경제학 공부를 포함한 끊임없는 노력을 요구했다. 때문에 설교자이자 번역가인 아펜젤러는 동시에 학생이 되어야만 했다. 아펜젤러의 일상 활동은 한국말을 습득함으로써 가능한 한 빨리 설교자의 자질을 갖춘다는 목표를 중심으로 짜여졌다. "인생은 짧고 예술은 길다"는 것, 그리고 설교를 하고 성경을 번역하는 능력을 갖추는 데는 빠른 속도보다 완전성이 중요하다는 사실의 의미를 그만큼 잘 아는 사람은 없었다. 그는 한국어 공부에 하루 다섯 시간을 투여할 계획을 세웠으나, 뜻대로 되지 않았다. "당신은 너무 바빠서 공부를 거의 못 하는군요"라고 그의 한국인 교사는 불평했다. 그러나 잘 짜인 이야기를 완전히 읽어본 날도 많았다. 그는 아침 6시에 공부를 시작했다. 그리고 7시 30분부터 8시 사이에 아침을 먹었다. 그다음에는 유모가 모든 책과 의자를 미리 준비해 놓은 곳에서 찬송을 부르며 가족 예배를 보았다. 이후 한 시간은 운동 시간이었다. 그 다음에는 한국어 교사와 함께 펜과 종이를 가지고 9시부터 12시까지 한국어를 쓰고, 발음해 보고, 말했다. 그래서 이 '벼루의 두 동료'는 점심 식사 종이 울릴 때까지 몹시 바빴다. 오후 시간은 집 밖에서 이루어지는 여러 가지 일로 채워졌다. 저녁은 독서와 기록으로 보냈다. 아펜젤러에게 책은 말없는 귀한 친구였으며, 아내와 아기 다음으로 서재를 높이 평가할 정도였다. 그가 읽은 책의 목록은 그가 세계의 사상과 진보에 뒤처지지 않았음을 보여 준다.

    대학과 신학교에서의 철저하고 성실했던 공부는 그의 인생의 바로 이 지점에서 계속되는 연구 습관으로 나타났으며, 크룩스 박사 밑에서 훈련받은 대로 그것은 중단 없는 작업으로 변형되었다. 그의 동료 번역가들이 증언한 대로, 그는 이제 노력을 훨씬 능가하는 능력을 보여 주고 있었다. 내가 이 글을 쓰고 있는 동안 도착한 랭커스터의 그의 옛 은사가 보내 준 편지에는 이렇게 적혀 있다. "많은 학생과 교수들 가운데서 그는 언어 습득에 뛰어난 능력을 가진 것으로 알려져 있습니다. 실제로 그는 여러 나라 말을 유창하게 구사했습니다." 학교 시절의 공부 후에도 계속 공부를 해 나가며 제자가 되는 과정을 밟은 선교사들은 거의 모두 언어학자이자 교사로 알려져 있다.

아펜젤러는 특별한 날과 절기를 사랑하는 사람이었다. 그는 시간을 초월해 있으면서 교회의 절기를 통해 자신을 드러내는 분께 인간의 시간을 바치는 것을 사랑했다. 하지만 아펜젤러는 로마의 의식이나 기도서에 나오는 사람들을 선망하기보다, 항상 복음서 이야기와 사도의 기록과 기독교 역사에 언급된 큰 사건들, 특히 우리 주의 탄생과 부활과 승천, 주의 나라의 승리 등을 가족과 교회와 함께 기념했다. 애국자인 동시에 그리스도인이었던 아펜젤러는 미국의 역사에서 하나님의 손길이 두드러지게 나타났다는 진리를 기억하기 위해 특별히 제정된 찬양과 감사의 날들을 지켰다. 그는 그러한 날의 예배가 조화와 통일성을 갖추도록 하기 위해 그날에 알맞은 성구를 뽑아 읽고 찬송을 부르고 기도를 드리는 데 세심한 주의를 기울였다.

아펜젤러는 아이들의 친구로서 항상 그들을 영접하고 함께 즐거워했다. 크리스마스, 미국 독립기념일, 공휴일, 소풍 가는 날, 혹은 놀이나 오락을 준비한 특별한 날에는 그 역시 다시 소년이 되어 아이들과 함께 그 시간을 누렸다. 한 가정에 새로운 아이의 무덤이 만들어져 땅과 부모의 가슴에 상처를 남길 때, 아펜젤러는 그 슬픔을 치유하려 애쓰며 또 진실한 동정심으로 그들의 무거운 짐을 덜어 주려고 애쓰는 사람이었다.

설교단에 설 때와 같이 공식적인 경우에 그는 항상 의복과 예절과 의식에서 위엄을 갖추었으며, 자신이 관련을 맺고 있는 모든 것에 하나의 통일성을 부여하려고 했다. 모든 대화에서도 예의범절을 지키는 것이 그에게는 하나의 규칙이었다. 그에게는 눈같이 흰 양과 온전하여 흠이 없는 깨끗한 암송아지를 필요로 하던 레위 지파의 제사의 정신이 있었다. 그는 이러한 필요조건들을 알면서도 행하지 않을 바에는 차라리 하나님의 제단에 하나님이 명하시지 않은 다른 불을 분향하는 것[4]이 낫다고 생각했다. 이러한 필요조건들은 성경과 그의 양심이 다 함께 그에게 여호와의 얼굴 앞에서 갖추기를 요구하는 것들이었다.

몇몇 지혜로운 선교사들은, 특히 모국에서 휴가를 보내는 동안에는 두 종류의 사진을 간직한다고 한다. 하나는 그의 외국 생활 중 실용적인 측면이나 복음 전도자로서의 모습을 담은 것으로, 이것은 다른 사람들의 궁금증을 풀어 주는 역할을 한다. 그러나 그들은 신뢰하는 친구들에게만 보여 주는 개인적인 사진들 또한 간직하고 있다. 그 사진들은 정원에서의 파티라든가 소풍이라든가 인간이 마땅히 누릴 법한 사소한 즐거움을 누리는 모습들을 찍은 것이다. 선교사의 이상형은 삭발을 하고 처자가 없는 독신이며, 십자가와 묵주를 쥔 중세의 은자 같은 모습을 한 사람이라는 생각이 아직도 없어지지 않고 있다. 말초적인 것을 자극하는 일요신문에 '특집기사'를 보내는 사람들은 말할 것도 없고, 자기 여행기를 한정된 부수로 자비 출판할 수 있는 사람들이나 세계 여행가, 또는 제임스 쿡(James Cook)[5]과 같은 여행가들이 쓴 책들은 적지 않게 개신교인들의 가정과 안락을 비방하고 있으며, 심지어는 배은망덕하게도 그들을 영접했던 주인들을 난도질하고 그들이 받은 환대를 희화하는 경우도 많다.

경험을 통해 깨달은 사람은, 그리스도인 가정이 실물 교육으로서 얼마나 도움이 되는지, 그리고 선교사가 은자도 수도사도 독신자도 아니며 오히려 문명을 옹호하고 가정을 꾸려 나가는 사람으로 있는 것이 얼마나 중

---

4 레위기 10:1. 아론의 아들들인 나답과 아비후가 한 행동으로, 이 행동 때문에 그 둘은 바로 즉사했다. 저자는 차라리 하나님께 죽임을 당하는 게 낫다는 의미로 쓰고 있다.
5 오스트레일리아를 탐험한 영국의 항해가다.

요한지를 안다. 제정신이 아니거나 영혼이 파산해 버린 사람, 거의 절반만 그리스도인으로 살아가는 사람, 일상생활이 주변 이교도의 생활과 비슷해져 버린 사람들의 수치와, 늘 깨어 있고 은퇴 전까지 강한 영향력을 유지하는 사람들의 수치를 비교해 보면, 가톨릭적 선교 활동이 무자비한 심판을 받아 마땅하며 반면 개신교의 선교 활동이 큰 성과가 있었다는 결론이 나올 것이다. 따라서 개신교의 선교 활동이 불교나 로마가톨릭의 방식을 따르지 않은 것은 아주 타당한 일이다. 나는 개인적으로 선교 문제에 관한 서적 가운데 과학적 정확성과 공정한 재판관 같은 태도로 이 두 대조적인 선교 일꾼들에 대해 논하는 책이 나와 주었으면 하는 바람이 있다. 성급한 판단이나 얄팍한 감정으로 가득 찬, 미사여구만 늘어놓은 책은 가치가 없기 때문이다.

　로마가톨릭과 그리스 정교의 선교사들은 낡은 국가들의 이교주의를 바꾸는 데 거의 아무런 역할을 하지 못한다. 그것은 인간 개인의 죄는 거의 강조하지 않고 교회의 의식과 관습에 대한 공격만 강조했기 때문에 사회 대중 속에 누룩을 심지 못한다. 그것은 전통적 사고에 대한 검토나 도전을 금지하며, 기존의 교리와 로마나 모스크바에서 보내는 교의를 받아들여 복종할 것을 강요한다. 가톨릭은 교의를 정의하는 데는 많은 시간을 허비하면서, 성경을 전파하는 데는 시간을 아꼈다. 반면 개신교는 하나님의 말씀을 사람들의 언어 속에 집어넣어 개인이 그 말씀을 연구할 것을 주장한다. 그것은 양심을 불러일으키고, 사고를 환기시키며, 관습으로 굳어져 버린 뿌리 깊은 불법에 도전하는 것이다. 전반적으로 개신교는 문명을 재창조한다. 라틴 기독교[천주교]가 들어온 지 수세기가 지났음에도 모든 아시아 지역, 특히 중국과 한국은 거의 변한 것이 없다는 점을 생각해 볼 수 있다. 반면 개신교가 들어간 지 몇 세대가 지나면 복음화된 나라는 습관과 마음이 변화되어 간다. 새로운 복음의 메시지는 가정을 혁명적으로 변화시키고, 민족의 문학과 예술을 재창조하여 결국 새로운 국가를 창조해 내는 것이다. 개신교 선교사들이 없었더라면 새로운 일본도, 문명화된 한국도, 근대화된 중국도 존재할 수 없었을 것이다.

비계 위에서 바삐 일하는 노동자는 멀리서 바라보는 구경꾼처럼 건물이 지어져 올라가는 것을 볼 수 없다. 긴 안목에서 보자면, 한국 기독교의 토굴 속에 숨어서 일한 이 수년간이 훗날 웅장하게 드러난 결과만큼이나 중요했다는 것은 명백하다. 그러나 그때는 아직 반석이 놓이지 못했고, 다만 기초를 파고 있을 뿐이었다. 아펜젤러는 "한국에서 내 사랑하는 교회의 초석을 놓는 데 내 평생을 기꺼이 바치겠다"고 적고 있다. "아직 건물을 바라보지 말라. 실망할 것이기 때문이다. 다만 그 건물을 위해 기도하라. 그러면 감리교가 고요한 아침의 나라에서 꽃피게 될 것이다. 내가 가지고 있는 야망이란 이 나라 전체에서 그리스도를 전파하는 것이다.…그것을 위한 내 복무 기간은 최소한 1910년까지 이어질 것이다. 아니, 25년이 걸릴 수도 있다. 주여, 그 기간 동안에 내가 이 한국인들 사이에서 오직 예수 그리스도와 십자가만 알도록 도와주소서. 나는 이곳에서 하나의 메시지를 전하라고 주께서 나를 보내신 것임을 믿는다. 그것은 생명의 메시지이며, 나는 그것을 충실하게 전파하기를 원한다.…영혼을 구원하는 것, 이것이 우리가 해야 할 유일하고 위대한 일이다.…그것은 참으로 영광된 일이 아니겠는가?…악마는 자신이 세워 놓은 조상숭배, '관습', 방탕 등으로 열심히 우리를 침범하나, 우리는 그를 공격하는 것을 두려워하지 않을 것이다. 우리가 누구의 이름으로 일을 하고 있는지 알기 때문이다. 우리는 우리의 영광된 복음의 능력을 알고 있다." 하나님의 섭리에 따라 마침내 아펜젤러는 북쪽의 호랑이 사냥꾼들에게 그리고 남쪽의 농사꾼들에게 그들의 말로 복음을 설교할 수 있게 되었다.

이 사도(원뜻은 본래 '선교사'라는 뜻 그 이상도 이하도 아니었던) 아펜젤러의 담대함은 "눈먼 사람이 뱀을 두려워하지 않는 것"과는 달랐다. 마치 동강 바닥 밑의 터널에서 일하는 것처럼 열심히 일할 때도 그는 늘 눈을 뜨고 있었다. "그는 멀리 있는 승리를 붙잡고 있었던 것이다."

그는 이렇게 쓰고 있다. "한국에 [기독교 신앙의] 기초가 없고, 오히려 가톨릭으로 대표되는 기독교에 대한 불신만이 있다는 것은 고통스러운 일이다. 우리는 우상숭배와 미신과 관습과 같은 쓰레기들을 제거해 버리지 않으면 안 된다. 우리는 놀리고 있는 땅을 갈아야만 한다. 또한 좋은 열매를 보기 원한다면, 더욱 깊이 갈아야 한다."

한국인의 집을 개조해 만든 자신의 집이 완성되는 것을 마침내 보게 되었을 때, 그는 자신의 한계와 장차 닥칠 위험을 인정하면서 이렇게 쓰고 있다. "여기 있는 모든 것들은 새로워졌다. 여기에는 어떤 표석도 없다. 나는 다른 사람들의 유익을 위해 우리가 더듬거리며 앞으로 나아가야 한다고 생각한다. 좋은 집을 지으려면 집 하나를 부수어야 한다는 이야기를 들은 적이 있다. 만일 사실이 그렇다면, 그렇게 할 준비가 되어 있다. 우리 집이 이제 거의 완성되었기 때문이다."

스크랜턴 박사는 목격자의 시각에서 그의 동료를 이렇게 묘사하고 있다. "자기에게 닥치는 일을 거절하지도 않고 자기 몸을 아끼지도 않는다는 것은 그에게는 하나의 원칙이었다.…설교 다음으로는 교육이 그가 가장 귀하게 여기는 문제였다. 그는 배재학당에서 대학의 모습까지 내다보고 있었으며,[6] 그의 가르침을 받으러 오는 모든 학생들에게서 장래의 국가 고문, 한국을 혁신할 인재, 의의 왕국을 건설할 힘들을 볼 수 있었다. 그는 그들을 강제하는 것을 원치 않았다. 때때로 탈선과 어려움이 있다 하더라도, 그들 안에는 그들을 진리로 이끌고 건강한 발전을 꾀하게 해주는 정신

---

6   1898년 연회록 참조.

이 역사하고 있다고 믿었기 때문이다."

　이제부터는 이 성공적인 선교사의 습관과 개인적 능력의 비결, 그리스도인 가정의 영향력 등을 보여 주는 그의 인생의 한층 세세한 사항들을 들여다보고자 한다.

15
복음이라는 보석을 바라보며

　　　　　　　　　　　　　노비, 점쟁이, 무당, 여관 주인 등을 포함하는 구(舊)한국의 대중적인 여성들 가운데도 가장 우두머리는 기생이다. 기생은 노래를 부르거나 춤을 추는 재능 있는 여인이다. 기생(妓生)과 일본의 게이샤는 한자로는 같은 글자다. 연회석상에서 남자를 즐겁게 하고 남자에게 봉사한다는 기능도 일본의 게이샤와 같으며, 도덕적 성격에 있어 아슬아슬한 균형을 유지하고 있다는 점도 그러하다. 그녀는 방탕한 남성의 희생물, 노예, 노리개, 장난거리가 되며 대개 몸을 파는 경우가 많다. 그러나 그녀는 항상 서양의 연회장에서 춤을 추는 무희보다 더 아름답게 꾸미고 있다. 한마디로 그녀는 자신의 자유를 갖지 못하며, 어린 시절에 타의로 운명이 결정되므로, 그녀들을 갈가리 찢어 도덕적·사회적 쓰레기로 만들어 버리는 저주받은 사회체제와 그 뚜쟁이가 먼저 심판을 받아야 한다.

　춤은 빠르고 활동적인 움직임이나 율동보다는 몸짓과 상징으로 이루어진다. 개척 선교사들이 순회 설교를 하다가 관리의 접대를 받게 될 때는 대부분 기생이나 무희들에 의한 오락이 준비되었는데 정중하게 거절함에도 불구하고 굳이 강권하곤 했다.

평양을 다녀온 후에도 아펜젤러는 여러 번 말을 타고 여행했다. 그는 진실한 순회 선교 탐험가로서 기독교를 이 땅에 전파하기 위한 계획을 상세히 짰던 것이다. 그의 목적은 하나님의 복음을 한국 13도 각지에 그들의 언어로 전하는 것이었다. 여러 여행가들이 쓴 책에 등장하는 '존스 형제'[1]는 아펜젤러가 "한국 선교를 건설하는 실제 작업에서 가장 중요한 위치를 점하고 있는 것"을 목격했으며, 1889년 8월에 실제로 그와 함께 서울을 떠나 남쪽으로 부산을 향해 산을 넘어 여행하기도 했다. 요즘은 미국식 모델을 따라 건설된 훌륭한 철도 덕택에, 여덟 시간이면 부산까지 갈 수 있지만, 이들은 말을 타고 갔기 때문에 16일이 걸렸다. 그들은 '마음의 양식'인 책 외에도 페리 제독이 여행자들에게 권한 대로 간이침대와 침구와 갈아입을 옷을 짐말에 싣고 갔다. 이전에 조선 여관에서 묵어 본 경험이 있는 그들은, 이번에는 벌레가 많은 바닥에서 떨어져 잘 수 있는 침낭을 가져갔다. 호조(passports)를 지참하고 호위군인 한 사람의 도움을 받아 편하게 여행할 수 있었다. 이 나라에서의 안락과 취미의 사회적 수준은 평균적인 미국인의 그것과 비교할 때 네덜란드의 높은 제방과 간조 사이만큼이나 큰 차이가 있었다.

가정과 기독교의 따뜻한 손길을 모두 서울에 두고 온 그들은 계속 동쪽으로 달렸다. 그리고 한국의 곡창 지대인 충청도—달레[2]의 책에 '내포'라고 한 곳—를 거치게 되었는데, "계곡과 평야가 그 위에 자란 거대한 곡식의 무게 때문에 휘어져 있는 것처럼 보였다." 점심 때는 깡통에 든 닭고

---

1 북감리회 선교사로 초기에 왔던 조지 존스(George Heber Jones, 趙元時)를 가리킨다.
2 프랑스의 파리외방선교회 선교사였다.

기와 밥을 배불리 먹었다. 그들이 그렇게 식사를 할 때면, 이 이상한 동물들이 먹이를 먹는 것을 보기 위해 사람들이 모여들었다. 대학 시절의 '반 암버러'(Van Amburgh)나 지금도 동물원 쇼를 진행하는 하겐바흐도, 이상한 광경을 보려고 입을 벌리고 모여든 소년의 무리를 이 두 미국인보다 더 많이 끌어 모으지는 못했을 것이다. 밤에는, 물신(物神)이 걸려 있는 여관의 서까래나 바닥이나 틈서리에 숨어 있다가 몰려드는 무서운 식욕을 가진 벌레 떼들보다는 맑은 공기 속의 풀밭에 놓인 간이침대와 별이 박힌 천장이 잠자리로서는 더 좋았다.

하지만 날씨가 나빠 "진흙 벽, 진흙 바닥, 진흙 천장으로 된 여관 방, 그 180센티미터가 넘는 아펜젤러가 똑바로 설 수도 없는 좁은 공간"에 들어가야 할 때는 환경에 굴복할 수밖에 없었다. "진흙 냄새가 우리의 코를 채워 잠을 이루지 못할 때는 밤새도록 이야기를 나누었다. 미국과 우리의 친구들에 대해서, 커다란 교회와 우리의 지도자들에 대해서, 그리고 한국에 대해서 이야기를 나누었는데, 결국에는 항상 한국이 화제의 중심이 되었다. 그 당시 우리가 보았던 한국은 비기독교적이었으며, 절망적으로 보였고 수세기에 걸친 잠에서 아직도 깨어나지 못한 것처럼 보였다. 그리고 우리는 우리가 아직 보지 못한 새로운 한국에 대해 과감하게 이야기를 나누었다. 예수 그리스도의 복음이라는 무한한 가치의 보석을 소유한 한국에 대해.…그 옛 시절은 다가올 영광을 꿈꾸는 위대한 시기였다."

충청도의 동쪽 경계에 가까워질수록 산의 고도가 점점 높아져서 새로운 산이 언제나 앞산보다 높이 솟아 있었다. 어떤 마을에서는 사람들로부터 냉대를 받았다. 그들은 정부의 후원으로 여행하는 이 외국인들이 한국인 귀족들이 흔히 그러는 것처럼 돈도 내지 않고 여러 가지를 요구할까 봐 두려웠던 것이다. 그러나 그날 밤 안에 다음 마을까지 가기에는 다섯 가지 어려움이 있었다. 바로 어둠과 늦은 시각, 허기, 피곤함, 졸음이었다. 그들은 마구간에서 사람과 말 사이에 짚으로 된 장막 하나만 치고 간이침대를 놓고는 짧은 휴식을 취했다.

원주시는 처음 보았을 때 마치 선물을 가득히 든 거인의 손에 있는 보석처럼 보였다. 원주는 바위산을 장막처럼 친 원형 극장 안에 자리잡고 늦은 오후의 그늘 속에서 붉게 물들어 가고 있었다. 커다란 문이 시내 중심으로 들어가는 입구를 막고 서 있었는데, 두 사람은 그 길을 따라 감영(監營)으로 향했다. 마치 벌통에서 나온 것처럼 사람들은 집에서 나와 웅성거렸다. 이방인들을 보려는 호기심에 이끌려 붕붕거리며 흥분하고 있던 사람들은 문을 지키는 군인들에 의해 저지당했다. 서울에서 국왕이 외국인 교사들에게 매우 관대한 호의를 베푸는 것을 보았던 치안 판사[사또]는 정중하게 이들을 맞아들여 커다란 별관을 숙소로 정해 주었다. 이 미국인들은 처음에 사적 공간을 갖게 되어 매우 기뻐했지만, 시간이 점점 흐르자 아까 군중들을 저지했던 호위병의 친한 친구들이 하나둘 몰려들기 시작했다. 그 허기진 미국인들이 식사를 기다리며 간간이 세어 본 사람들의 수는 셋, 열, 서른, 백, 삼백으로 시시각각 불어나 아주 무질서한 소란이 일어나게 되었다. 그들은 이 수많은 눈들 앞에서 식사를 해야만 했다. 시간이 흘러 잘 시간이 가까워 오자 사람들은 더욱 불어났다. 외국인이 잠자는 모습을 보는 것만큼 재미있는 일이 이제껏 원주에는 없었으며, 그 때문에 군중들은 그들이 어떻게 잠을 자는지를 직접 확인하고 싶은 것 같았다. 미국인들은 마치 철인(哲人)처럼 갑자기 고독이 너무 가치 있어 보였다. 더 많은 호위병을 차출해 명령을 내리고, 감사가 순검(巡檢)을 더 파견해 말하고 타이르고 호령을 했지만 아무 소용이 없었다. 결국 감사의 부하들이 각 구경꾼들의 목덜미를 잡고 문 밖으로 내동댕이칠 수밖에 없었다.

"다음 날은 주일이었다. 그러나 원주에는 한국인 그리스도인이 한 명도 없었기 때문에 나와 아펜젤러는 둘이서 아름답고 매우 성스러운 예배를 드렸다"라고 존스는 쓰고 있다. 또 그는 이렇게 덧붙이고 있다. "한국인들은 항상 상냥하다. 비록 그들의 호기심이 강해질 때는 예외지만, 곧 그들은 회복하여 관대하고 친절한 접대 기술을 익혀 우리에게 처음에 불편을 끼쳤던 요소를 완전히 고쳤다."

감사와 접견을 하면서 이 두 명으로 이루어진 '사도위원회'는 자신들의 목적을 충분히 설명함으로써 "영원히 백성과 함께 사는 새로운 생명의 전파자"들을 위한 길이 뚫리게 되었다.

오늘날의 충청도는 그리스도인들의 고향이며, 복음과 교육 활동의 중심지이기도 하다.

굴곡이 심한 한국 여행 기간 속에서도 아펜젤러는 가능한 한 재미있는 요소를 찾아내 그것을 즐기곤 했다. 시골 사람들의 주식인 옥수수 죽을 먹는 동안에도 그는 농담을 하고 싶어 했다. 그러나 그 죽이 지진을 일으키는 것같이 부글부글 끓고 뜨거웠으므로 그것을 삼키는 동안에는 웃을 수가 없었다. 아무리 반복해서 삼키는 연습을 해도 그것에 완전히 익숙해지지는 못했다. 존스는 이 끓인 죽은 마치 반창고 같아서 삼키기가 어렵다고 말했다. 아펜젤러가 그것을 삼킬 수 있게 된 것은 "평화로울 때 전쟁을 준비하라"는 워싱턴의 격언 덕택이었다. 그것은 불충분한 식사를 하고 몇 시간 동안 추운 골짜기를 따라 산을 올라가, 거기서 뜨거운 감자를 먹는다는 뜻이었다. 강철 같은 의지의 도움을 받아, 거리가 다소 멀지만 서로 간의 동질성을 발견하도록 상상력을 발동시킨 후에야 그는 그 찜질약 같은 것을 삼킬 수 있었다. 그러나 이러한 지성과 상상력의 도움에도 불구하고 그 미국인의 입과 위는 탈이 나고 말았다.

북쪽에서뿐만 아니라 남쪽에서도 때때로 그는 여관의 주인이 여자—타타르인이 아닌 한국인—라는 사실을 발견했다. 모든 남자와 여자들, 아이들과 짐승들, 심지어는 생물이 아닌 여관이라는 장소 그 자체까지도 요셉의 꿈에 나타난 열한 개의 단처럼 그녀에게 절하는 것 같았다. 그녀의 목소리는 기름숫돌에 갈 필요도 없이 부드러웠다. 하지만 독신자였던 워싱턴 어빈(Washington Irving)의 말대로, 그녀의 "목소리는 쓸수록 점점 날카로워지는 유일한 칼날"이었다. 아펜젤러는 이렇게 적고 있다. "그녀는, 오는 손님에게는 멀고 긴 여행에서 돌아온 가족에게 하듯이 인사했다. 그러나 가는 손님에게는 그저 평범한 사람에게 하듯 했다."

한국의 여관에서는, 혹시나 그 방에 천연두 환자가 하루 혹은 일주일쯤 머물지 않았나 하는 의심 때문에 괴로운 것은 둘째 치고라도, 사람의 살을 뚫고 피를 빨아들일 수 있는 연장을 갖춘 무는 벌레, 침으로 찌르는 벌레, 빠는 벌레, 노래하는 벌레들이 잠을 설치게 만들어 너무나 성가셨다. 때로는 거의 인간 같고 심지어 악마 같기도 한 그들의 재주에 시달리고 나면, "존재하는 것은 모두 정당하다"고 가르치는 신학보다도, 생존경쟁과 적자생존에 대한 다윈 이론이 더 마음에 들 정도였다. 제물포에서 벼룩이 그의 한 아이에게서 피를 빨아먹고 상처를 남긴 지 12개월이 지난 후에도, "작년에 제물포에서 벼룩에 물렸던 자국이 아직도 남아 있다"고 선교사 부인은 쓰고 있다. 수입된 곤충학에 의한, 때때로 아이들에게서 발견되는 다른 실제적인 사례연구는 여기서 다룰 필요가 없을 것이다.

비누와 살충제 같은 근대적인 필수품들이 수반되지 않는다면, 비록 한국이라 할지라도, 기독교는 그곳에서 노력하며 기다리고 고통받으면서도 강인하게 견디는 사람들을 실망시킬 뿐 아니라, "수천 명의 교회 다니는 사람들을 보았지만 그리스도인은 하나도 없었다"고 주장한 어느 여행자 교수의 말처럼 근거 없는 일반화가 만연하게 될 것이다. 지금 말하고 있는 모든 것이 옛 기억이나 꿈에 불과하다면 좋겠지만, 어쨌든 진실한 기독교와 벌레가 우글거리는 더러움은 결코 공존할 수 없다. 그렇기 때문에 누군가가 그곳으로 가야만 하는 것이다.

16
문자의 독점

　　　　　　　　　　　　　　　인류는 공상가들을 앞세운 영원한 행진 속에서, 항상 모든 완전한 것들이 실현되고 인생의 비참함이 종식된 유토피아를 발견하려고 한다. 플라톤에서 해링턴(Harrington)에 이르기까지, 17세기 델라웨어 만에 살았던 '근대 사회주의의 아버지'인 플로코이(Plockhoy)로부터 그 꿈을 밀워키와 스키넥터디에서 현실화하려고 했던 최초의 사람들에 이르기까지, 그 실험은 불멸의 희망을 가지고 시도되고 있다. 대체로 유토피아가 시간적, 공간적으로 멀어질수록, 그 환상은 우리가 움직이면 함께 도망가 버리는 무지개 밑 황금 항아리처럼 더욱 아름답게 채색된다. 그래서 중세의 불교도들은 그들의 정토복지(淨土福地)를 접근할 수도 없는 티베트에 위치시켰으며, 스페인 사람들은 그림자를 좇아 지도에도 나와 있지 않은 미시시피 주와 미주리 주 지방의 계곡을 헤매고 다녔다.

　18세기에는 이신론자와 회의론자 및 여타 계시의 적들이 중국을 그들 논쟁의 무기로 삼았다. 역사적인 기독교의 입장을 견지하고 있는 사람들을 논박하기 위해 그들은 중국인들을 학문하는 민족으로 그려 냈던 것이다. 그들의 의도는 유럽 문명이 성경에 근거하지 않았다는 것을 나타내려는 것이었다. 그들은 이렇게 외쳤다. "예수와 이사야의 이름을 들어 보지도 못했지만 우리보다도 더 학식 있는 민족을 보라."

그러나 중국인의 10퍼센트밖에는 책을 읽지 못하고 그보다 훨씬 높은 비율의 사람들이 문자를 조금 아는 정도에 그친다는 사실이 드러났을 때, 중국에 대한 이 환상적인 그림은 사라지고 이에 따라서 전체 논리가 세워졌던 근거도 깨어진 도자기처럼 조각나 버리고 말았다. 젊음의 샘물, 시볼라의 일곱 도시,[1] 안틸레스,[2] 엘도라도,[3] 황금 옷을 입은 사람 등이 있다고 전해진 황금의 미 대륙을 향했던 스페인 사람들의 꿈에 대해서도, 통계표와 지리학 보고서가 정기적으로 출판되며 반들리어 교수가 살고 있는 그 대륙에 살며 실제 모습을 알고 있는 우리는 그 꿈이 얼마나 허황된 것이었는지를 안다.

이와 마찬가지로 로켓처럼 빨리 서울을 여행하고서는 서울의 흰옷을 입은 수천 명의 '식자'(識者)만 보고서 성급한 결론을 내려 자국 신문에 과장된 찬사와 그릇된 인상을 폭탄처럼 퍼부어 버린 사람들도 있었다. 이들은 그 독자들에게는 불꽃놀이나 2분간 빛나는 휘황한 초록별처럼 총명하고 영원해 보일지 모르지만, 실은 먼지나 장난감 로켓처럼 기만적인 것으로 해를 끼치고 있는 것이다. 사실상 수도에는 식객 혹은 '문객'(門客)을 포함한 수천수만 명의 '식자들'이 있기는 하다. 그러나 그들은 누구이며, 무엇

---

1 북미에 있다고 알려진 부와 황금의 도시로, 16세기 스페인 항해가들이 이 도시를 찾으러 모험했다.
2 바하마를 제외한 서인도 제도의 명칭. 콜럼버스의 서인도 제도 발견 전까지 전설의 도시로 알려져 있었다.
3 남미의 아마존 강과 오리노코 강 중간에 있다고 알려진 황금의 땅. 콜럼버스를 비롯한 16-18세기의 탐험가들이 이곳을 향해 항해를 떠났다.

을 하는 사람들인가? 조선에서 식자란 무엇을 뜻하는가?

최근까지도 우리는 '정치를 연구하는 학자'의 수가 그리 많지 않다고 생각해 왔다. 1857년까지 미국에서는 어느 대학에도 미국사 교수가 없었으며, 세계 발전의 일반 이론에 대한 연구를 학생들의 교과과정에 넣는 것은 생각하기도 힘들었다. 역사학이 정치학을 위한 필수 전제가 된다는 개념조차도 최소한 대중성을 얻은 것은 아니었다.

그러나 한국에서는 일상적인 연구와 학습, 개인적 교양이 바로 정부 관리로 발탁되는 것과 직결되어 있었다. '붕당 정치'란 단순히 말해 당파주의와 관직에 따른 이권을 의미했다. 학문 그 자체를 위한 학문은, 아주 없었다고는 할 수 없지만 매우 드물었다. 그 목적은 시작부터 돈과 권력이었다. 배움은 사람을 재산과 왕의 은총에 한층 가까이 갈 수 있도록 만들어 주는 길이었다.

따라서 한국의 수백 개 읍과 촌락에는 사설 학교들이 있었지만, 대중 교육제도 같은 것은 존재하지 않았다. 시험에 낙방했거나 관직을 얻지 못한 남자들이 항상 교사[서당 훈장]로 활동했다. 몇 장의 명석, 회초리 한 묶음, 기본적인 중국의 고전 몇 권, 벼루와 붓, 거친 종이가 교사와 학생 사이에 필요한 모든 것이었다. 처음 배우는 것은 문자의 음이었다. 그래서 학생들은 그것을 외우면서 입으로 소리 내어 읽었는데, 이 때문에 공부하고 있는 교실은 무척 소란스러웠다. 그래서 아이들은 학교에 가기도 훨씬 전에 학교에서 나는 소리를 들을 수 있었던 것이다. 표의문자[한자]를 인지하고, 읽고, 쓰는 것을 배우는 것이 교육의 첫 과정이었다. 그다음에는 문장의 구성요소를 분석하고, 책을 읽고, 그것을 한국어로 번역하는 것이 공부의 순서였다. 그리고 나면 책을 암송하고, 토의하고, 설명하고, 감상하는 과정이 이어졌다. 한층 진전된 과정에서는 시와 운문을 지었는데, 운율을 맞추는 법을 배운다고 하는 편이 더 적절하겠다. 그다음에는 거의 완전한 문학이라 할 수 있는 글을 쓰는 과정이 뒤따랐다. 문학적 능력이란 2천 년 혹은 그보다 이전 사람들의 사고와 말을 멋있게 사용하는 것을 의미했다. 얼마나 '좋은' 글이냐 하는 것은 고대 중국 거장들의 글로부터 골라낸 글을 짜 맞추거나 적절히 인용하는 능력에 따라 평가되었다. 독창성과 같은 것은 불경스러운 것으로 비웃음을 샀다. 한마디로 말해, 중국의 모범만을 노예처럼 추종해야 했던 것이다.

오늘날 우리 근대 사회에서는 대체로 문학적 모방이 유행하고 있으며, 기독교 국가에 태어난 사람으로서 '동양적' 감정을 표현하고자 하는 욕구 때문에 「중국 관리에게서 온 편지」(*Letters from Chinese Mandarin*)와 같은 유의 책을 쓰는 일들이 많다. 하지만 전문가들은 이 같은 이식자들, 동양의 에서가 되어 성공해 보려고 하는 사람에게서 재빨리 염소의 털을 찾아낼 줄 안다. 중국식 문학적 기교는 말할 것도 없고, 유교 사상과 관련한 손톱만큼의 지식도 보여 주지 못하는 이와 같은 글들은 여러모로 그가 외국의 모방꾼임을 드러내는 것이다.

한국에서는 졸업 이후 소수의 학생들이 계속 자신의 공부를 해 나가면서 중국 문학에도 진전을 보이고 주석이나 일반 문헌도 꼼꼼히 읽어 나갔다. 그들은 문학적·경제적·정치적 사고를 확장하는 동시에 당대의 시사에 관한 주제를 쓰고 논하며 마음이 통하는 친구들을 만났다. 학식 깊은 현자나 스승이 이들의 생각을 지도하기 위해 초빙되었는데, 이 나이 든 사람들 중 적지 않은 수의 사람들이 이런 면에서 명성을 얻었다. 이렇게 자연 경관으로 이름난 곳이나 절에서 시를 짓거나 윤리학과 철학의 심오한 주제에 대해 토론하기 위해 모이는 일은 오랜 전통을 가진 것이다. 베이징을 통해서 들어온 기독교가 처음으로 한국에 알려지고 로마가톨릭 교회가 이 반도에 발을 디디기 시작한 것도 1777년 겨울 열흘간 문학적 유흥을 위해 모였던 그러한 집단에 의해서였다.[4]

여기까지는 그리 대수롭지 않은 측면이다. 15세기 전반기 조선에서는 공무원 시험[과거]이 실시되었으며, 그 후 이것은 서울과 지방의 중심지에서 하나의 '제도'가 되었다. 고시된 날짜가 되면, 전국 각지에서 노소를 막론한 남자들이 자신의 행운을 시험해 보기 위해 서울로 몰려들었다. 모든 길은 서울로 향했으며, 그 길은 작은 마을이나 촌락으로부터 혼자서 혹은 두셋씩 짝을 지어 오는 사람들과 읍을 대표하여 오는 수십 명의 사람들 및 그 시종들로 가득 찼다. 소와 조랑말과 행상인과 짐말만 계속 다녀서 단조로웠던 길이 다채롭고 활기차게 변했다. 그들은 길가의 여관을 가득 채웠으며, 서울을 소란스럽게 만들었다. 대체로 이들은 명랑한, 때로는 시끌벅적한 군중이었다. 덩치가 큰 무리는 자기들의 이름이나 출신 지명이 쓰인 깃발을 가지고 있었다. 이들은 떼를 지어 있든 혼자 있든 다른 많은 사람들보다도 더 활기찬 광경을 만들어 냈다. 때로는 왕이 직접 과거를 주재하기도 했다. 과거는 대궐의 뒤뜰에서 열렸는데, 왕은 햇빛을 가리는 차일을 친 높이 솟은 단상에 시험관들과 함께 서 있었다.

주제가 주어지면 경쟁자들은 따로 따로 앉아서 글을 썼다. 그것이 완성되면 둘둘 말아서 그릇에 던져 놓는데, 채점관들은 그것을 가져다 읽고 뽑힌 사람들의 이름을 발표한다. 낙방한 사람들은 올 때와 똑같이 집으로 돌아갔다. 승리자에게는 명예가 쏟아졌지만 이 명예는 반드시 환영할 만한 성격의 것만은 아니었다. 그들은 거친 소동을 겪어야 했는데, 이는 과거 합격에 대한 칭송을 뜻하는 것이었다. 급제한 사람은 조랑말을 타고, 즐거워하는 친구들과 악사들의 호위를 받으며 후원자와 친척과 고관들을 방

---

4 아마도 천진암 주어사의 강학회를 이르는 듯하다. 이 강학회에는, 권철신, 이얼, 정약전, 김원성, 권상학, 이총억 등의 남인 소장학자들이 참여해 전통적 유학을 강학하고 한역 서학서를 연구하였으며, 이 모임 이후 수차의 회합에서 신앙생활이 성장해 갔다. 이 모임의 연대를 두고 1777년설(달래)과 1779년설(정약용) 두 가지가 있다.

문했다. 몇 시간 동안 관리 후보자는 영광의 바다를 떠다녔다. 그 다음에는 '골탕'을 먹고 '들볶임'을 당하고 '신고식'을 치르는 등 여러 가지 비참한 순서가 뒤따랐는데, 이것을 보면 인간이라는 동물은 자신의 동료를 괴롭힘으로써 기쁨을 얻는 존재가 아닌가 하는 생각이 들 정도다. 그들은 관리 후보자의 얼굴에 먹칠을 한 다음 그 까맣게 된 얼굴에 쌀가루를 뿌렸다. 마치 희생자의 지갑과 인내심에 많은 세금을 부과하려는 것 같았다. 고향은 기쁨을 표시하는 깃발과 상징물을 설치하고 생기가 넘쳤으며, 사람들은 그 촌락에 행운과 명성을 가져온 관리 후보자에게 명예와 영광을 마음껏 퍼부었다.

수세기 동안의 경험에 비추어 볼 때 유교의 윤리와 고대의 많은 사상들은—이론적으로는 어떻게 평가되건 간에—남성으로 하여금 지구촌에서 사회적 삶을 꾸리고 혹은 근대적 국가를 조직하고, 운영하고, 남편과 아내가 동등한 지위를 가진 가정을 아름답게 꾸미도록 하는 데 별 도움이 되지 못했다. 중국뿐만 아니라 한국에서도 과거는 국가가 갑자기 직면한 새로운 문제들을 해결해 나갈 수 있는 사람을 만드는 데 실패했다. 반면 그들의 전형적인 개인적 행동을 보면 언제나 가정에서는 소군주(小君主)였으며, 관아에서는 뇌물을 받고 정의를 우습게 팔아치우는 사람이었다. 뿐만 아니라 근면한 자들에게 공포의 대상이었으며, 부유한 자들의 곡간을 갉아먹는 존재이기도 했다. 또한 그러한 박학한 무식쟁이가 공직에 나가면, 자신의 욕정을 위해 천민 여인들을, 자신의 미신을 위해 점쟁이들을 후원했다. 간단히 말해서, 그는 전 체제의 기둥이면서도 귀신숭배와 불의의 화신이었으며, 때문에 국가의 안전과 번영도 불가능했던 것이다. 게다가 정부의 관리들은 자신의 개인적 위엄에 대한 착각을 극단으로 밀고 나가 외국인들 앞에서 희극 오페라를 무색하게 할 정도로 우스운 꼴을 연출하기 일쑤였다.

아펜젤러가 주축이 되어 미국인 개척자들이 구체화시켰던 교육은 이와 정반대의 것이었다. 그것은 처음에는 모든 면에서 한국인의 기질과 조화를 이루지 못하는 것으로 보였다. 그러나 그것은 곧 한국인의 절실한 필요를 채워 주고 한국의 정신적·사회적·정치적 질병들을 치료하기 시작했다. 그 교육은 학생들에게 생각하는 것을 가르쳤다. 그것은 훈련의 강조점을 암기에서 판단으로 변화시켰고, 시력을 통찰력으로 변형시켰다. 그것은 학생들에게 원인을 물어보라고 가르쳤으며, 인과관계라는 영원한 법칙을 체득하도록 가르쳤다. 또한 그것은 남자다운 정신과 기사도에 역점을 두었다. 집에서 여인들과 아이들과 끼니도 잇지 못하는 하인들을 억압하거나 괴롭히지 말라고 가르쳤다. 또한 근면은 존중할 만한 것이며 정직한 노동, 심지어는 육체노동까지도 보수를 받고 존중받을 가치가 있음을 가르쳤다. 이러한 교육은 필연적으로 언젠가는 만연한 귀신숭배의 전 체제를 무너뜨리고, 양반의 모든 특권과 여성의 노예화와 저열한 조상숭배를 우습게 만들고 없애 버리는 결과를 낳을 것이다. 뿐만 아니라, 공적인 법에 의하지 않은 채 사람들을 지배하며 1천 2백만 백성들을 짓누르면서 일인체제를 위해 봉사하는 정부, 그 정부라고 불리는 부정부패의 거대한 건물을 무너뜨리는 결과를 낳을 것이다.

그러나 과거라는 '제도'는 외국의 교육 사상이 그것을 공격하고 무너뜨리기 오래전에 자체의 무게에 의해 이미 무너졌다. 부패와 뇌물과 위조와 편파성은 과거제도를 약체화시켜, 합의만 되면 언제라도 없어져 버릴 정도까지 되었던 것이다. 과거는 페리와 해리스 시대의 일본 봉건주의처럼 완전히 썩어서 빈사 상태에 놓여 있었다.

아펜젤러는 과거제도가 사라져 가면서 귀족적 교육체제가 변화되어 가고, 한 계층의 독점물로서의 교육이 소멸되어 가는 것을 보았다. 그리고 그 자리에 하나님의 공화국에서 가르치는 민주주의라는 새로운 정신이 복음을 통해 밀려들어 오는 것을 보았다.

이제 선교사들이 어떻게 독점적 교육체제를 민주주의적 체제로 바꾸었는지, 그리고 이 그리스도의 헌신적인 종이 어떻게 한국인의 언어와 문자를 습득했는지를 살펴볼 차례가 되었다. 이 민족 앞에 아펜젤러는 목소리와 펜으로 잔치를 베풀고, 생명의 떡을 쪼개 주어야 했던 것이다. 케케묵은 중국의 지식에 짓눌려 있던 젊은이들 대신에, 근대적 삶을 위해 준비된 수백 명의 교사들이 배재학당(培材學堂, The Hall for the Rearing of Useful Men)에서 배출되었다. 이곳에서, 깨어 있는 젊은이들과 탐구적인 성인들이 세계와 인류에 대해 알게 되고 자극을 받아, 예수가 구원하기 위해 자기 생명을 내어 준 자기 민족과 인류의 진보를 위해 훌륭한 역할을 수행하겠다는 결심을 했다.

1888년은 이상하고 기이한 사건들이 엇갈린 해였다. 이 해에 떠난 여행으로 마침내 그는 한국의 13도 전체를 방문하게 되었으며 만난 관리도 360명에 달했다. 그리고 서울에 프랑스의 커다란 로마가톨릭 성당의 기초가 놓였는데, 그것이 수도에서 가장 아름다운 건물일 뿐 아니라 가장 높은 건물로서 궁궐을 내려다보게 될 것임이 조정에 알려졌을 때, 조정의 경악과 공포는 비참할 정도였다. 중국적 사상이 지배하는 일본을 포함한 아시아 제국에서는 황제의 거처를 내려다본다는 것은 생각조차 할 수 없는 것이기에, 한국 정부는 궁궐 가까운 외국인 지역에 그 어떤 '고층' 건물도 세워서는 안 된다는 통고를 내린 상태였다.

마치 철로 가운데 서서 다가오는 기관차를 노려보며 으르렁대는 회색 곰처럼, 조정의 관리들은 학교에서 노래하는 것을 중지시키고 북쪽을 여행하고 있는 아펜젤러와 언더우드에 대한 소환 명령을 내리도록 왕에게 간언했다. 그럼에도 불구하고 성당은 세워져 헌당식을 가졌으며, 문명과 복음을 전파하는 작업은 계속되어 갔다. 그리고 시간이 지나자 점차 교회의 음악도 진짜 음악처럼 들리게 되었다.

성당과 순회 선교사들에 대한 거의 병적인 흥분만큼이나 우스운 일이 있었는데, 1888년에 약 20만 명이 거주하던 서울에서, 사진과 아이의 눈이 관계가 있다고 하는 미신이 퍼져서 '전쟁'이 일어났던 것이다. 폭도들은 군인들보다도 더 무서운 존재인 만큼, 서울의 외국인들은 중국전쟁이나 러시아전쟁[5]보다도 이것 때문에 더 불안을 느꼈다. 다게르(Daguerre)나 드레이퍼(Draper)에 의해 발전된 질산은이나 그 화학적 성질의 응용에 대한 지식이 서울에는 전혀 알려져 있지 않았으므로, '창밖을 내다보는 것' 즉 아이들의 밝은 눈에서 볼 수 있는 '눈동자'가 사진을 만드는 데 사용되는 '약'이라는 중국의 미신이 급속도로 퍼져 나갔다. 대중들은 무척 흥분했고, 이전에 공사관 건물을 불태우고 많은 일본인들을 죽여[6] 그들의 시체를 개의 밥이 되도록 길거리에 내버려둔 폭도들의 폭력에 대해 알고 있는 외국인들이 그것을 두려워하는 것은 당연한 일이었다. 그래서 미국, 영국, 프랑스, 독일의 해군들은 제물포에 있던 군함으로부터 급히 서울로 달려왔다. 이로써 소란은 가라앉고 선교사들의 잠 못 이루는 밤과 염려의 나날도 끝났으며, '아기 전쟁'은 과거의 역사 속으로 사라져 버렸다.[7]

---

5   청일전쟁, 러일전쟁을 말하는 듯하다.
6   1882년 임오군란을 말한다.
7   1888년 6월 서울에서 일어난 '영아 소동'을 말한다. 「언더우드」(IVP), pp. 85-87 참조.

17
한국어를 익히다

한 민족의 정신은 그 언어 속에 담겨 있다. 민족의 문학은 그 민족의 사상의 사진이며, 그 민족의 생활의 거울이다. 참된 선교사는 자신이 그 민족의 내적인 사고를 알고 그 사고와 자신의 사고를 그 땅의 언어로 표현할 수 있기 전에는 머리털이 잘린 삼손과 같음을 깨닫는다. 하나님이 주신 능력도 사용할 수 없으며, 눈먼 상태로 옥 안에서 헛되이 맷돌만 갈고 있는 삼손 말이다.[1] 아펜젤러는 새로운 언어로 말하고 생각하는 것이 가능해졌을 때 비로소 석방되어 다시 세상을 보는 경험을 할 수 있었으며, 여호와께서 갇힌 자를 해방하시며 "여호와께서 맹인의 눈을 여시는도다"라는 마음속으로부터 터져 나오는 시편 찬양이 새로운 의미를 띠게 되었다.[2] 비로소 그 말의 진실한 뜻을 알았기 때문이다. 한국인의 말을 알아듣고, 그 소리를 깨달아 그들의 눈과 귀와

---

1   사사기 16:19-21.
2   시편 146:7-8.

의사소통하고, 그들의 글을 읽으며 그들의 말과 행동을 연관시키면서 그는 완벽한 교사가 될 수 있었다. 이에 덧붙여 그는 천부적인 교육자인 데다 교육학도 어느 정도 공부했기 때문에 그의 실용적 능력은 배가되었다. 아무리 지식이 풍부하고 여러 학위를 받아 이름 뒤에 연꼬리처럼 학위를 주렁주렁 단 학자라도 그것이 곧 훌륭한 교사라는 의미는 아니다.

민주적인 서양, 그 가운데서 자유의 나라인 미국에서 온 이 아펜젤러를 처음부터 끝까지 가장 괴롭혔던 것은 조선어의 복잡하고 정교한 경칭의 체계였다. 이런 산더미 같은 경칭의 어휘는 곧 '세 국가'의 사회를 지배하는 종속의 원리, 즉 중국에서는 적당하고 한국에서는 과장되며 일본에서는 극단화된 원리를 드러내는 것이다. 가족 내에서도 형제나 자매를 나타내는 간단한 말보다는, 손위나 손아래의 종속 관계를 나타내는 말들이 쓰일 뿐이다. 많은 서양 문학과 민담과 로망스에는 이런 확실한 사회적 위계 관계가 없기 때문에 한국인들에게는 잘 이해되지 않는다. 중국적인 아시아의 사회구조는 사랑과 애정 그리고 수평적 평등에 기반을 두고 있는 것이 아니라 수직선상에 세워져 있다. 그것은 사랑과 상호적 애정에 의한 진실한 연합이라기보다는 정부와 법의 구조이며, 칙령과 통제의 형성물이고, 관습의 껍데기다. 또 기독교 국가에서 이해하는 의미에서의 가정도 존재하지 않는다. '형제'나 '자매'라는 말도 그것이 기독교 국가에서 가지는 인정된 의미와 깊이와 연관의 흔적을 뜻하는 것이 아니다. 가장이 첩을 거느리고 있는데 '어머니'란 말이 도대체 무슨 의미를 가지겠는가?

유럽 인종의 큰 정신적 자유와 지적 풍요 및 일반적 진보의 주된 요인은 바로 그들의 역사에서 일찌감치 제사와 같은 케케묵은 제도를 야만인들과 반(半)문명화된 사람들에게 넘겨주어 버린 데 있다. 일본까지 포함해 중국식 사고방식의 지배를 받는 아시아 지역에 그 정신적·영적 발전에 제사만큼 장애가 된 것은 없었다. 그것은 가정이라는 개념이 태어나기도 전에 목을 졸라 죽여 버렸다. 실제로 제사는 남성과 여성 모두를 타락시켰으며 사고의 질곡이 되었고, 마음의 눈이 앞을 향하지는 못하고 뒤만 향해 있도록 만들었다.

한국에서는 일본처럼 대화에서 어휘의 선택에만 주의하는 것이 아니라 어미를 사용하는 데도 주의해야만 한다. 왜냐하면 이 어미의 사용에 따라 말하는 상대방을 존중해 줄 수도 있고 깎아내릴 수도 있기 때문이다. 이 언어적인 낙인 도구는 계속적으로 필요하다. 사람에게 모욕을 주거나, '낮춤말'을 사용하거나, 조롱할 때도 조선어에 풍부한 천하고 모욕적인 용어들을 굳이 사용할 필요가 없다. 다만 어미를 낮추어 버리면 상대방을 말로 두드려 팰 수 있는 것이다. 또 마찬가지로 자기보다 높거나 높다고 인정되는 사람을 공경해 주고 싶거나, 등을 쓰다듬어 주고 꽃다발을 던져 주고 박수를 쳐 주고 환호를 보내 주고 화환을 걸어 주고, 관을 씌워 주고 보석이나 학위로 장식된 금메달을 수여하고 싶을 때는 말끝을 길게 늘이기만 하면 된다. 한국에서는 이렇게 공경이나 모욕이 말로 이루어지기 때문에 그다지 어려울 것이 없다. 살아 있는 사람에게 말하는 것과 같은 법칙이 대화 상대의 조상에게는 더 강하게 적용된다. 말은 죽은 자를 향할 때 축복하는 힘이나 저주하는 힘이 더욱 강해지기 때문이다. 이것은 한국인들의 마음이 아직도 무덤에 머무르고 있으며 유령에 대한 두려움이 동아시아의 고질병이 되어 버린 데 그 원인이 있다.

물론 평민들은 사투리와 고유어를 쓰며, 발음하는 방법도 학자나 교양인과 전혀 다르다. 아시아에서 태어난 미국인 아이들이 무의식적으로 아무런 노력도 기울이지 않고 뜻도 모르는 말을 쓰는 것을 종종 볼 수 있다. 이것은 때로는 열심히 노력하다 실패한 부모들의 부러움을 사기도 하지만, 훗날 그들이 스스로 비판적인 학생이 되지 않는 한 세련된 표준어를 습득하는 경우는 드물다. 왜냐하면 그들은 무식한 유모나 하인으로부터 일상

회화를 배웠기에 교양 있는 한국인들이 혐오하는 관용어를 사용하기 쉬우며, 따라서 신사들의 진정한 언어를 배우지 못하는 경우가 흔하기 때문이다. 심지어 한국에는 어떤 외국인들을 두고 "그 자녀가 아스돗 방언을 절반쯤은 하여도"[3]라고 질책하는 느헤미야 같은 사람도 있다. 1896년 러시아 공사관에 피신해 있는 왕과 접견하고 있을 때, 이 감리교인 가정에서 처음으로 한국에서 태어난 미국 아이가 왕에게 그의 유모로부터 배운 말들을 꾸밈없이 더듬더듬 말했을 때, 왕복 속에 감추어진 그 '진짜 인간'은 무척 즐거워하며 기뻐했다. 그 하늘의 은총을 받은 이(왕)는 '용안'(龍顏) 앞에서 직접 말해진 그런 '천한 말'을 들은 적이 없었기 때문이다. 궁궐에서 이 어린아이가 하는 말이 로켓처럼 뻗어나가는 동안 바닥에 엎드려 있던 통역은 식은땀을 흘리며 두려움에 떨고 있었다. 「상투잽이와 함께 보낸 십오 년 세월」(Fifteen Years Among the Top-Knots)[4]에서 이 재치 넘치는 저자는, 한국어에서 공손함이나 그 반대를 표현하기 위해 복잡한 구조로 단어를 변형해 높임말과 낮춤말을 쓰는 것을 묘사하고 있다.

그러나 설교를 하거나 공중기도를 할 때는 땅의 것과 하늘의 것, 높은 것과 낮은 것에 따라서 언어 사다리의 어느 층에 올라야 할 것인지를 정하는 것은 심각한 문제였다. 마치 꿈속의 천사가 그 사다리를 가볍게 오르내릴 때 가련한 야곱이 두려움에 싸여 누워 있는 것과 같은 모습이었다.[5] 그것은 신비한 능력을 얻기 위해 미지의 존재와 씨름하는 것과 똑같았던 것이다. 하지만 마침내 여명이 밝고 따스한 햇빛 속으로 들어가게 되었을 때, 아무리 많은 순례자들이 환도뼈를 다쳐[6] 절룩거린다 해도, 그는 완연

---

3 느헤미야 13:24. 다음에 이어지는 말은 "유다 방언은 못 하니"인데, 남의 나라 말은 해도 자기 나라 말은 못한다는 뜻이다.
4 「언더우드 부인의 조선생활—상투잽이와 함께 보낸 십오 년 세월」이라는 제목으로 1984년 김철이 번역하여 뿌리깊은나무에서 발간했다.
5 창세기 28:12에 비유하고 있다.

(Hulbert),[12] 게일[13] 등의 노고 어린 연구가 뒤따랐지만, 이 민족의 언어와 문학의 상태에 대한 그와 같은 보고들이 그 문자를 발전시켜 나가는 데는 그렇게 대단한 성과를 거두지는 못했다.

미국의 허드슨 강 하류가 바다에 흡수되어 그 흔적을 찾기가 힘들듯이 한글이라는 시냇물은 한문의 홍수 속에 말려들어 자취가 사라져 갔다. 나는 여러 번 한국의 지식인들에게 영국 작가들의 예를 들어 가면서까지 한국어를 개발하라고 촉구했지만, '마이동풍'일 뿐이었다. 그들 마음의 귀는 이미 중국의 폭풍우에 기울어져 있었다. 그들은 자국어를 개발하는 문제를 전혀 의식하지 않았기 때문에 아무런 부끄러움도 없이 그것을 자기 일이 아니라고 여기고 있었다. 햇빛을 차단하고 있는 빽빽한 숲 아래 피는 아름다운 꽃처럼, 한국적인 상상력이라는 꽃 위에는 거대한 중국의 그늘이 너무 오랫동안 드리워 있었다. 만약, 학자는 자국의 국기 다음으로 모국어에 충성해야 한다는 드 퀸시의 격언이 사실이라면, 한국이 주권을 잃고 일본어가 조선의 공식어로 채택될지도 모른다는 사실은 놀랄 일이 아니다.

그럼에도 불구하고, 무한한 가치를 지닌 보물이 동굴에 숨어 선교사들을 기다리고 있었다는 사실은 선교사들을 떨 듯이 기쁘게 했다. "알리바바와 40인의 도둑" 이야기에서 비밀을 훔쳐 금과 보석을 발견한 알리바바도 언문의 철자를 찾아낸 언더우드와 아펜젤러보다 더 큰 즐거움을 느끼지는 못했을 것이다. 자모와 음절문자 체계가 일치하는 이 아름다운 음성 체계는 수세기 전에 완성되었다. 그러나 표트르 대제가 빼앗아 간 후 수세기 동안 박물관의 쓰레기 창고 속에 처음 상태 그대로 묻혀 있던 네덜란

---

12 *History of Korea*, *The Korean Alphabet* 등 한국에 관한 다수의 논문과 저서를 남겼다.
13 「한영 대자전」(Korean-English Dictionary)를 비롯해 *Korean Grammatical Forms, The Inventor of the Enmun* 등 한국에 관한 많은 저서와 논문을 남겼다.

드의 발명품들과 같이 한글도 그러한 운명을 겪었다. "경이의 계단을 통해 천국으로 올라간" 첫 사람들처럼, 이 복음의 전파자들은 이 문자를 그들의 허물없는 편지와 소책자와 책에 사용하기 시작했으며, 마침내 그들은 하나님의 살아 있는 말씀을 그 문자 안에 담았다. 오늘의 시점에서 보면, 일본과 같은 나라에 비교할 때 한국이 그렇게 빨리 복음화된 것에는 많은 이유가 있을 것이다. 그중에 큰 이유 하나가 바로 하나님의 복음이 자신들의 언어와 문자로 한국의 평민들에게 다가왔다는 사실이다. 특권과 지위를 가진 한국의 학자들이 언문이 배우기 쉽다는 이유로 '더러운 문자'라고 폄하한 반면, 선교사들은 이 경멸받는 질그릇을 하늘의 보물을 담는 그릇으로 만들었던 것이다.

언문과 일상적 구어는 한계가 있어서 한자 단어와 어느 정도 섞지 않고는 학문적인 저작에 사용될 수 없다는 것은 사실이다. 이런 점에서 한국어는 수세기 전의 영어나 오늘날의 일본어와 다를 것이 없다. 영국에서조차 필사책의 시대, 그리고 인쇄의 시대가 도래한 지 한참 후에도 철자법은 의미가 없었다. 식민지 시대의 미국에서도 철자법은 혼란에 빠져 있었다. 선교사가 오기 전까지는 한국의 철자와 구두점이 형태가 없었고, 이후 개혁이 이루어지고 기준이 만들어졌지만, 그다음에도 나름 거쳐야 할 시험이 있었다. 복음의 전파자들이 와서 만들어 주기까지 한국은 대체로 자국의 문학이 없는 국가권에 속했다는 외국인 학자들의 주장은 과장이 아니다. 그러던 차에 번역된 성경은 한국인들의 정신과 마음의 성장을 촉진시켜 주고, 미지의 사고 체계에 생명을 가져다주었을 뿐 아니라, 구어와 문어의 새로운 기준을 세움으로써 진정한 민족 문학이 시작되도록 유도했던 것이다.

아펜젤러는 이곳에 처음 왔을 때부터 한국 문자를 습득하고 일상적으로 사용하기 위해 노력했기 때문에, 일 년이 채 못 되어 그 문자를 쓰고 일상 언어처럼 자기 사상을 담는 도구로 사용할 수 있게 되었다. 그는 언문을 존중했다.

아펜젤러는 그 언어를 사용하는 일에 있어 마치 우승을 목표로 하는 운동가처럼 자세하고 사소한 일에까지 꾸준하게 밀어붙였다. 그는 타인의 마음을 여는 사람으로서 개인들이나 회중을 위해 말의 능력을 얻고자 했다. 또한 도덕률과 구원의 은혜의 메시지를 양심에 전달하기 위해, 인쇄된 글을 읽는 부담을 덜기 위해, 무엇보다 하나님의 살아 있는 말씀을 그 민족의 언어로 전달해 주기 위해 말의 능력을 얻고자 했다. 신약 성경 번역 사업은 마치 "민족의 지성 속에 철도를 건설하는 것" 혹은 "하나님의 한 없는 사랑과 인간의 끝없는 필요라는 두 바다 사이를 연결해 주기 위해" 파나마 운하를 파는 것과 같았다. 그 고충은 겪어 본 사람만이 알 수 있을 것이다. 언더우드 박사의 「한국의 부름」(The Call of Korea)에 그려진 대로 1887년에 형성된 한국 성경번역위원회(Board of Korean Translators for Korea)는 1907년 세 명의 조선인 학자와 함께 레널즈(W. D. Reynolds) 박사, 언더우드 박사, 게일 박사, 조지 히버 존스 박사 등이 참여하고 있다.[14] 그때는 아펜젤러가 하늘나라에 간 이후였다. 수년 동안 아펜젤러의 절친한 동지였던 「전환기의 한국」(Korea in Transition) 저자[15]는 그 성경 번역 임무를 다음과 같이 과장 없이 겸허하게 묘사하고 있다.

"그것이 얼마나 엄청난 작업인지는 해 보지 않은 사람은 모른다. 뉴욕의 60층짜리 생명보험사 건물 건축도 이 작업만큼 거대하지는 않으리라. 이 작업을 하는 데는 약 10년이 걸린다. 우리가 일을 쌓아 나가는 데 필요

---

14 이 대목은, The Call of Korea p. 121에 나오는 원문 내용과 다르다. 그 책에는 1887년에 성경위원회가 조직되었는데 위원은 아펜젤러와 스크랜턴과 언더우드였으며, 1907년경에는 게일과 레널즈, A. 피터스(Pieters), 언더우드와 몇 명의 한국인 보조자로 구성되어 있다고 썼다.

15 J. S. 게일.

한 기초를 파는 모든 일, 한 문단씩 삽질을 해 나가는 그 모든 일, 온통 말라리아와 피로로 덮여 있는 듯 보이는 각 단어들을 거르고 무게를 달고 평가하고 기록하는 일들은 마치 파나마 운하를 파고 있는 것 같다는 생각이 들게 한다."

아펜젤러에게는 마태복음, 마가복음, 고린도전후서가 맡겨졌다. 아펜젤러는 복음의 역사 속에서 하나님을 보았다. 그는 마태가 전한 하나님의 나라에 대한 복음과, 마가의 '가장 먼저 쓰인 복음' 그리고 주님의 놀라운 행적들을 한글로 번역하는 것이 즐거웠다. 그리고 이방인의 사도가 쓴 '그 시대를 위한 소책자' 한 쌍을 번역하는 일 역시 마찬가지였다.

그러나 그 작업 때문에 그는 머리가 셀 정도였다. 이 번역 개척자는 다이너마이트를 폭파해 구멍을 파는 작업부터 시작해야 했으며, 나름의 도구를 만들어 정확한 용어와 원어에 해당하는 한글 단어를 찾거나 발명해야 했다. 결국 이 작업은 영광스럽게 끝났다. 1900년 9월 9일 한글 신약성경의 완성을 감사하는 예배가 서울의 제일교회[16]에서 열렸다. 의화단이 중국에서 소동을 일으켜 피난민들이 생겨나는 가운데, 주한 미국 공사인 알렌[17] 박사는 각 번역자들에게 맞는 인사말을 써서 특별히 장정한 책을 보냈다. 아펜젤러의 책에는 그 영광스러운 작업을 함께한 사람들의 서명이 들어 있다.

---

16 지금의 서울 정동제일교회다.
17 알렌은 1884년에 미국 북장로교의 의료 선교사로 한국에 와서 제중원을 건립하고 봉사했으나 1887년에 워싱턴 주재 한국 공사관 서기관으로 임명되었고, 1889년에 다시 한국에 의료 선교사로 와서 1890년 서울 주재 미국 공사관 서기관을 거쳐 1897부터 주한 미국 공사 겸 총영사가 되어 1905년까지 재직했다.

18
전염병의 시기

　　　　　　　　　　　　　　구한국에는 전염병과 기근이 마치 천체의 질서처럼 정기적으로 찾아왔다. 자연의 빗자루가 사람들을 죽이고 쓸어 버림으로써 식량과 인구의 균형을 맞추는 것처럼 보였다. 전쟁보다는 해충과 불결한 환경이 한국의 허구적인 '2천만'의 수를 줄이고 있었다.

　비누와 목욕과 환기, 그리고 신체와 주택을 청결하게 유지해 주는 설비와 습관에 익숙해 있던 외국인들이 1885년 이 땅에 들어왔을 때, 그들은 한국인들이 어떻게 땅 위에 살아남아 있는지 의아해했다. 자연의 균형 측면에서 보자면, 인간 사회를 좀먹는 실제적이고 또 비유적인 해충들이 저울의 한쪽을 기울게 하는 것 같았다. 도처에서 탐욕스러운 귀신들은 마음껏 그들의 욕구를 충족시키면서 좋은 땅과 좋은 음식과 아름다운 경치를 독점하는 반면, 살아 있는 사람들은 자신이 마땅히 누려야 할 산소와 물과 의복과 집, 그리고 자신의 살을 찌울 음식을 빼앗기고 있었다.

　기독교 국가에서 온 이방인들이 자기 행동의 근거로 삼는 이론에 의하면, 인간의 몸이라는 집에는 올바른 거주자만이 살아야 하며, 최고의 효율을 유지하기 위해 매일 공기와 물, 빛, 공간 및 청결을 위한 도구를 공급받아야 한다. 이 이론을 좀더 밀고 나가면, 보통 한국인에게는 이상하게 들릴지 모르지만, 해부학을 배우고 확실한 과학에 근거한 치료법을 익힌 교육받은 사람만이 인간의 몸을 치료하거나 혹은 치료를 목적으로 하는 실험을 할 자격이 있다는 것이다. 한마디로 일상생활의 습관과 유지 및 치료 과정은 반드시 인과관계의 법칙을 따라야만 한다. 그러나 한국인들은 대체로 이런 관념을 비웃었다. 간혹, 외국인 의사와 한국인 의사의 경우를 분리한다든지, 한국식 처방과 외국인 의사의 약을 섞어 쓰는 경우를 제외한다면 말이다.

그럼에도 불구하고 한국에 들어온 이 자만심 강한 외국인(한국인의 용어로는 바다 건너에서 온 양인)은 비누와 살충제와 위생학에 근거한 그러한 생각들이 유럽과 미국에서조차 너무 현대적인 것임을 기억해야만 했다. 켈트족이나 튜턴족 등 그의 먼 조상들은 그러한 것을 전혀 모르지 않았는가. 아주 최근에 들어서야 의사라는 직업이 과학적이고 또한 존경할 만한 것으로 인정받았다. 훈련받은 간호사는 갬프 부인[1]보다도 더 어리다. 치료의 기술을 이발사의 수준 위로 끌어올리고,[2] 그것을 민속, 전통, 마녀, 미신 등 이상한 사고방식으로부터 끌어내는 데는 오랜 시일이 걸렸다. 오늘날까지도 약제사(pharmacist)[3]라는 단어는 문자 그대로는 독살자를 뜻한다. 조상의 날(Forefather's day)[4]에 대해 단지 식후의 환담을 넘어서 깊이 연구해 보고, 교리를 떠나 필그림들과 청교도들이 실제로 무엇을 믿었는지를 알아본 사람이라면 누구든 한국인들을 비웃지 못할 것이다. 공중위생, 즉 정부

---

1 찰스 디킨스(Charles Dickens)의 작중 인물인 Mrs. Gamp에서 나온 말로 양산을 가리킨다. 여기서는 간호사가 양산보다 더 늦게 생겨났다는 뜻이다.
2 옛날 서양에서는 이발사가 의사를 겸했다.
3 약학을 의미하는 pharmacy는, 독약이라는 뜻의 헬라어 *pharmakon*에서 유래한 단어다.
4 필그림 파더스(Pilgrim Fathers)가 1620년 미 대륙에 상륙한 것을 기념하는 날이다.

가 감시하고 강제하는 위생만 하더라도 한 세기 전에는 그런 것이 일체 존재하지 않았다. 세탁, 청소, 표백, 훈증 소독 등의 이성과 과학의 명령보다는 마법, 부적, 당나귀 발굽, 토끼 앞발, 마녀의 주문, 허구적인 기적, 성자의 상과 성모 초상의 행렬, 탄원과 서약 등이 일반적으로 사용되었다. 네덜란드는 일찍부터 불결과 싸운 나라 중의 하나이며, 그곳에서는 처음부터 개신교는 비누를 많이 사용하는 종교를 의미했다.

의학이라는 측면에서 구한국은 구일본과 마찬가지로 짙은 암흑의 나라였다. 그 땅에 사는 많은 어리석은 사람들은 원숭이를 가지고 놀듯이 생명을 가지고 장난을 쳤다. 거의 모든 성인들이 자기가 의사라고 생각했기 때문이다. 그들은 해부학에 대해서 아무것도 몰랐기 때문에, 맹목적인 용기를 가지고 인체를 찌르고 자르곤 했다. 녹슨 바늘로 살을 찌르거나, 뜨거운 동전을 살 위에 올려놓거나, 상처를 치료하기 위해 말할 수 없이 더러운 탕약과 고약을 사용하는 일도 성행했다. 그들은 질병의 원인을 불결과 더러운 공기와 해충과 과식과 질척한 길거리와 오염된 물과 공기, 침구 등에서 찾은 것이 아니라, 영과 악마의 어리석은 짓과 병적인 환상이 떠오르는 섬망증, 그리고 마침내는 쥐에서 찾았던 것이다. 우리 미국의 미개한 조상들처럼 한국인들은 마법이나 병마(病魔)라는 천박한 이론에 근거해 살아왔기 때문에, 천민 계급의 교활한 남녀들은 병든 사람의 집을 지옥처럼 만들어 공포에 떨게 함으로써 돈을 받을 수 있었다.

1886년 콜레라가 서울에 만연해 그 사람 많은 도시를 6주간이나 황폐화시켰을 때, 아펜젤러는 이교도들의 진정한 모습이 가장 야만적인 형태로 드러나는 것을 두 눈으로 목격했다. 매일 수백 명이 죽어갔지만 시내에 시체를 묻는 것이 허용되지 않았기 때문에, 때로는 하루에 30회에 달하는 긴 시체 운반 행렬이 밤낮으로 열려 있는 성문 밖으로 나갔다. 콜레라는 '쥐가 일으키는 병'이라고 불렸다. 한국인들의 이론에 따르면, 몸에 들어간

쥐가 다리를 오르락내리락하며 핵심 장기 안으로 들어가 신체 하부에 무서운 경련[5]을 일으킨다는 것이다. 따라서 이 '쥐병'을 고치기 위해 문과 벽에 고양이 그림을 걸어 놓거나 경련이 일어날 때 환자의 복부를 고양이 가죽으로 문지른다.[6]

콜레라가 만연하는 동안에도 그들은 매일 푸른 과일과 채소를 수천 톤이나 게걸스럽게 먹어치웠다. 사람들은 오이를 가져다가 날것으로 껍질과 씨까지 모두 먹었다. 아펜젤러는 어떤 사람이 그 '콜레라 약'을 계속해서 열 개를 먹어치우는 것을 보았다. 이 사람은 수백만의 한국인들과 마찬가지로 그러한 과식에서 다음에 일어날 인과관계의 연관을 보지 못했다.

단지 하늘의 창문이 열려서 시궁창을 넘치게 하고 도시를 물로 씻어 내며 공기와 습기 찬 뜰과 거리에 남아 있는 독기를 씻어 낸 후, 서리가 내리기 전의 9월이 되어서야 그 병은 사라졌다. 그 견디기 힘든 와중에서도 더위는 가장 견디기 힘들었다.

전염병이 계속되는 동안에 아펜젤러는 다음과 같은 것들을 보았다. 질병의 징후가 처음 나타난 것이 발견되자마자, 여자 노비들은 주인으로부터 쫓겨났고 가난한 사람들은 지주나 가족에 의해 거리로 내쫓겼다. 일반적으로 쫓겨난 노비들은 죽기만을 기다렸다. 다른 사람들의 경우에는 가마니로 말아서 마지막으로 살아날 기회를 주기 위해 쌀 몇 줌과 물 한 그릇을 주어 버려두었다. 서대문 바로 밖에는 60개의 가마니가 늘어서 있었으며, 밤에는 성벽 주변을 이 노란 가마니들이 열을 지어 둘러싸고 있었다. 밤 사이에 하나의 문으로도 일이백 구의 시체가 나갔다. 고통과 비애의 소리, 슬픔과 광란의 소리가 마치 기나긴 울음소리처럼 퍼져나갔으며, 이 유

---

5 경련을 나타내는 cramp라는 단어는 우리말로 '쥐가 난다'로도 번역된다.
6 콜레라를 쥐병이라고 묘사한 이 부분은, 언더우드의 *Fifteen Years Among the Top-Knots*의 p. 139를 참고한 것이다.

행병으로 죽은 사람이 거의 없었던 외국인들도 자신의 집에 주야로 들려오는 그 소리를 들을 수 있었다.

어느 날 아펜젤러는 밖에 나갔다가 가난한 노비 소녀가 혼자서 죽음의 순간을 맞이하는 것을 보았다. 그는 사람을 고용하여 그녀를 지켜보도록 하고 그녀의 매장 비용을 주었다.

1895년 청일전쟁 후에 다시 콜레라가 발생했을 때[7]는 그리스도인 선교사들과 일본인들이 힘을 합해 전염병을 막고 생명을 구했다. 그들은 한국 정부에 압력을 가해 "설익은 사과와 수박, 오이 등의 미친 듯한 대량 소비"를 통제하도록 했다. 이 무서운 채소들은 운송이 금지되었으며, 운송할 경우에는 벌을 가했고 곳곳에 금지 고시가 나붙었다. 왕실 재정에서 1만 달러를 지출해 낡은 건물에서 임시 구급병원을 시작했으며 법률을 강화했다.[8] 그러나 이 돈의 대부분은 '실제적 정치'에 충당되고 말았다. 역사를 보면 왜 한국이 일본에 강점되었는지 그 이유를 알 수 있다. 그것은 한국 정부의 쇄신할 수 없는 부패 때문이었다. 국왕으로부터 지급된 돈은 대부분 뇌물로 '먹어 버렸다.' '콜레라 약'의 판매를 금지하는 고시문 바로 밑에서 녹색 과일이나 채소가 활발히 판매되고 있었으며, 순검조차도 오이와 덜 익은 사과의 향연을 즐겼다.

일본은 한국을 손아귀에 넣은 후부터 반 년에 한 번씩 가택 소독을 강제로 실시했다. 전염병이 돌 때는 방부제 처리를 한 옷을 입고 코와 귀까지 가린 일단의 사람들이 분무기와 비와 살균제를 가지고 소독을 해 그 도시를 전염병으로부터 방어했다. 1887년에 전염병이 돌았을 때는 서울에서 매일 수천 명의 사람이 죽은 반면, 1909년에는 전염병이 유행한 전 기

---

7 이때 콜레라는 만주에서 싸우던 일본군 내에서 먼저 발생해 평양을 비롯한 한국의 북쪽 지방을 거쳐 서울과 남쪽으로 퍼지게 되었다.
8 이때 방역 책임자로 제중원 책임자였던 올리버 애비슨(Oliver R. Avison)이 임명되었다.

간 동안의 사망자가 수백 명에 그쳤다.

　언더우드 부인은 1895년 초라하게 꾸민 병원에서 한 일을 생생하게 설명해 준다.[9] 그 병원은 마룻바닥에 환자를 눕히고 나무토막을 베개로 사용할 정도로 초라했다. 173명의 환자들이 그 병원에 들어왔는데, 대부분은 이미 죽어가고 있었으며 3명은 죽어 있었다. 그러나 병세가 심하지 않은 사람들은 대부분 살아났다. 그들이 사용한 치료 방법은 한국인들의 눈에는 모두 신기하게 보였으며, 평민들의 생명을 구하려고 밤낮을 보내는 외국인 의사들의 명성은 전국으로 퍼져 갔다. 따라서, 한국인들에 대한 외국인들의 사랑의 원천이었던 하나님의 복음이 멀리서 들려왔을 때, 많은 사람들은 하나님의 손님(Divine Guest)이 될 마음의 준비가 되어 있었다. 정부는 외부대신을 통해 따뜻한 감사의 말을 전해 왔다.[10]

　서울의 사치스러운 호텔에서 편안하게 아침 식사를 마친 다음 밖에 나와서 여행 중 본 대로 한국 생활을 평가하는 20세기 외국신문의 통신원이나 잡지 기자들 및 여행자들의 피상적인 관찰은, 신문이라는 요리의 양념으로나 혹은 가정에서의 흥미로운 이야깃거리로밖에 가치가 없다. 그리스도께서 그의 종들의 몸을 통해 조선에 와서 선교사들이나 선교사들의 친구들로 하여금 병원을 짓게 하기 전까지는 "하인이나 더부살이하는 사람이나 나그네들이 전염병에 걸리면 곧 길거리에 내다버리는 것이 일반적인 관습이었다. 세찬 겨울바람을 맞으며, 혹은 뜨거운 한여름의 햇빛을 쏘이며 길거리에 누워 있는 가난한 사람들을 종종 목격할 수 있다. 때때로 친구나 가족이 그 괴로워하는 환자 위에 거친 차일을 쳐 주는 경우도 있었다. 때로는 죽었거나 죽어가는 전 가족이 함께 오두막에 누워 있는 경우

9　언더우드, *Fifteen Years Among the Top-Knots*, pp. 136-145. 여기서 '병원'은 서대문 모화관 근처에 그가 세운 '휴양소'(shelter)를 말한다.
10　감사장의 내용도 같은 책 p. 145를 참조하라.

도 있었다."

　이 말은 의사였던 언더우드 부인이 한 증언이다. 아펜젤러의 편지와 다른 여러 관찰자들의 일지들은—그중 어떤 것들은 18세기의 상황에 대한 관찰을 담은 것인데—앞과 같은 상황이 구체제의 한국에서는 일반적인 것이라고 말하고 있다. 이에 대해서는, 일본인을 비롯한 외국인들의 증언도 풍부하다. 나 자신은 이 비슷한 상황을 봉건적인 일본에서도 보았다. 약 50년 전에 일본은 신식 생활을 시작하여 헵번(Hepburn)과 시몬즈(Simmons) 같은 외국인 의사 겸 선교사들과 그 외의 사람들의 모범과 권유에 자극받아 그 이후 옛 영토에 천 개의 병원을 설립했을 뿐 아니라, 대만과 조선에도 몇 개의 훌륭한 진료기관을 세웠다. 동양과 서양의 좋은 것들(아직 무엇이 최선이라고는 말할 수 없지만)을 통합하는 천재성을 가진 일본인들은 오늘날 한국에 공중위생을 소개했을 뿐만 아니라 법원이나 학교처럼 시민 생활의 필수적인 부분인 병원을 세우고 있다. 그러나 이러한 모든 유익한 행위들의 원천은 "병자를 고치라"고 말씀하신 위대한 의사인 주의 말씀이다. 한국에서 최초의 위대하고 고무적인 본보기는, 구속자의 명령에 순종한 그리스도로 충만한 사람들과 그들을 보낸 사람들이었다.

1   **아펜젤러:** "그는 누구와 함께 있더라도 관심을 끌 수 있는 매우 인상적인 인물이었다. 잘 다듬어진 몸매를 가진 그는 머리를 들어 약간 뒤로 젖히고 다니기 때문에 그의 훌륭한 체격 구석구석이 모두 잘 드러났다. 그의 불그레한 얼굴빛은 그가 완벽할 정도로 건강한 사람이라는 것을 보여 주었다. 그의 얼굴에는 항상 미소가 어려 있었으며, 웃을 때는 가슴으로부터 우러나오는 듯이 웃었다."

2   아펜젤러
3   아펜젤러
4   **일본에 도착한 아펜젤러 선교사 부부(1885년):** "오랫동안 폭풍우 속에서 항해한 후 2월 27일 저녁, 항구로 들어가기에는 너무 늦은 시간에 아라빅 호는 일본에 도착했다. 아펜젤러와 함께 여행했던 한 승객은 아펜젤러가 '사람들이 상륙하기 전에 모두를 자기의 선실로 초대해 안전한 여행에 대해 하나님께 감사를 드리도록 인도했으며, 앞으로도 하나님이 모두를 인도하시고 장래의 방향을 제시해 주시기를 간구했다'고 한다."

Seoul, Korea, Aug. 1885.

Rev. R. S. Maclay, D.D.
Supt Korea M. E. Mission,
 Dear Brother: —
  Missionaries.
Rev. H. G. Appenzeller   Rev. Wm B. Scranton, M.D.
Mrs. Ella D. Appenzeller, Mrs. Wm B. Scranton
      W. F. M. S.
   Mrs. M. F. Scranton.
     In presenting my first Annual Report I wish to give humble and devout thanks to our Heavenly Father for his kind and watchful care over us. Truly we have passed "thro many dangers both seen and unseen". We reached Yokohama on the evening of Feb. 26, were met by the brethren of the place the next morning, welcomed right royally to Japan, + given a hearty Godspeed to our new work in Korea.
     Some of us landed in Korea Apr. 5, were not permitted to come to Seoul, and because of the political uncertainty, the danger of crippling the work by endeavoring to start it in troublous, we reluctantly withdrew to Japan for a season. The Methodist Church, however, may rightfully be said to have entered Korea at this time as we left a part of our goods behind. A month later Dr. Scranton came over alone, + found employment in his profession in the Government hospital. The war cloud passed over by

5

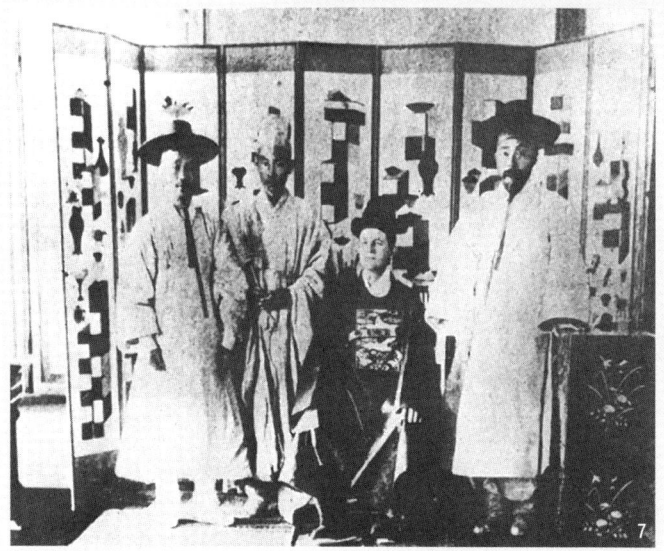

6   **아펜젤러 가족사진:** 왼쪽부터 차례로 둘째딸 아이다. 큰딸 앨리스, 아펜젤러, 아들 닷지, 부인, 셋째딸 메리. "매우 활기 넘치는 모습이 담겨 있는 그 사진은 이 여섯 명의 가족이 아주 흥미로운 공동체임을 보여준다. 이때가 그가 고국에서 카메라 앞에 앉은 마지막 시간이었다. 얼굴은 윤곽이 뚜렷하며, 그 자체로서 영혼 불멸에 대한 불신에 저항하는 표정이 드러나고 있다. 전체적으로 그 사진은 진실로 그의 인물됨과 기질을 그대로 드러내 주는 것으로 그의 강렬한 진지함이 역실하게 나타나 있다."

7   **궁궐에 입궐하기 위해 예복을 갖추고 앉아 있는 아펜젤러의 최후 사진:** 가운데 왼쪽에 서 있는 사람이 1902년 6월 11일 아펜젤러와 함께 순직한 조한규다.

The School sign brought.

This morning Kim Chusok who had charge of this matter brought me the name of the school properly engraved and mounted. It means "배재학당". The thing is really done & gives us a public recognition we could get in no other way.

Thursday, Mar. 24

School sign explained by Mr. Hayakawa

This morning Mr. Hayakawa, whom I asked day before yesterday about the sign of the school, wrote me: "Judge Fuki, a Chinese classical scholar - our officers explained to me the words of your school 培材 = orig. meaning = put the earth around a root - a tree (in order to afford / plant food) hence it means literally to rear. 學堂 = orig. meaning, material for constructing a house. literally in-

dicates useful person in the political organization as material is useful in constructing a house. Hence a full translation - augur is: A Learning Hall for rearing useful persons.

The aforementioned meaning of your school induces me believe the Korean Government relies upon your school for raising useful persons."

I may say I hope to turn out men who shall be useful to this Government and more especially to the people of Korea.

We are now doing good substantial work in the school. I give them 20 new words daily besides reviewing them monthly, sometimes weekly.

8

9

8 국왕으로부터 '배재학당' 교명을 받고 쓴 일기: "8월에 아펜젤러는 4명의 등록된 학생을 가지게 되었다. 1886년에 학교는 인가를 받은 것과 다름없는 위치에 오르게 되었으며, 국왕으로부터 정식으로 배재학당이라는 이름을 하사받았다. 첫 학기는 1886년 6월 8일에 개강되었다."

9 1898년 11월 만민공동회에 참석한 배재학생들을 해산시켜 달라는 학부대신 홍우관의 편지에 대해 아펜젤러가 보낸 답장

10　아펜젤러 거주지(앞)와 M. F. 스크랜턴 여사의 거주지(뒤)
11　감리교 병원(1), 스크랜턴의 집(2), 미국 공사관(3), 장로교 선교부(4): *The Gospel in All Lands* 1887년 6월호

12 정동제일교회 마당에 있는 아펜젤러 동상
13 양화진 외국인 묘지에 있는 아펜젤러 추모비: "H. G. 아펜젤러(1858. 2. 6-1902. 6. 11)는 미국 북감리회 해외선교본부에서 한국에 최초로 파견된 선교사로 배재학당 설립자이시다. 선교 활동 중 목포 앞바다 전복된 배에서 한국 소녀를 구하려다 당신이 익사하시었다. ―배재 총동창회 세움"

19
학교와 교회

　　　　　　　　　우리가 이제껏 알아 온 사람들이 지상에서의 삶을 마친 후에, 그들 생애 전체를 바라볼 수 있는 입장에서 전체적인 삶을 연구하고 인쇄된 전기나 매일매일 손수 쓴 일기를 추적하면서, 우리는 육체적인 모습이나 주관적인 우주관 및 가치관 면에서 사람에 따라 매우 다양한 차이가 나타난다는 점을 보고 놀라게 된다. 그러나 유전과 훈련의 차이 때문에 육체와 정신은 다양하다고 하더라도, 위대한 목적을 이루고자 하시는 하나님의 도우심과 예정된 뜻으로 인해 그들의 능력에는 거의 차이가 없다. 또한 태도와 외모와 방법과 마음의 색조는 각기 다르다 하더라도, 그들이 동료들에게 행한 선한 일들은 영원하다. 하나님의 뜻에 완전히 헌신하게 되면 사람들은 서로의 대조적인 특질들을 넘어 모두가 똑같이 그리스도와 같이 되며, 수줍은 사람이건 천성적으로 담대한 사람이건 모두 사자처럼 용감해진다. "그리스도 안에서 하나"[1]가 되

1　갈라디아서 3:28.

었다고 할 때, 그것은 단지 민족적 차이를 넘어설 뿐 아니라 한 영혼 안에 섞여 들어 있는 여러 요소들의 차이를 넘어서는 것이기도 하다. 따라서 우리 자신의 내면과, 체력과 정신력의 수준이 다양한 사람들을 살펴보면서 우리는 "일심으로 주의 이름을 경외하게 하소서"[2]라는 한 시편 기자의 기도의 의미를 깨달을 수 있게 된다.

세계적인 사업에 힘쓴 몇몇 선교사들과 개척자들의 삶, 예를 들어 일본의 헵번과 같은 이의 삶은, 기지 넘치는 올리버 웬델 홈즈(Oliver Wendell Holmes)[3] 박사가 전해 준 유명한 장수(長壽) 처방에 대한 해설과 같은 것이었다. 그 처방이란 어떤 불치의 병에 걸리라는 것인데, 그래야만 의사들은 환자를 청진하고 두드려 보고 수치를 재고 처방을 하고 주의를 주는 가운데서도 자신을 돌볼 수 있다는 것이다. 헵번은 젊어서부터 병약했고 그의 생애 대부분을 반(半)병자로 살았지만, 96세가 되어 죽었다. 그것도 병 때문이 아니라, 언젠가 존 애덤스 대통령이 자기 자신에 대해 말한 것처럼 "집주인이 더 이상 수리해 주기를 거부했던 낡아 빠진 집에서 살았기" 때문이었다. 마치 아이처럼 소심해서 곤란한 일들을 처음 맞닥뜨리면 거기 부닥치기조차 회피하던 헵번은, 꼭 수행해야 할 의무 앞에서는 사자처럼 용감한 사람이었다.

한국의 아펜젤러는 일본의 헵번과 같은 성자와는 거의 정반대라 할 수 있는 사람이었다. 그는 몇 세대에 걸쳐 산악인, 농부 등과 같이 바깥 공기를 마시며 살아온 사람들의 자손으로서 전능하신 하나님이 지어 주신 뛰어나게 훌륭한 집 안에서 살았다. 그의 조상들이 그에게 땅과 하늘에서 키워진 왕성한 건강을 물려주었기에, 그는 항상 명랑할 수 있었다. 그는 과

---

2 시편 86:11.
3 미국의 시인이자 의사다.

다하게 노력하고 끊임없이 행동하는 스타일이었기 때문에 때때로 피곤함은 느꼈지만, 고통이나 통증은 거의 느끼지 못했다. 그 훌륭한 육체가 훗날 어떻게 그림자처럼 사그라들었는지는 이 글의 마지막에 나오게 된다.

아펜젤러는 현실들을 제대로 보았고 동시에 여호와의 약속을 명확하게 읽을 수도 있었다. 또한 매우 강건한 신체적 자산을 지니고 있었기 때문에, 하나님과 함께 일하고 전능자가 그 안에서 그와 함께 일하신다는 것을 느꼈을 뿐만 아니라, 항상 명랑한 태도를 통해 이 확신을 보여 주었다. "우리는 한국을 사랑한다. 왜냐하면 하나님이 우리와 함께 계시기 때문이다"라고 그는 적고 있다. 예를 들어 일본의 헵번과 같은 사람의 여러 기록 및 일기와, 아펜젤러의 것들 사이에는 커다란 차이가 있다. 양자는 모두 하나님의 자녀로서 하나님과 동행했지만, 그들의 신학과 사고방식과 방법론은 수많은 점에서 차이가 있었다. 그들이 그리스도를 닮았다는 점에서는 쌍둥이 같지만, 이론 면에서는 양극단에 서 있었다.

히브리 사람들은 "기름부음 받은 자"[4] 즉 위로의 예언자를 "기름의 아들"(sons of oil)이라 부른다. 또한 이스라엘이 가장 어두웠던 시기에 다른 어떤 예언자보다도 목소리를 높이 올렸던 '위대한 무명자(無名者)'의 첫마디는 "너희는 위로하라, 내 백성을 위로하라"[5]였다.

아펜젤러는 이 기름의 아들들에 속한 자였으며, 그에게 힘을 공급하는 저장소는 하나님의 은혜로 늘 풍요롭고 결코 바닥나는 일이 없었다. 그는 위로의 설교자였다. 따라서 고통과 사별의 순간이 왔을 때 사람들은 항상 그를 찾았다. "너를 일컬어 찾은 바 된 자라 하리라"[6]는 예언자의 말씀은 그에게 꼭 들어맞았다. 슬퍼하는 사람들이 그의 음성을 듣고 싶어 한 것은

---

4 스가랴 4:14.
5 이사야 40:1.
6 이사야 62:12.

특히 장례식 때였다. 그러나 그의 설교에는 슬픈 기색이 없었다. 초상을 당한 사람들과 마음으로 깊이 공감하면서도, 그의 테너 목소리는 참회의 찬송이라기보다는 할렐루야 합창[7]에 더 가까웠다. 천정(天頂)과 천저(天底)가 떨어져 있는 만큼이나, 그의 죽음에 대한 생각은 초상당한 후 3년 동안 상복을 입고 지내는 조선인들의 생각과는 거리가 있었다. 아펜젤러는 항상 "삼나무를 통하여 별들을 보았기 때문에"[8] 그는 한국인들을 속박하고 있던 유령이나 악마를 두려워하지 않았다.

땅과 바다에서 심상치 않은 상황에 부딪혔을 때, 즉 흔들리는 배 위에서나 집에서나, 혹은 엄숙하게 예절을 갖춘 사람들에게 둘러싸였을 때, 아펜젤러는 언제나 기쁨의 음성을 전해 주었다. 슬픔은 사라지고 새로운 힘이 솟아났다. 그러나 그는 동정심을 언어로 다 쏟아 내 버리지는 않았다. 그의 돕는 손길이 항상 그의 위로의 말을 완성시켜 주었다. 낯선 땅에서 길을 잃고 방황하는 사람, 그러니까 좌초한 미국 선원이든 절망에 빠진 한국인이든, 쓰레기처럼 버려진 병든 노예이든 아펜젤러는 항상 그들을 즐겁게 해주고, 친절하고 인간미 넘치는 목사로서의 직분을 다해 그들을 도울 채비가 되어 있었다. 특히 한국에 역병이 만연하거나 서울에서 콜레라가 기승을 부릴 때 이러한 성품은 유감없이 드러났다.

아펜젤러는 진정한 의미에서의 문명의 개척자이자 사절이었다. 그는 단순한 이론만의 종교를 믿지 않았으며, 육체와 정신을 떠나 영혼이라는 단어 속에만 갇혀 있는 기독교를 믿지도 않았다. 그는 만국에 복음을 전파하는 위대한 사도 바울처럼 인간의 세 가지 본성을 모두 갖추고 있었다. 그가 가진 정통 교리와 그보다 더 나은 전통적인 실천, 이 두 가지 면에서

---

7   헨델의 오라토리오 "메시아"에 나오는 곡이다.
8   삼나무는 애도의 상징이다. 따라서 죽음을 넘어선 희망을 본다는 뜻이다.

그는 바울이 인간 안에 있는 것으로 열거한 '육체, 정신, 영혼' 세 가지 항목을 똑같이 양육하고 돌보려 했다. 그리스도인이라는 사람이 어떻게 식욕에 그대로 이끌리거나 정열의 유혹에 빠져 자신의 영적 본성을 굶길 수 있는지 이해할 수 없었다. 다른 한편으로 육체와 분리된 영혼만을 주장하고 그 영혼만을 개발하려고 시도하는 것, 즉 한마디로 정신-영혼의 집이며 육체의 관리자-을 말살하려는 것은 터무니없는 일이었으며, 성경 교리면에서 볼 때도 불건전한 것이었다.

1885년부터 1890년에 이르는 초기 사역 중에 아펜젤러가 무슨 일이나 다 하는 잡역부와 같이 될 수 있었던 것은 이렇게 그가 전인적인 인간이었기 때문이다. 그는 마케도니아 사람이 "건너와서 우리를 도우라"[9]고 외치며 서 있는 미개척지를 향해 길을 발견하고 뚫는 사람이었다. 그에게 "먼저 상처 입은 자를 도와주라"는 말은 바로 눈앞에서 지금 요구하고 있는 사람, 그것이 예상한 것이든 예상치 않은 것이든, 일상적으로 해야 할 일이든 거기에서 벗어난 것이든, 그 사람을 즉시 도와주는 것을 의미했다.

그가 처음으로 부딪힌 문제는 바위를 깨부수는 것, 혹은 땅을 갈아엎는 것이었다. 아직은 한 방법으로 헌신적 힘을 쏟을 시기는 되지 않았으며, 한국어 설교, 성경 번역, 주석을 다는 작업, 기독교 문서 출간, 기독 교회 관리, 학문으로서 신학을 가르치는 일, 훗날 큰 문제로 자라갈 세부적인 일들을 구체적으로 다루고 정리하는 작업 같은 전문적인 일을 할 때도 오지 않았다. 아직 한국어를 유창하게 하지 못했던 시절, 그는 내적으로 앞으로 있을 외부적인 활동들을 준비하면서 여유 있는 시간들을 보냈다. 그것은 여러 가지 면에서 기분 전환을 의미했다. 그는 기독교 주간지인 "조선 그리스도인 회보"(The Korean Christian Advocate)[10] 와 '문명의 잡지'인 월

---

9   사도행전 16:9.

간지 "코리언 리포지토리"(*The Korean Repository*)[11]를 편집하고 발간했다. 또한 수년간 대한기독교서회[12]의 회장을 맡았으며, 유럽과 미국의 생활 중 가장 훌륭한 사회적 특징들을 소개하는 데 힘썼다. 그는 현명한 건축자로서 폭넓은 기초를 다짐으로써 그 위에 다른 사람들이 훌륭한 건축물을 지을 수 있도록 했다. 이제 "네 손이 일을 얻는 대로 힘을 다하여 할지어다"[13]라는 성경의 명령에 순종했던 사람이 계획하고 충고하고 수행하고 협조했던 일들 중 몇 가지를 보도록 하자.

한국에서 살았던 17년 동안에 아펜젤러는 진정한 세계 시민으로서 많은 커다란 사건들을 목격했고 수많은 저술가와 여행가, 그리고 여러 나라의 다양한 문명들을 이끄는 빛의 사람들, 즉 군인, 주교, 외교관 등을 만났다. 물론 그의 동료 개척자들과 "더 나은 시대"를 개척하는 사람들도 빼놓을 수 없다. 그는 짧은 글로는 이루 다 살펴볼 수 없는 많은 이름들과 큰 사건들, 그리고 여러 논문들과 그것에 대한 해석들을 접했다. 이러한 모든 것을 통해 아펜젤러는 성장하고 그의 경험을 넓혀 갔다. 알렌은 이렇게 기록하고 있다. "신학교를 갓 졸업한 그는 아직 세상 및 사람들과 가까이 지내지 못하고 있었다. 하지만 그때의 그와 같은 편협함은 점차 사라져 갔다.…훗날 그는 자신이 할 수 없었던 일을 자기만큼 가치 있는 다른 그리스도인이 하고 있다는 사실을 깨닫게 되었으며, 서로간의 양심의 차이로 어떤 일이 일어날 때 다른 사람의 행동을 판단하지 않겠다는 생각을 하게

---

10 1897년 2월 2일부터 발간했으며, 이후 "대한 그리스도인 회보"로 제호를 바꾸었다.
11 감리교 선교사 프랭클린 올링거(Franklin Ohlinger)에 의해 1892년 1월에 창간된 기독교 선교 영문 월간지. 1892년 12월 임시 휴간되었다가 1895년에 아펜젤러와 헐버트에 의해 복간되었으나 1899년 6월 통권 50회로 폐간되고, *The Korea Review*로 이어졌다.
12 1889년 헤론의 건의로 그 이듬해 1890년 6월 25일에 창설된 기독교서적 출판소. 당시에는 조선성교서회(聖敎書會)라는 이름이었다.
13 전도서 9:10.

되었다고 내게 말했다. 나는 아펜젤러의 시야가 한층 넓어지고 점점 관대해져 가고 있는 이와 같은 증거를 보고 무척 기뻐했다. 또한 그는 마지막 순간까지 존 웨슬리의 모형을 따르는 가장 열렬한 감리교인이었다."

처음부터 아펜젤러는 일본 사람들과 사이가 좋았는데, 이것이 그가 계속해서 영향력을 확장해 나갈 수 있었던 비결 중 하나였다. 그러나 내 생각에는 그는 비단 일본인이 아니더라도 누구든지 선한 사람에게 '동반자'가 되어 줄 수 있었을 것이다. 왜냐하면 그는 그리스도로 충만한 사람이었지 종파심이 강한 사람이나 편협한 고집쟁이가 아니었기 때문이다. "우리는 한국을 사랑한다. 왜냐하면 하나님이 이곳에서 우리와 함께 계시기 때문이다"라고 그는 적고 있다. 그가 서울의 일본 공사관에서 처음 만난 사람들 가운데, 타카히라라는 사람이 있었는데, 그는 4년 동안 워싱턴에서 서기관직을 맡은 적이 있었고 로버트 잉거솔(Robert Ingersoll)과 헨리 워드 비처(Henry Ward Beecher)에 대해서도 알고 있었다. 그는 밥(Bob)[14]이 신앙을 매우 우스운 것으로 여기는 사람이라 생각했고, 타카히라 역시 영원한 신의 영향력과 같은 것에 대해서는 궁극적으로 반대하리라고 생각했다. 그러나 타카히라는 끈기 있게 일하는 웅변가인 비처로부터 많은 영향을 받았다. 훗날 타카히라는 워싱턴 주재 대사로서 역시 아펜젤러가 서울에서 만난 적이 있던 고무라(이 두 일본인은 모두 내 제자들이다)[15]와 함께 포츠머스에서 러시아의 사절을 만나 1904-1905년의 러일전쟁을 종결짓는 조약에 서명했다. 군사, 외교 양면에서 일본은 승리자로 부각되고 있었다. 일본의 다른 목사나 고문들과도 아펜젤러는 항상 친하게 지냈으며 서로 협조했다.

---

14 로버트 잉거솔의 애칭이다.
15 그리피스는 일본에서 오랫동안 제국대학의 교수로 있었다.

아펜젤러는 당시 미국 공사관에 근무하고 있던 풀크 해군 대위의 공적을 아주 높이 샀는데, 그의 초기 편지에서 "미국에 대한 한국인의 평가를 높이는 데 이 사람만큼 큰 역할을 한 사람은 없다"고 쓸 정도였다. 이 총명한 젊은 해군 장교는 조선의 거의 모든 지방을 탐험했으며, 그가 국무성에 올린 보고는 역사적으로도 매우 가치 있는 자료이며 정보도 풍부하다. 그는 내게 자신의 자필로 쓴 여행 일지를 주었는데, 거기에는 한국의 원시적인 모습이 적나라하게 드러나 있다. 풀크는 때때로 아펜젤러의 집을 방문했으며, 간혹 국왕을 볼 수 있는 기회가 있었기 때문에 처음으로 왕에게 아펜젤러의 존재와 사업에 대해 알려 주었다. 풀크는 아펜젤러에 대한 소개의 말을 아주 잘해 주었기 때문에 그의 말은 좋은 결과를 낳게 되었다. 당시 아펜젤러는 이미 학교를 열어 영어를 가르침으로써 한국에서의 기독교 교육의 기초를 쌓기 시작하고 있었다. 1886년[16] 왕은 그 학교의 이름을 지어, 그 이름을 적은 현판을 하사했다. 한국인들에게 알려지는 것이 절실하게 필요했던 초창기의 이 학교는 가장 바라던 것을 얻은 셈이었다. 그리하여 유용한 인재를 기르는 학교라는 뜻의 배재(培材)라는 이름을 얻은 이 학교는 '정부의 후원하에' 그 웅장한 발걸음을 내딛기 시작했다. 푸른 빛깔의 이 현판은 학교 입구에 달았는데, 그 안으로 수백 명의 한국인 학생들이 들어오게 됨으로써 배재는 반도 전역에 알려지게 되었다.

다음 해인 1887년 감리교 본부의 경비와 '미국인이 한국에 주는 선물'로 지어진, 아름다운 벽돌 건물이 봉헌되었다. 그것은 길고 낮은 단층 건물로서 이 나라에서는 처음으로 세워진 벽돌 건물이었다. 물론, 높이 지을 수 없는 이유는 높은 건물이 왕궁에 의구심을 불러일으키기 때문이다. 만약 그 건물이 왕으로부터 품팔이꾼까지 모든 한국인이 살고 있는 나지막

---

16 사실은 1887년이다. 1887년 아펜젤러 연례보고서 참조.

한 전통적 건물보다 더 높았더라면, 그것은 한국의 예절 관념을 무시하는 처사가 되고 말았을 것이다. 그 이후 정부로부터 약간의 재정적 지원이 있었으며, 1902년까지 지원이 계속되었다. 그 건물의 설계자는 일본인 T. 요시자와였다.

그 건물의 헌당식 때 감독이 한 말은 기억할 만하다. "이 건물은 미합중국이 한국에 주는 호의와 형제애가 담긴 선물이다."

그렇다! 미국이 아시아에 남긴 자취는 유럽이 남긴 자취와는 다르다. 그것은 정복과 전쟁과 경제적 착취가 아니었던 것이다. 그것은 대학과 약국과 병원과 학교와 교회이며, 또 교사와 명예로운 상인과 헌신적인 선교사의 자취다. 미국인들은 아시아인들이 정복되고 종이 되기 위해 존재하는 것이 아니라, 치료받고 교육받고 도움을 받고 인간으로 대우받기 위해 존재한다고 항상 믿어 왔다. 그리고 그러한 신조와 정책이 한 세기가 넘도록 꾸준히 실천되어 왔다. 주여, 그것이 더욱 확대되고 깊어지게 하소서.

한국에서의 첫 공중예배는 서울의 남부에 있는 벧엘교회에서 1887년 4월 8일 부활절에 드려졌다.[17] 거기서 아펜젤러는 그의 전도를 받은 첫 회심자인 한 여인에게 세례를 주고 성찬식을 가졌다. 그는 이미 일본의 그리스도인에게 세례를 줌으로써 직접적인 복음 전파 사역을 시작한 바 있었다. 크리스마스 무렵에는 세 나라 국적의 신자들로 이루어진 교회가 세워졌는데, 1904년 스크랜턴 박사는 이 장면을 이렇게 회상했다.

> 아펜젤러 형제는 서울의 중심부에 있는 한국인의 집을 하나 샀다.…처음으로 한국인들과 함께 공적인 예배를 드릴 장소를 마련한 것이다. 그 집은 초신자

---

17 자료(1887년 4월 11일자 일기 및 1887년 연례보고서)에 의하면 이 서술은 잘못이다. 이 해 부활절은 4월 10일이고, 벧엘 예배당은 이 해 9월에 매입했다.

한 사람이 맡아서 관리하기로 했다. 그리고 방 하나는 한국의 첫 예배당으로 정했다. 그 방을 깨끗이 치우고 새로 도배도 했다. 그러나 한국 교회에서의 첫 성찬을 위해 단정하게 차려놓은 기구들을 받치는 낮은 탁자 외에는 다른 어떤 가구도 들여놓지 않았다. 아펜젤러 형제와 나, 그리고 네다섯 명의 세례받은 한국인들이 기억할 만한 첫 회중을 이루고 있었다. 이날은 크리스마스였는데, 이 아침에 아펜젤러는 그가 좋아하는 성경 구절을 본문으로 하여 한국어 설교를 세심하게 준비했다. 그 구절은 이것이었다. "이름을 예수라 하라. 이는 그가 자기 백성을 그들의 죄에서 구원할 자이심이라."[18]

이 예배는 우리에게는 아주 엄숙한 시간이었다. 은밀히 남몰래 경배를 드려 왔지만, 우리는 바로 거기서 첫 열매들을 거두게 되었으며, 약속하신 권능을 얻게 되었다. "볼지어다. 내가 세상 끝날까지 너희와 항상 함께 있으리라."[19]

이 예배에는 두 스크랜턴 부인, 즉 스크랜턴 박사의 어머니와 아내, 그리고 아펜젤러 부인도 참석했다.

아펜젤러는 모든 물가의 터에 씨를 뿌렸다. 도시의 길거리에서는 행인들을 붙잡아 대화로 끌어들였으며 시골에서는 사람들에게 말을 걸었다. 학교와 교회에서는 개인적으로 이야기하기도 하고 청중을 모아 놓고 강연을 하기도 했다. 처음에는 회개한 자들이 한 명씩 찾아왔다. 그다음에는 두세 명씩 짝을 지어 왔다. 그리고 다음에는 가족과 마을 사람들 전체가 몰려 왔다. 약국과 병원은 교회에 큰 도움을 주었다. 고통과 허약함으로 고생하다 능숙한 치료자들의 친절한 보살핌을 받아 건강을 회복한 많은 한국인, 정말 수많은 사람들이 하나님의 집과 천국의 문을 찾았다.

---

18 마태복음 1:21.
19 마태복음 28:20.

이렇게 하여, 돌이나 벽돌로 만든 외형상의 교회가 아니라 성령에 응답하는 영혼들이 모인 교회가 이루어져서 마침내 외적인 의복이 필요하게 되었을 때, 교회 건물 건축이 계획되었다. 그 건물은 어디서나 볼 수 있는 기독교 예배당의 전형적인 모습을 갖춘 것이었다. 벽돌로 된 벽과 뾰족한 지붕 위로 네모난 탑이 솟아 있는 이 교회당은 서울의 중심부인 정동에 위치했다. 1895년 9월 9일, 엄숙하면서도 즐거운 마음으로 초석을 놓았다. 건축가는 일본인이었으며, 비용은 8,048달러 29센트가 들었다. 그곳에 입당하게 된 날은 1897년 10월 3일이었다(완성된 것은 1898년이다). 이후로 그곳에서 계속 정기적으로 예배를 드리고 있으며, 이 글을 쓰고 있는 때(1912년)에도 그곳은 천 명이 넘는 경건한 사람들이 모여 있는, 말하자면 근면한 영적 벌들의 벌집이다. 영혼의 승리자로서의 아펜젤러가 일하던 장소로서, 그곳은 훌륭한 기념비처럼 한국 기독교의 역사 속에 우뚝 서 있다.

한편 이 무렵 몇 년간, 아시아의 지도가 바뀌어 가는 가운데 전쟁과 소요와 궁궐에서의 살인이 일어나[20] 왕이 러시아 공사관으로 피신했다가[21] 돌아왔고, 공사관을 호위하기 위해 군인들을 끌어들였던[22] 어수선한 시절이 계속되었다. 그러나 이러한 와중에서도 다른 어느 나라보다도 오래 살아남는, 영원한 나라를 위한 일은 꾸준히 진행되고 있었다. 음모도, 폭동도, 정치도, 전투도, 소요도, 폭도로 인한 위험도, 침략군도, 중국인이나 일본인도, 의화단이나 동학교도들도 그리스도와 주의 교회에 속한 아들과 종들을 한순간도 저지하지 못했다. 교회가 앞으로 나아가고 있는 동안에는, 그에게는 '전진'과 '고지를 향해!'라는 말만 있을 뿐이었다. 이것은 그가 즐겨 불렀던 노래 가사에 나타나 있는 태도이기도 했다.

---

20 일본인들에 의한 민비 시해사건(을미사변)이다.
21 아관파천.
22 러시아는 공사관 보호를 구실로 제물포에서 군인을 서울로 끌어들였다.

수고와 고난과

전쟁의 소란 속에서도

영원한 평화가 이루어지는 것을

그녀는 기다리도다.

한국에서 처음으로 지어진 이 외국 양식 교회의 전체적인 모습에 대해 알렌 박사는 이렇게 쓰고 있다. "그는 미국 공사관 건너편에다 적당한 교회 건물을 짓기로 마음먹었다. 그는 이 일 역시 성공했다. 모퉁이에 작은 탑이 있고 일반 민가같이 생긴 이 멋진 벽돌 건물은 외국인 지역에 발전된 모습을 더해 준 굉장한 것이었다. 이것은 감리교 학교[배재]의 멋진 벽돌 건물, 그리고 미국 공사관 반대편 언덕 위에 솟아 있는 감리교 출판소처럼 이 사람의 열정 어린 노력과 지칠 줄 모르는 추진력을 기념하는 하나의 비석처럼 우뚝 서 있다."

20

첫 번째 휴가

― 고국에서

　　　　　　　　　　　　　　낯선 나라에서 줄곧 7년간 온갖 수고를 한 뒤에, 모국을 방문하고 새로이 힘을 회복할 수 있는 기회가 왔다. 날수뿐만 아니라 연수에 있어서도 안식을 지킨다는 것은 공직자나 교사들뿐만 아니라 선교사에게도 진정한 정력을 경제적으로 운용하기 위해 현명한 일이다. 그렇기 때문에 공무원 제도의 경험이 세계의 다른 어느 나라보다 오래되고 폭넓은 영국 정부는 7년 동안 일한 다음에 한 해를 쉬게 하는 것이 인간의 능률 면에서도 가장 효과적임을 알고 있는 것이다.

　아펜젤러는 그 뛰어난 능력이 성숙해 가는 단계에 있었지만 한국을 방문한 한 감독이 말했듯이 수년간 "세 사람 몫의 일을 해 왔기" 때문에, 그것도 전염병에 걸리기 쉬운 기후에서 개척자로 일하는 고달픈 조건하에서 쉼 없이 달려 왔기 때문에, 이것은 그의 육체에도 영향을 끼쳤다. 1885년에는 몸무게가 90킬로그램 정도였던 것이 1892년에는 63킬로그램으로, 무려 30킬로그램 가까이 몸무게가 줄어든 것이다.

　의사는 휴식을 취할 것을 강력하게 권고했으며, 선교부 또한 아펜젤러에게 고향에 돌아와 쉬라는 명령을 내렸다. 1889년 8월 7일자로 기록된 그의 여권에는 그에 대해 다음과 같이 기록하고 있다. "나이 31세, 키 5피트 11.5인치,[1] 이마 넓음, 눈 회색, 코 그리스형, 입 중간 크기, 턱 원형, 머리 갈색, 피부 깨끗함, 깨끗이 면도된 상태."

그러나 실제적으로는 그에게 장소의 변화는 다만 일의 종류가 바뀐다는 것을 의미할 뿐이었다. 여행하는 동안에 잠시 쉰 것을 제외하면 고향에서도 그는 교회를 위해 열심히 봉사해야 했던 것이다. 어떠한 주장들이나 사업들도 세계복음화의 주장과 사업만큼 계속적인 육성과 자극이 필요한 것은 없다. 세계복음화의 영역에서 일하고 있는 사람, 특히 무엇을 말해야 할지를 알고 또 어떻게 말해야 할지를 아는 사람들은 이제껏 그와 같은 육성과 자극을 대체할 만큼 큰 힘을 지닌 다른 것이 없음을 잘 안다. 해외 선교에 있어서는 고국에 있는 사람들이 항상 소식을 들을 수 있도록 선교 전선에서 끊임없이 믿을 만한 정보가 전달되어야 한다. 또한 선교의 경제성을 위해서는 '표현력 훈련'이 계속되어 고국에 돌아온 선교사라도 가장 효과적으로 '대의를 제시할' 수 있도록 '훈련'받아야 했다. '시간은 돈'이며, 따라서 그저 흔한 쉼보다는 그런 일들을 하는 것이 더 가치가 있는 것이다. 어떻게 그것을 파악해서 말을 듣는 것에 굶주려 있는 사람들에게 잘 전달할 것인가? 모든 자료들은 아펜젤러가 휴가를 맞아 모국에 있을 때도 무엇을 어떻게 말할 것인지를 알고 있었음을 보여 준다.

게다가 증원부대가 필요했기 때문에 아펜젤러는 징병관의 활동까지 해야 했다. 이것은 매우 천천히 이루어지는 지루한 일이었다. 개척자들이 많은 일을 해 놓아서 가냘픈 희망이 승리의 선봉이 된 후에는 자원자가 부족하지 않지만, 일이 처음 시작될 때는 지원자가 적은 것이다.

---

1 181.4센티미터로 환산된다.

이 휴가를 위해 '승리의 펜실베이니아인'은 아내뿐 아니라 하나님이 그에게 주신 세 아이도 함께 데려갔다. 이 셋 중 하나는 아들이었는데, 그는 이 아이의 이름을 게르솜[2]이라 하지 않고, 자신의 이름을 따서 헨리라고 하였다. 당분간 서울에 있는 그의 집에는 아펜젤러의 귀중품을 치우고 다른 사람들이 살게 되었다.

떠날 준비가 다 되었을 때, 무지한 한국인들에게도 예외일 수 없는 인간 본성의 전적 타락,[3] 즉 전 인류의 공통적인 모습이 완연히 드러나게 되었다. 사람과 짐을 실어 나르는 사람들은 세상 어디를 가나 똑같은 것일까? 미국에도 각 주 간(間) 통상위원회(Interstate Commerce Commission)가 설치되어 있는 것을 보라! 1892년 6월의 이른 아침, 서울에는 미리 예약된 가마꾼과 말들이 나와 있었다. 말에는 짐을 싣고 가마에는 사람이 타 떠날 준비가 끝났다. 어떤 식으로 생각하든 간에, 제물포로 가는 기선을 강에서 타기 위해서는 이 행렬이 곧 출발해야만 했다. 그러나 이때 단지 심술 이외에는 다른 아무런 이유도 없이 출발이 지체되는 분통 터지는 일이 일어났다. 이 심술은 꼭 노새를 연상시키는 것이었지만 결코 '동양적' 혹은 '아시아적'인 것이 아니라 모든 인간의 한 속성으로 볼 수 있는 것이었다. 이것을 통해 아펜젤러는 또 한 번 인간의 본성을 책에서가 아니라 인간 그 자체의 실제적 모습에서 연구할 수 있는 기회를 갖게 되었다. 아펜젤러가 이미 이 짐꾼들의 우두머리와 공정하고 합당하게 거래를 하고 삯도 모두 지불한 상태임에도, 왜 이들이 출발하지 않는지 선교사 부인은 알 수가 없었다. 그녀는 아이를 안고 기다리는 데 지쳐 있었다. 말다툼이나 재촉, 훈계, 웅변이 소용없을 때는, 제한적으로 사용해야 하지만 다른 수단들이 안

---

2 [원주] 출애굽기 2:22. "그가 아들을 낳으매 모세가 그의 이름을 게르솜이라 하여 이르되 내가 타국에서 나그네가 되었음이라 하였더라."
3 칼뱅주의의 5대 원리 중 하나다.

통할 때 효과가 있는 폭력을 사용해야 했다. 아펜젤러는 가장 시끄럽게 떠드는 한두 사람의 멱살을 잡고 팽이처럼 빙 돌린 다음 그들이 있어야 할 위치에 데려다 놓고 "출발해!"라고 소리쳤다. 그러자 한국인의 분별력을 보여 주듯 재빠르고 기민하게 움직여 일행은 말을 몰아 기분 좋게 출발했다. 그들은 강에서 제물포로 가는 기선을 잡아 탈 수 있었다. 일본의 고베로 갈 때는 좀더 큰 기선을 탔으며, 그다음에는 원양 여객선인 엠프레스 오브 차이나 호를 타고 샌프란시스코로 건너갔다. 아펜젤러 부부가 탄 배에는 유명한 사람들 몇 명이 같이 타고 있었다. 예술을 매우 사랑하는 보스턴의 브래들리(Bradley) 부인, 러드야드 키플링(Rudyard Kipling) 부부, 도쿄의 영국 전권대사인 휴 프레이저(Hugh Fraser) 경과 그의 재능 있는 부인 등이 그들이었다. 프레이저 부인은 매리언 크로포드(Marion Crawford)의 자매로 훗날 여러 편의 뛰어난 기록과 소설을 썼는데, 그중 하나인 「일본으로부터의 편지」(*Letters from Japan*)는 천황의 궁궐 생활을 아주 훌륭하게 묘사하고 있다. 이 책은 베이컨(Bacon)의 「일본의 소녀와 여인들」(*Japanese Girls and Women*)과 마찬가지로 이제는 고전이 되어 있다. 프레이저 부인은 한국에서 파견된 사절단 모두를 매우 친절하게 대해 주었다.

한국으로부터 출발한 항해는 결코 지루하지 않았다. 일본 근처에서는 파도가 매우 거세어져서 선교 위에 물고기와 해초가 널려 있기도 했다. 깊은 바다에서는 장례식이 있었다. 하루는 거울같이 잔잔했던 바다가 다음 날은 노한 파도를 하늘까지 솟구치는 광경, 날치, 물을 내뿜는 고래, 인광(燐光), 항상 친근한 갈매기들, 그리고 중국 선객들의 기묘한 행동과 다른 인종들의 다양한 특성들은 단조롭기 쉬운 항해를 처음부터 끝까지 다채롭게 만들어 주었다.

요코하마에서 아펜젤러는 "저팬 메일"(*The Japan Mail*)이라는 잡지사에 있는 프랭크 브링클리(Frank Brinkley) 대령을 방문했다. 아펜젤러는 이 고

고학자 겸 학자인 재능 있는 군인을 만나 그 잡지사 시설들을 둘러보면서 즐거운 시간을 보냈다. 이 잡지는 반세기 동안 일본을 세계에 알리는 큰일을 담당해 왔으며, 아펜젤러는 7년간 그 잡지의 한국 특파원 역할을 해 왔다. 아펜젤러는 모국에서 휴가를 보내는 동안에도 이 잡지를 받아볼 수 있었기 때문에, 계속해서 극동에서 일어나는 세계의 움직임에 대해 정보를 얻을 수 있었다.

모국에 도착해 아버지 집에서 한 달가량 지낸 후 아펜젤러는 무척 바쁜 일정을 보냈다. 동아시아에서 일하는 동안 출간된 훌륭한 책들을 읽는 지적인 활동이나 친지들을 방문하는 사교적 활동 때문만이 아니라, 적극적으로 교회에 봉사했기 때문이다. 그는 한국 지역의 필요들을 그가 태어난 곳, 그가 다닌 대학이 있는 도시, 그 밖의 여러 곳에 알리는 데 주력했다. 뉴잉글랜드에서도 한 달가량 머물기는 했지만, 이 일들은 대부분 중부 지역에서 이루어졌다. 그는 몇몇 냉담한 교회들에 적극적인 관심을 불러일으킴으로써 더욱 확장된 사업을 펼쳐 나갈 수 있기를 원했다. 훗날 한국에 임한 놀라운 은혜와 감리교 선교의 커다란 성공을 볼 때 20년 전에 있었던 이 무관심은 믿을 수 없을 정도다.

아펜젤러는 디킨슨 대학을 방문했는데, 이 학교는 1783년 장로교인들이 세운 후 1833년 감리교인들이 인수한 대학이다. 그로부터 몇 달 전 요코하마에서 교토의 샤프(Sharpe) 교수는 아펜젤러를 처음 보자마자 그의 눈에서 스위스인의 후예임을 읽을 수 있다고 했는데, 아펜젤러는 디킨슨 대학에서 아펜젤러란 이름을 가진 학생 둘을 만났으며, 펜실베이니아와 서부 지역에 같은 이름을 가진 사람들이 있다는 이야기를 들었다. 미국 도시들의 인명부를 조사해 보면 어떤 도시에는 이 스위스계 이름을 가진 사람들이 많은 반면, 다른 도시들, 예를 들어 시카고 같은 도시에는 그런 이름이 거의 없다는 사실을 알 수 있다.

1893년 1월 18일 랭커스터에서 아펜젤러는 자신이 이제껏 읽었던 책과 앞으로 읽을 책의 목록을 만들었다. 이 목록들을 살펴보면 그가 미 대륙과 관련되는 주제, 그리고 비교종교학 대가들의 연구에 특히 몰두하고 있었음을 알 수 있다. 아펜젤러는 어려운 의무 수행과 여러 가지 일을 통해 증명되고 드러난 아주 강한 신앙을 가진 사람이었지만, 인류에 대한 깊은 공감을 지니고 있었고 또 그에게 부어지는 하나님의 은혜가 너무도 컸으므로, 믿음이 비교적 약한 형제자매가 잘 그러하듯 다른 사람의 종교를 단순히 파괴하는 사람이 될 수는 없었다.

편협한 고집쟁이가 되어 '이방 민족'들의 종교를 없애 버리기는 너무나 쉽다. 사실 이 '이방 민족'이라는 말은 원래 성경에는 나오지 않는 말인데, 나라라는 뜻을 가진 gens라는 단어에서 나온 '이방인'(Gentile)을 경멸의 뜻을 함축해 번역한 것이다. 따라서 이 말에는 예수님이 항상 보여 주셨던 동정의 의미는 포함되어 있지 않다. 물론 구세주 자신은 한 번도 그 용어를 사용하지 않으셨다. 그리스도에 대한 믿음이 없는 사람의 신을 찾는 영혼 속에 있는 가느다란 촛불조차 꺼 버리는 것, 즉 "꺼져 가는 심지를 끄는 것"[4]은 그리스도의 모습이라기보다는 사탄의 모습이다. 그를 인도하고 있는 불빛이 아무리 희미하더라도 그것은 성령의 입김에 의해 계속 타오르도록 해야지 특권의식으로 뭉친 바리새인 같은 생각으로 꺼 버려서는 안 되는 것이다. 그들과 함께 느끼고 그들을 이해함으로써, 눈먼 아이는 알 수 없는 사랑을 베푸시는 하나님의 도움을 받아 가장 천하고 무지한 사람이라도 품을 수 있는 그들의 희망과 갈망을 채워 주는 것이 훨씬 나으며, 그것이 바로 예수님을 따르는 길이다. 사상의 대륙이라 할 아시아의 생각하는 사람들의 그 정신과 만나기 위해 정신적 훈련을 하는 방법

---

[4] 이사야 42:3, 마태복음 12:20.

은, 좋은 씨를 뿌린 밭에 원수가 가라지를 뿌린 것을 알면서도 참고 기다리는 영적인 농부로 살 것을 가르치셨던 우리 주와 그의 명령을 따르는 것보다 나은 것이 없다. 예수님이 그렇게 가르치신 이상, 제자가 주님보다 뛰어나려고 해서는 안 된다.

진실한 학도로서 교회의 역사를 잘 알고 있는 아펜젤러가, 한국의 기독교회가 순수한 말씀의 젖을 먹고 자라는 유아기가 지나면 어른으로 성장하는 시기를 맞을 것임을 내다보지 못할 리가 없었다. 그때가 오면, 이가 자라고 위가 튼튼해진 한국의 그리스도인들은 더 강하고 튼튼한 그리스도인으로 성장하기 위해, 잘게 부수어져 있어서 소화가 잘되는 유아식 대신에 딱딱한 음식을 요구하게 될 것이었다. 미래에 대해 질투심도 두려움도 없는 이 대리 목자이자 사람들의 교사인 아펜젤러는 그들을 인도하고 먹일 준비를 철저히 갖출 수 있기를 원했다. 다른 사람들은 그에 대해서 '항상 준비하는 사람'이라고 기록하고 있다. 아펜젤러는 대포 소리가 들리지 않는 전쟁을 수행하는 아주 꼼꼼한 사람이었다.

모국에 있는 동안 아펜젤러의 교회 순회 여정은 동부 지역까지 확대되었다. 로드아일랜드 주 피닉스 시에 있는 감리교회에서 오랜 친구인 워즈워스를 위해 설교한 후, 그는 트레몬트 스트리트의 쇼머트 회중교회 곁에 있는 우리 집을 방문했으나, 불행히도 내가 집에 없을 때였다. 나는 이전에 아펜젤러가 서울에 있을 때 그의 안부를 묻고 격려하기 위해 편지를 썼고, 아펜젤러는 자신과 학생들의 사진들을 보내 주었다. 나는 이 사진들을, 매사추세츠 노스필드에서 열린 무디(Moody)의 집회에 참가해 각 주에서 모여든 믿음의 무리에게 한국의 필요를 역설하는 연설 중에 사용했다.

1892년 7월 말부터 1893년 6월까지 모국에서 지내다가 다시 돌아갈 준비를 마친 그는, 가는 길에 2-3일간 시카고에 머무를 계획이었다. 1893년은 한국이 미국에, 아니 일본(천여 년 전에)을 제외한 외국 땅에 처음으로 그 나라의 산물을 전시하고 사람들을 보냄으로써 자신의 모습을 나타낸 해였다. 이 사절을 통해 미국인들은 한국인의 독특한 의상과 행동거지를 자세히 볼 수 있었다. 사실 슈펠트가 맺은 조약을 비준하러 1883년 11명의 한국 사절[5]이 미국의 몇몇 대도시에 모습을 보인 적이 있었으며, 워싱턴의 국립 박물관에는 이미 월터 호우(Walter Hough) 박사가 한국의 진귀한 물건들을 가장 효과적으로 수집해 놓은 유명한 진열장이 있기는 했다. 아펜젤러도 휴가를 떠나기 바로 전에 500달러를 들여 릴랜드 스탠퍼드 대학교에 기증할 목적으로 모든 종류의 한국 물건들을 수집한 바 있다.

그러나 1893년에는 사절과 동행해 시카고와 워싱턴에 온 호러스 알렌 박사의 인솔 아래, 두 명의 흰 두루마기를 입은 사절 외에 서울의 궁궐로부터 10명의 음악인이 왔다.[6] 이 음악인들은, 아무리 역사가 깊고 고전적인 한국의 음악이라 하더라도 미국인들은 그 음악을 제대로 감상할 수 없으리라는 알렌 박사의 충고를 무릅쓰고 보내진 것이었다. 북과 나팔 연주자들은 미 정부와 박람회 당국 어느 쪽에서도 체재비를 부담하려 하지 않았기 때문에 곧 고국으로 돌려보내졌다. 그러나 시카고에서 이루어진 한국 물건들의 전시는 훌륭했다. 아펜젤러는 그가 가르치던 학생들 중 하나가 그 전시의 책임을 맡고 있음을 알고 기뻐했다. 그는 매우 신기해 보이는 물건에 관해 물어보는 사람들에게—심지어 컬럼비아 전시장에 벌집처럼 들어찬 재미있는 물건들과 기이한 것들에 눈이 지친 방문객에게까지—열심히 여러 가지를 알려주고 설명해 주었다.

아펜젤러가 미국에 가고 없는 동안에도 선교 사업은 계속 확장되고

---

5 그들은 1883년 7월 16일에 한국을 출발, 9월 2일에 샌프란시스코에 도착해 대륙횡단철도로 워싱턴까지 갔다. 사절은 민영익·홍영식·서광범·최도민·유길준·변수·현광택·주경석·고영철·로웰·우리탕(Woo Li Tang) 등이다.
6 알렌이 2월 23일 시카고 세계박람회를 위해 떠났고, 10명의 음악인은 3월 13일에 떠났다.

있었다. 감리(監理)로서 활동하고 있던 스크랜턴 박사는 후에 말랄류(Mallalieu) 감독에 의해 감리사로 임명되었다. 그 결과, 1901년 한국에 돌아온 아펜젤러는 복음전도 여행, 신약을 한글로 번역하는 거대한 사업, 기독교 신학을 가르치는 일, 그리고 한국인 설교자들을 훈련하는 일에 더 많은 시간을 쏟을 수 있게 되었다. 한국이 궁극적으로는 한국인 목사에 의해 복음화되어야 한다는 것이 아펜젤러의 확고한 신념이었다. 한국의 기독교는 외국 군복을 벗어 버려야만 했다. 또한 아펜젤러는 단지 꿈만 꾸고 계획만 세우는 것이 아니라, 한국을 위해 정말 훌륭한 기독교 대학을 세우기 위해 일하기로 마음먹었다.[7] 서울에 있는 그의 옛집에서 활동이 재개되었다. 물론 이번에는 새로운 종류의 과제에 매진했고, 그의 활동은 계속 성공을 거두어 나갔다. 1892년에는 서해안의 제물포와 동해안의 원산 항구, 그리고 역사적 도시인 평양에 선교 거점들이 세워졌다.

그러나 정치적 상황은 불안했다. 동학교도, 즉 동양 문화의 옹호자들이 정부에 대해 무장 항거를 일으켰는데, 이들은 모든 외국인들, 특히 그리스도인들을 적개심을 가지고 공격했고, 이로써 청일전쟁을 유발하게 되었다. 그런 가운데서도 맥길(McGill) 박사는 원산에 의료사업을 시작했고, 홀(Hall) 박사 부부는 당시 한국의 소돔이었던 평양에서 육신과 영혼의 치료를 시작했다.

처음에는 이 도시의 사람들에게 그 외국인들은 "아무 쓸모가 없었다." 왜냐하면 선교사들은 무희나 작부들에게서 즐거움을 구하는 사회체제 전체를 냉담하게 쳐다보고 거기에 얼음덩이와 같은 손을 올려놓는 자들이기 때문이었다. 그러나 회개한 자들이 옥에 갇히고 매를 맞는 상황에서도 선교사들은 굽히지 않았으며 회개한 자들과 함께 참고 견디었다.

---

7   1898년 연회록 참조.

그때 전쟁이 터졌다. 반은 군대이고 반은 유목민의 무리인 무지하고 탐욕스러운 청나라 군인의 무리들이 8만 명의 영혼이 살고 있는 이 도시[평양]를 점령했다. 그들은 집을 약탈하고, 재산을 훔쳤으며, 여인들을 폭행했다. 일본의 공립학교들은 '무장한 거짓말'(즉 중국이 천하의 지배권을 가져야 한다는 도그마)을 향해 전열을 갖추었다. 그 도그마는 국가 간의 엄숙한 조약을 쓰레기로 만든 것이기도 하다. 별이 달린 모자를 쓴 천황의 군대는 중국의 폭도들을 깨부수어 바람에 날려 버렸다. 이것으로 한국에서 중국의 위신은 영원히 깨져 버리고 말았다.

그 도시의 독기 스민 공기 속으로 너무 일찍 들어가 그 모습이 알아볼 수 없을 만큼 변해 버린 홀 박사는 결국 목숨을 잃고 말았다.[8] 1895년에는 아서 노블(W. Arthur Noble) 박사가 그의 임무를 이어받았고, 그 외에도 여러 인력들이 보강되어 놀라운 은혜의 사역을 감당해 나갔다. 아펜젤러가 사역을 마치고 주님 곁으로 가기 전에 평양에는 이미 수천의 신도를 가진 수많은 교회가 있었고, 그리고 질문을 던지는 많은 사람들과 성경을 연구하는 사람들, 그리고 예수의 성령 안에서 새로워진 많은 가정들이 있었다. "하나님께서 행하신 일이 어찌 그리 큰가!"[9]

---

8   청일전쟁으로 서울에 피난해 왔던 홀 박사는, 전쟁이 끝나자 마펫(S. A. Moffett)과 함께 그 해 10월에 평양으로 돌아가 진료사업을 벌였으나, 과로로 병을 얻어 11월 서울에서 사망했다. R. S. 홀의 *The Life of Rev. William James Hall, M.D.*를 참조하라.
9   민수기 23:23.

21

문명의 개척자

관심을 갖고 질문해 오는 사람들이 주위에 모여들게 됨에 따라, 그는 이 영적 순례자들에게 도움을 줄 수 있는 기독교 서적, 한국어뿐 아니라 중국어 및 일본어로 된 문헌이 필요함을 느끼게 되었다. 실제로 교회 안팎에는 심령의 양식을 구하는 일본인들도 있었다. 대부분의 교육받은 한국인들은 중국의 문헌을 읽을 수 있었으며, 총명한 젊은이들은 영어를 습득하기 시작했다. 그래서 아펜젤러는 고요한 아침의 나라가 꽃으로 뒤덮이는 1894년 5월 4일, 한국에서는 처음으로 기독교 서적과 외국 서적을 판매하는 서점을 열어, 일단 작은 규모로 운영하기 시작했다.[1] 이로써 외국인들에게 죽음을 선언하고 조약·체결을 주장하는 사람에게 저주를 퍼붓는 포고문[2]이 서 있던 곳으로부터 몇 미터 떨어

---

1 아펜젤러가 스크랜턴 감리사에게 보낸 1895년 10월 4일자 보고서에 종로서점에 대한 보고가 있다.
2 척화비를 가리키는데, 병인년(1866)년에 만들고 신미년(1871)에 세운 이 척화비는 서울을 비롯해 전국 200여 곳에 세워졌다. 서울의 것은 1882년 보신각 부근에 파묻었다가 1915년에 보신각을 옮겨 세울 때 지하에서 발견되어 경복궁 근정전 서쪽 회랑에 진열하게 되었다.

지지 않은 장소에서 새로운 빛이 흘러나와 곧 온 땅에 퍼지게 되었다. "외국인(洋夷)을 보면 죽여라. 만일 그냥 지나가게 두는 사람이 있다면 그는 조국의 배반자다"[3]라는 메시지와, "우리 모두는 한 분 아버지를 갖고 있습니다"라는 메시지 사이에는 얼마나 큰 차이가 있는가! 곧 아펜젤러는 올링거(F. Ohlinger)[4] 박사가 시작했던 인쇄소의 설비를 확장하고 거기에 제본소를 증설했고, 지식을 전파하고 한국의 지성들을 계몽할 수 있는 수단을 모두 갖추어 기독교 문명의 훌륭한 대행자의 활동을 전개했다. 이것이 감리교 인쇄출판소(Methodist Printing and Publishing House)로 훗날 여기에서 "코리언 리포지토리"와 "코리아 리뷰"(Korea Review)가 인쇄되었다.[5] 1892년부터 1906년까지(1893년과 1904년은 제외) 계속 발행된 이 월간지는 한국에 관한 무지의 짙은 어둠을 일소하는 데 기여했다. 사실 관심 가진 소수의 사람들을 제외한 대부분의 어리석은 미국인이나 유럽인들은 강한 자만심에도 불구하고 한국 땅이 어디에 있는지도 몰랐으며, 중국인도 일본인도 아닌 1천 2백만 명의 사람들이 독자적인 문명을 갖고 있다는 사실조차 알지 못하고 있었다. 올링거 목사 부부가 시작한 "코리언 리포지토리" 발행은 일 년간 계속되었다. 이것이 1895년에 복간되었을 때는 아펜젤러가 편집인이었으며,[6] 그의 명의로 운영되어 1898년 말까지 발행되었다. 그 뒤 뛰어난 능력의 호머 헐버트(Homer C. Hulbert) 교수가 "코리아 리뷰"로 그것을 이어 갔다.

---

3 척화비의 전반부 "洋夷侵犯非戰則和 主和賣國"을 말하는 듯하다.
4 중국 선교사로 있다가 1887년 한국에 와서 1895년 다시 중국에 돌아가기까지 한국의 인쇄·출판 등 문서운동에 큰 공헌을 남겼다. 삼문출판소(韓·英·漢)를 세우고, 1890년에는 죠션성교서회의 책임자가 되었으며, 1892년에는 The Korean Repository를 발간했다.
5 The Korean Repository는 올링거가 주도하여 1892년 1월-1899년 6월 기간에 통권 50호까지 간행했고, Korea Review는 The Korean Repository의 후신으로 1902년 1월-1906년 12월에 헐버트가 주관하고 출판했다. 모두 영문으로 간행된 잡지이며 선교사들의 한국 연구(역사·언어·문화 등) 내용을 소개했다.
6 아펜젤러와 G. H. 존스가 공동 편집인이었다.

대부분의 논설은 아펜젤러가 써 나갔는데, 예상할 수 있는 바와 같이, 그의 문제는 늘 명쾌하고 직설적이었다. 이 특별한 일련의 작업 과정에서 그는 다른 사람의 도움을 거의 받지 않았다. 그는 사설을 직접 쓰고 편집자 칼럼도 자기가 책임지는 것을 좋아했으며, 나중에 가서야 조지 히버 존스 목사와 함께 일을 했는데, 이 목사가 기고한 글들은 정열과 재치와 명쾌함의 본보기와도 같은 글들이었다. 부패하고 잘못된 방향으로 서 있는 곪아터진 한국 '정부'는, 정직하고 현실적인 개혁이 이루어지고 사람들에게 도움이 되는 실제적 정부로 변화되기를 두려워했기 때문에, 여러 번 미국 공사관을 통해 미국인들의 자유를 축소해 줄 것을 요청했다. 그러나 동요할 줄 모르는 천성을 지닌 아펜젤러는 불 켜진 촛불을 확고하게 들고 있었다. 그의 잡지는 발매금지를 당하기 위해 존재하는 것이 아니라, 사실과 진실을 대중에게 알리기 위해 존재하는 것이었다. 이후 1896년 10월, 한국의 학부대신이 「유학 경위」(儒學經緯)[7]라는 상당히 논란의 여지가 있는 책을 썼을 때는, 이 박학하면서도 무식한 고집쟁이의 공격적이고 모욕적이고 장황한 말에 대해 외국 사절들조차 이구동성으로 항의했다.

아시아학회(Asiatic Society)[8]를 만들어 한국의 역사, 언어, 법, 고고학, 건축, 종교, 민속, 예술, 상징, 예법, 관습에 대한 학문적 연구에 관심을 가진 사람들을 모을 필요성, 즉 거주 외국인들이 무역의 대상으로 삼고 있는 사람들, 혹은 회개시키거나 치료해 주거나, 이타심에서 돕거나 이기심에서

---

7 학부대신 신기선이 쓴 것으로, 서양과 기독교에 대한 신랄한 비판을 담고 있다.
8 왕립 아시아학회 또는 대영 왕립 아시아학회(The Royal Asiatic Society)는 1824년 영국에서 동양문화 연구를 목적으로 창설되었고 그 한국 지부는 1900년 6월 11일 서울에 설치되었다. 한국 지부 창립 당시 명예회원 3명과 각 교파 개신교 선교사들로 구성된 34명의 정회원이 참가했고, 초대에 명기된 목적은 "한국과 그 주변 국가들의 예술, 역사, 문학 그리고 풍습을 연구하는 데 있다"고 되어 있다. 이 학회는 왕성한 의욕으로 한국학 연구의 발판을 구축해 왔고, 기관지 *Transactions of the Korea Branch of the Royal Asiatic Society*를 계속 발간, 1984년 당시 58권까지 간행되었다.

착취하려고 하는 대상들을 이해할 필요성이 대두되었을 때, 몇 명의 선택된 영혼들이 이 일을 시작했다. 그러나 이것은 결국 '남은 자들'만이 끝까지 견디는 결과를 가져왔다. 세입도 없고 사회적 위신도 거의 없는 대부분의 학회와 마찬가지로—그리고 전쟁에서 이기고 한참 뒤에 형성된, 귀족주의를 양산하고 카드놀이와 상징적 의상과 기분전환의 즐거움과 사회적 전시 효과를 누리는 미국의 애국 단체들과 달리—이 한국 아시아학회(Korean Asiatic Society)는 초기의 빛나던 열정이 식어 버린 뒤에는 살아남기 위한 투쟁을 해야 했다. 그것은 엄청난 노력과 개인적 희생과 특별한 능력을 필요로 하는 것이었지만, 일꾼은 너무도 적었다. 하지만 그 학회는 1912년에 다시 부활했다.

이것은 대영 왕립(런던) 학회의 한 지부였지만 논문 기고가는 거의 미국인이었다. 그러나 외국인 거주자들은 '한층 진지한' 의무라 생각되는 것에 대한 취미와 능력, 성실성 부족으로 거기에 몰두하지 않았고, 논문을 준비하는 개인들에게 요구되는 사심없는 노력을 수행하는 것보다는 개인적 안락을 더 좋아하는 천성적인 습성으로 인해, 이 학회는 죽지 않고 다시 소생할 가능성이 있었음에도 일찌감치 혼수상태에 빠져 버릴 운명에 처했다. 한국과 그 정부의 커다란 정치적 변화 역시 그러한 재난과 어느 정도 관련이 있었을 것이다. 학자인 동시에 복음 전파자로서 일했던 선교사들 가운데서도 두드러졌던 사람은 엘리 바 랜디스(Eli Barr Landis)로 그는 성공회 선교부에서 의료를 책임지고 있었다. 1865년 12월 18일 펜실베이니아의 랭커스터에서 태어난 인물로 이전에 메노나이트파 신자였던 그는 죽은 뒤 큰 가치가 있는 유고 논문들을 남겼고, 그의 훌륭한 장서를 대영 왕립 아시아학회에 기증했다. 그는 한국의 모든 것에 대한 지칠 줄 모르는 탐구자였고, 병원과 고아원을 함께 운영했다. 1898년 4월 16일 그가 젊은 나이에 사망함으로써, 그의 선교 활동과 한국에 가슴 아픈 손실을 남기게 되었다. 그의 이름은 위대한 펜실베이니아인이자 자기의 모든 것을 버리고 한국을 사랑한 사람으로 영원히 남아 있다.

그럼에도 불구하고 이 학회는 짧지만 활동적이었던 그 존속 기간에 세 권의 훌륭한 회보를 발간했다. 처음부터 아펜젤러는 이 아이[학회]를 기르는 데 중요한 몫을 담당해 왔다. 그는 학회를 위해 극동 문제에 관한 서적을 수집하는 힘든 일을 시작하여 계속해 나갔을 뿐 아니라, 그 조직의 사서 및 서기 역할까지 도맡았다.

아시아 항구 생활의 불행한 실상이자 그리스도 왕국의 도래를 늦추는 경향이 있는 어떤 모습이 있다면, 바로 상인을 비롯한 잡다한 사람들과 선교사 공동체 사이의 공감대 결핍이다. 그들이 그들 동포에게 보이는 이 냉담한 무관심과 적대감, 그리고 자신들이 '경멸받는 부류'에 속해 있다는 새로운 느낌은, 많은 선교사들에게 가장 지기 힘든 무거운 십자가다. 또한 많은 천박한 소문들이 떠돌며, 오해로 인해 서로 험담을 하고 결국 서로 존중할 수 없게 되는 일이 흔하다. 지방 신문들도 그러한 소문을 한몫 거들어 기독교에 대한 불만으로 가득 찬 짓궂은 비판자들의 글을 싣고, 지면을 온통 배교자와 이교도들의 글로 뒤덮는다. 배은망덕한 학생들은 바로 그 선교사들로부터 배운 영어를 사용하여 자신들이 얼마나 경멸스럽도록 작은 인간인지를 보여 주기도 한다.

이러한 사회적 분열은 많은 부분에서 서로 다른 삶의 동기, 선교사와 상인 계층 간 외국 생활의 목적 차이로 설명된다 하더라도, 전혀 불필요한 것들이다. 그러나 타락한 본성을 가진 이교도들과 명목상의 그리스도인들이 이런 상황을 이용해 이익을 보려 할 때는 이 상황은 단순한 불행에 그치지 않고 유해한 것이 된다.

다른 한편, 그 남성다움과 이타주의와 겸손과 인내에 있어 주님의 완전한 기준에까지 다다른 마음 넓은 사람들과 그리스도인들이 이 상호 반목을 중재한 예도 많다. 그들은 모든 사람을 그들의 희망과 공포, 욕구와 필요 아래 있는 공통의 기반 위로 데려옴으로써 이 일을 해냈던 것이다. 자신이 헬라인과 이방인에게 빚진 자라고 고백했던[9] 위대한 선교사 사도 바울은 가장 진실한 한 인간으로 모든 계층의 사람들과 조화를 이루어 나갔다. 교회가 전문적인 '종교인'과 평신도를 분리해 한쪽이 다른 쪽보다 높다고 생각하고 마치 바리새인이 세리를 대하는 것과 같은 태도를 지니게 되는 것은 관대함이 결여된 편협성 때문이다. 선교사에 의해 고용된 회심자가 너무도 빈번히 클럽의 가십거리가 되어 상사(商社)와 무역상의 회계원 직책에서 쫓겨난 것은 전적으로 세상 사람의 잘못만은 아닌 것이다.

양쪽 계층 모두에 속해 있던 사람, 즉 두 나라의 선교사였으며 사무에도 능력을 가졌던 사람이라면 이 점에 대해 공정하게 말할 수 있을 것이다. 한국에서의 외교관이며, 노련한 의사이고, 지위와 신조와 종교에 관계없이 모든 사람을 사랑했던 알렌 박사는 「한국 풍물기」라는 참신한 내용의 책을 썼다. 그 책의 177쪽에는 이름은 밝히지 않았지만, 필시 아펜젤러를 염두에 두고 썼을 내용이 담겨 있다.

장기(長技)는 중요한 것이다. 노래를 잘 부르든, 악기를 잘 다루든, 운동을 잘하든 어떤 재능을 가짐으로써 어디에선가 꼭 필요한 사람이 될 수 있는 그런 신사다운 선교사를 이 공동체에 오게 하라. 그가 훌륭한 재담꾼 혹은 교육적 배경을 지닌 양식 있는 사람이거나 착한 사람이라면 더욱 좋다. 이 사람은 이 공동체 내에 기꺼이 받아들여질 것이며—그것이 한국인을 위한 사역으로 반드시 확장지지는 않겠지만—그가 바라던 대로 여러 사람들과 광범위하고 진실한 공감대를 형성할 것이다.

---

9 로마서 15:27 참조.

나아가서 이러한 사람은, 그의 부차적인 임무 가운데 하나가 새로운 땅에서 역경을 당하며 낙심한 동포와 공감대를 유지하고 그럼으로써 그들이 머나먼 모국에 남겨 두고 온 이상을 서서히 회복시켜 주는 것임을 알게 된다.

이러한 선교사를 나는 알고 있다. 그는 이 공동체에 줄 것을 가지고 있으며, 또 그것을 기꺼이 준다. 또한 그는 추방되지도 않을 것이며, 그의 동료들의 공감과 동료애를 잃지도 않을 것이다. 반대로 그는 이 작은 무리로부터 영접받으며, 그 한 구성원이 될 것이다. 그에게는 단지 다른 사람이 베풀어 주는 친절을 얼마나 받아들일 것인지가 문제가 될 뿐이다.

많은 훌륭한 선교사들이 있는데, 그 가운데 몇 사람은 죽은 지 오래되었음에도 여전히 그들이 속해 있던 공동체로부터 존경받고 있다. 또한 성공하고 번영을 이루어 재산도 있고 공동체 내에서의 지위도 있는 많은 사업가들은, 개인적 이익과 단순한 쾌락만을 추구하는 안락의 쳇바퀴로부터 빠져나오는 데 도움을 준 그들을 깊이 존경하고 있다.

이렇게 아펜젤러는 그의 동료와 모든 사람을 사랑한 사람이었으며, 각 인간의 영혼 안에 깃든 선함을 볼 수 있는 사람으로서 검은색 양이든 갈색 양이든 흰색 양이든 도움이 필요한 양이라면 그 누구든 돌보는 것을 기쁨으로 여긴 사람이었다. "그 어떤 민족이 있기 이전에, 인류가 있다." 무엇보다도 영적 지도자로서 그는 순수하고 밝은 것이면 무엇이든 증진시켜 나가고자 했다. 감리교인이고 그리스도인이고 미국인일 뿐 아니라 진실하게 주를 따르는 사람으로서, 그는 양심적으로 세계의 시민이어야 한다고 생각했고 실제로 그러했다. 낯선 나라의 나그네로서 그는 각기 다른 이념과 신조와 신념을 지닌 남녀가 신사와 숙녀로서 만나 그 만남을 즐길 뿐 아니라 선함을 유지하고 한층 나은 것을 추구하도록 서로를 자극하는 사회적 일치의 필요성을 느꼈다. 진정한 그리스도의 일꾼이라면 소명받은 직업에서의 활동만이 아니라 취미 활동도 해야 함은 당연하다. 그는 경험을 통해, 그리고 철자의 어원을 통해 '오락'(recreation)이란 곧 '재창조'(re-creation)임을 너무도 잘 알고 있었다. 그래서 그는 서울 사교연합회(Soul Social Union) 창설을 주도했는데, 거기에는 테니스를 비롯한 야외 운동 설비뿐만 아니라, 차를 마시고 담소를 나눌 수 있는 시설도 있었으며, 가정용 정기간행물을 꽂아 놓은 독서실도 있었다. 선교사들이라면 언제나 무릎을 꿇고 기도를 하거나 소책자를 돌려 보아야만 한다고 생각하는 고국의 어리석은 사람들에게는 놀이와 운동과 다채로운 생활이 왜 필요한지에 대해 설명할 필요가 있을지도 몰랐다. 물론 사려 깊은 사람들에게는 그러한 설명이 필요치 않지만 말이다. 하늘이 바뀌어도 내부의 확고한 마음을 바꾸지 않는 사람들은 실제적 상식을 잃어버리지 않는다. 에너지를 보존하는 지혜가 가장 훌륭한 지혜인 것이다.

다른 어떤 것보다도, 자기와 같은 사람들과 인종을 만나고 같은 문명을 누리고 싶다는 갈망은 매우 강한 것이다. 라플란드에서 에스키모들과 함께 있든, 멀리 떨어진 땅에서 일본인, 중국인, 한국인과 함께 있든, 자신의 동족으로부터 멀리 떨어진 미국인들은 모두 그것을 느낀다. '즐거운 나의 집'을 그리워하는 것은 인간의 보편적 감정이다. 피로하고 신경 쓰이는 긴장 속에서 가르치거나 여러 가지 일을 하는 가운데 자신과는 너무도 다른 사람들과 오랜 기간을 보낸 후에는, 자신과 같은 언어를 사용하고 같은 생활 방식을 가진 사람들을 만나 긴장을 풀고 싶은 생각이 강하게 들기 마련이다. 아펜젤러는 이것을 알고 있었기 때문에 향유와 강장제를 제공하려 했던 것이다.

도시의 문명인들은 상당 부분 밤의 영역을 정복하여 낮의 길이를 늘였으며 이로써 인생의 즐거움을 증가시켰다. 도시의 조명은 군대나 경찰이 이룰 수 있는 것보다 훨씬 안전한 공공도로를 만들었다. 미국에서는 벤자민 프랭클린이 사각형이나 원형의 유리로 된 가로등을 발명했고 이후로 도시들은 서로 경쟁이라도 하듯 주요 도로들을 불빛의 꽃이 피어난 밤의 정원으로 만들어 놓았다. 최근까지도 중국권 아시아에서는 모든 사람들이 밤에 밖에 나다닐 때는 등불을 들고 다녀야 한다는 법을 정해 놓았음에도 불구하고, 구름 없는 밤에 하늘의 여왕이 빛을 뿌릴 때를 제외하면 온통 어두컴컴했다. 따라서 아펜젤러가 길을 가다가 서울에서 처음으로 유리등을 단 장대를 본 1891년 3월 4일은 위대한 날이었다. 그 장대의 높이는 1.8미터쯤 되었으며, 오래된 경희궁(慶熙宮)[10] 가까이에 있었다. 그로부터 얼마 후 처음에는 궁궐에, 그다음에는 한국의 수도 전체에 미국인 회사가 전깃불을 설치했다.[11]

바깥 세계를 모르는 한국인들이 경이로운 세계라고 생각하는 도시인 서울에 처음으로 정착하게 되면 공기를 들이마시기 전에 우선 그것을 걸러낼 필요가 있다고 느끼게 된다. 이것은 하루에 두 번씩 이 도시를 어둡게 하는 연기[12] 때문만이 아니라, 하수도가 없어 마구 버려진 쓰레기들로 가득 차고 더럽혀진 거리로부터 발산되는 나쁜 공기와 거리를 횡행하는 전염병균 때문이기도 하다. 그 공기가 참을 만해지면, 물은 그보다 훨씬 더 나쁘다는 것을 알게 된다. 우물과 배수구는 너무 가까이 붙어 있어서

---

10 원문은 Mullberry Palace(뽕나무궁)으로 되어 있는데, 앨런 클라크(Allen D. Clark)와 도널드 클라크(Donald N. Clark)가 공저한 *Seoul, Past and Present*, pp. 102-103를 보면 경희궁을 외국인들만이 뽕나무궁이라고 부른다고 나와 있다. 앨런 박사의 *A Chronological Index*(*Korea, the Fact and Fancy*), p. 164에는, 1884년에 A. 매르텐스(Maertens)가 도착하여 자신의 비단 제조 사업을 위해 경희궁에 가까운 서대문 안쪽에 뽕나무를 심고, 경희궁(신문로의 옛 서울고등학교 자리)을 '뽕나무궁'이라 명명했다고 한다(한국인은 이 이름을 사용하지 않았다).
11 저자는 1891년 한국에서 처음으로 경희궁 근처에 전등이 설치된 것처럼 묘사하고 있으나, 사실은 1885년 말경에 증기기관 발전기 두 대를 사용하여 경복궁 안 향원정 부근에 100촉광의 서치라이트 두 개를 설치한 것이 최초다. 이어 1886년 말경에 경복궁 안 각 방에 전등을 설치했으며 1900년 5월 하순에 미국인 H. 콜브런(Collbran), H. R. 보스윅(Bostwick)이 설립한 한성전기회사에 의해 일반 민가에도 전등을 설치했다.
12 밥 짓는 연기를 가리킨다.

바닥에 버리는 물이 마시는 물에 스며들어 섞이는 것을 막을 방도가 없다. 한 떼의 여인들이 한편에서는 빨래를 하고, 얼마 떨어지지 않은 아래편에서는 또 다른 여인들이 날것으로 혹은 익혀서 먹을 채소를 씻는 것은 흔히 볼 수 있는 광경이다. 서서히 이루어지는 자살을 피하고 싶다면, 그리스도인들은 그들이 매일 먹는 물을 끓이거나 걸러야 한다. 처음 몇 년 동안 개인적인 정수 장치를 만들어 쓰느라 고생을 했으나, 까다로운 외국인들은 미국인 회사가 설치한 파이프 장치를 통해 모든 용도로 사용하고 심지어는 빈번히 발생하는 화재를 진압할 수 있을 정도로 풍부한 물을 산으로부터 공급받는 복을 누리게 되었다. 일본인 정육점으로부터는 세심하게 검사한 좋은 고기를 공급받았다. 일반적인 한국의 관습에서는 병으로 죽은 소의 고기를 그대로 잘라 파는데, 이것을 사 먹는 것은 위험하기 때문이다. 한국인들의 도살 방법은 정말 구역질나는 것이며, 푸줏간은 쳐다보기도 싫을 정도로 흉측하다. 한국의 백정들은 사회적으로 천대받는 사람들인데, 이것은 모두가 모자를 쓰는 것으로 유명한 이 나라에서 그들은 모자를 쓰는 것이 허용되지 않는다는 것만을 보아도 알 수 있다. 따라서 시간이 지나 그들의 지위가 향상되어 그들에게도 모자가 허용되었을 때, 그들이 쓴 모자는 진정한 자유의 모자였다. 한국에서도 마침내 상식이 승리를 거두어, 갓을 쓰는 것과 함께 머리를 틀어올리는 상투를 금지하는 칙령이 내려졌고 새로운 공중위생 규율들이 반포되었으므로, 고기 공급자들은 머리를 꾸미는 것보다는 고기의 질에 더 관심을 쏟게 되었다. 새로운 한국은 여러 서양식 모자와 가죽신과 외국 옷(장식과 보석이 달린)을 수없이 사들이고 있다.

요약하건대, 인간과 공공복지를 향상시키는 기독교의 대표자로서 나라를 세우고 사회에 활기를 불어넣은 여러 형태의 인물들 가운데 아펜젤러는 가장 뛰어난 인물이었다. 그는 처음에는 학교의 건립자였으며, 자기 교파 선교회의 감리사였으며, 종교 신문의 편집자였으며, 교파연합 서적 회사의 회장이었으며, 인쇄·출판소를 만든 사람이었으며, 제본소와 서점의 운영자였으며, 아시아학회 사서였으며, 외국인묘지협회(Foreign Cemetric Association)의 회계였으며, 한층 훌륭한 인간을 만드는 것이라면 무엇이든지 촉진시키려고 했던 사람이었다. 간단히 말해서 그는 문명을 증진하는 군대의 지도자 중 한 사람이었으며, 또한 한국인들을 위한 복음 사역의 첫 지도자 중 한 사람이었을 뿐만 아니라, 전진 대열의 선두에서 한국 내 외국인들의 이익을 위해 아주 많은 일을 한 사람들 가운데 하나였다. 그러나 하나에 집중해야 할 시기가 무르익어 감에 따라 그는 무엇보다도 하나님의 복음의 설교자와 성경 번역가로서 모습을 드러냈다. 그는 넓게 손을 뻗쳐야 할 때와 쟁기를 잡아야 할 때를 아는 사람이었다.

여행을 할 때나 집에 있을 때나 학교에 있을 때나 길거리에 있을 때나 번역을 할 때나 혹은 시장에 있을 때나, 아펜젤러는 누구에게나 좋은 벗이었다. 한국인과 함께든 외국인과 함께든, 그 어디에 있던 그가 있는 곳에는 재미와 즐거움과 동지애가 있었다. 그가 세상에 있던 마지막 날 밤에도 그는 배 위에서 미국인 광산업자와 따뜻한 우정을 교환했다. 외국인이나 한국인을 불문하고 많은 사람들이 그의 온화한 웃음 때문에 그에게 끌렸다. 열심히 일하고 약속을 지키고 의무를 다하는 이 모든 일들이 그에게는 필수적인 것이었다. 그는 자신과 남을 그렇게 살도록 했다. 그는 남자건 여자건 겁이 많다거나 멈칫거린다거나 잘못을 저지른다거나 게으른 것은 참지 못했다. 그러나 누군가가 계명을 지키고 알찬 성과를 거두었을 때는 말로써 혹은 손을 내밀어서 각각의 경우에 맞게 격려나 감사나 칭찬이나 보답이나 즐거운 기분을 표시했다. 그는 계산대에서나 부두에서나 거리에서나 사무실에서나, 인간관계라는 기계에 명랑함의 기름을 쳐서 그것이 매끄럽게 돌아가도록 했다. 이러한 것들은 광원(光源)에서 빛이 나오듯이, 혹은 그의 고향 펜실베이니아의 우물에서 물이 샘솟듯이 이 인간을 사랑하는 하나님의 종으로부터 자연스럽게 흘러나왔다.

22

상상의 세계

　우리는 앞에서 한국 귀신들의 평상시 활동과 그 살아 있는 희생자들 안에서 행하는 것으로 여겨지는 활동에 대해 살펴보았다. 그러나 이 사악한 귀신들, 즉 병적 상상력이 만들어 낸 것들의 활동은 결코 삶의 사소한 부분에만 국한되지 않으며, 또한 귀신들은 단지 땅이나 공기나 물에서만 태어나는 것도 아니다. 한 사람이 죽으면 곧 이 귀신들은 살아 있는 사람에게 주는 공포를 증가시키는데 이것은 운명의 여신이나 복수의 여신이 주는 공포를 능가하는 것이다. 이 영들이 인간의 생명 속에 육화되었을 때 무슨 일을 했건, 이들이 육신에서 놓여나 널리 헤매는 방랑의 영이 되고 나면 그 힘이 강화된다. 이제껏 죽은 수많은 사람들과 비교해 볼 때 살아 있는 사람들이란 극히 적은 수에 불과하기 때문에 복수하는 사악한 귀신들이 살아 있는 사람들에게 부과하는 짐은 상상할 수 없을 정도로 막대한 무게를 지녔다. 이 귀신들은 살아남아 있는 사람들을 괴롭히기 위해 동물의 몸 안, 혹은 신비롭거나 무시무시한 장소에 몸을 숨기고 있다. 밤은 그들이 가장 왕성한 활동을 하는 시간이며, 닭이 울면 그제야 어둠 속에서 공포에 질려 있던 사람들이 얼굴을 편다. 때로는 눈으로 보았다는 목격담이 돌긴 하지만, 유령과 귀신들은 동이 틀 무렵부터는 사라져 활동을 하지 않는다.

귀신들이 있는 한 반드시 그 귀신들의 비위를 맞추거나, 그들의 사악한 계획들을 사전에 방지해야만 한다. 그 귀신들은 쉴 곳을 발견할 때까지 특이한 방법으로 사람들을 공격하고 괴롭히기 때문이다. 따라서 대부분의 고대 신앙이 지배하는 땅에서 그런 것처럼, 한국에서는 관습을 어김으로써 그것을 따랐더라면 피할 수 있었을 커다란 재난이 닥치는 일이 흔히 발생한다고 생각한다. 만일 어떤 마을이 재앙이나 전염병이나 기근으로 피해를 입는다면 그것은 조상이 정해 준 어떤 규칙에 복종하지 않았거나 잊었기 때문이며, 혹은 산신령을 달래는 행사 중에 어떤 것을 빼먹었기 때문이라는 것이다. 인간이 당하는 괴로움이나 고통과 질병, 아이들의 실종, 또는 귀중품의 분실 등이 모두 이러한 조야한 철학을 통해 설명된다. 과학의 시대에 사는 우리들은 천연두, 콜레라, 발진티푸스와 같은 여러 질병을 연구 결과로 밝혀진 인과관계의 법칙으로 설명한다. 하지만 한국의 이교도들은 우리의 어리석은 조상들이 그랬던 것처럼, 그보다 단순한 사고방식을 가지고 있다. 그들은 인간의 신체에 일어나는 모든 현상이나 기후, 전반적인 자연의 변화, 보이고 보이지 않는 것 모두를 귀신의 탓으로 돌린다.

서방 민족의 요정 나라에 나오는 상상 속 존재들을 생각해 보라. 튜턴족의 조상은 그것들을 실재하는 것으로 생각해 한때 숭배했으며, 보이지 않는 힘의 하인들로 여겨 그것들의 비위를 맞추었다. 이것을 생각하면, 한국의 땅과 공기와 물에 있는 귀신과 악귀와 정령과 용과 지신과 산신과 '산 아저씨' 및 여타 존재들이 어떤 것인지 쉽게 유추해 볼 수 있다. 한국에서 그 상상의 방문객들을 부르는 이름은 자못 흥미롭다. 가장 유명한 이름은 도깨비인데, 이 도깨비는 골탕을 먹이는 재주를 피우거나 못된 장난을 하는 데 다른 것들을 능가한다. 그는 습지의 도깨비불이며, 산불이며, 숙어가는 나무에서 나오는 인광이다. 그는 종이 창문에 모래를 던지고 밥솥의 뚜껑을 떨어뜨린다. 그는 부엌의 시렁에서 춤을 추어 접시를 덜그럭거리게 하며, 심지어는 상투를 잘라 가기도 한다. 그다음에 다른 많은 것들을 통틀어 부르는 이름은 귀신인데, 그 자세한 이름들은 이 책보다는 사전에 훨씬 잘 나와 있을 것이다. 그 이름들의 한 가지 공통점은 가능한 한 한국 고유의 친숙한 이름이나 말로 표현되어 있다는 것이다.

과학과 비교문학이 이끌어 낸 첫 번째 효과 중의 하나는 이러한 상상의 존재들을 해롭지 않은 존재의 수준으로 끌어내리고 그 존재들에 근거한 신앙을 낡은 화석으로 간주하게 한 것이다. 이와 같은 과정은 서양의 정신사에서는 이미 이루어졌으며, 한국에서도 하나님의 은혜로 그렇게 될 것이다. 진실한 기독교 문학은, 구원과 멸망을 주재하시는 유일한 그분만이 통치하시도록 모든 잡신과 다신주의를 없앨 것이다.

아펜젤러는 "하나님의 전신갑주를 입으라"[1]는 바울의 호소에 강한 감동을 받았다. 우리의 싸움은 혈과 육에 대한 것이 아니라 보이지 않는 악의 힘에 대한 것이기 때문이다. 궁궐(이 안에는 250명의 광대, 300명의 궁수, 300명의 정리, 일단의 내시들, 1,000명의 무희 그리고 수천을 헤아리는 잡다한 식객들이 있었는데[2] 이들은 모두 국가로부터 피를 빨아먹는 거머리였다)의 왕이 외국인들에게 보낸 첫 통지 중의 하나는 섣달 그믐날 사람들이 악한 귀신을 쫓으려고 화약에 '발화'할

---

1 에베소서 6:11.
2 궁궐에 광대가 상주했다고 보기 어렵고 더구나 250명이 드나든 적도 없었다. 광대를 의례의 무동으로 보더라도 팔일무 같은 큰 연회에 64명을 넘지 않았다. 무희도 많아야 50명 이내이며 상주하지는 않았다. 궁궐에 전속된 장졸들이 있었지만, 300명이나 되는 궁수는 상주하지 않았다. 더구나 궁궐에 수천을 헤아리는 잡다한 식객은 존재하지 않았다. 궁궐에 상주하는 인원은 임금과 왕실, 궁녀 등을 합쳐도 500명 내외였다. 이 책이 쓰였을 1912년경이라면 대한제국의 황실이 사라진 때여서 이런 수치는 더구나 생각할 수 없다. 저자의 무지와 편견에 의한 부정확하고 무책임한 기술이다.

때 나는 대포 소리에 놀라지 말라는 것이었다.

에베소 사람들과 한국 사람들은 그 마음이 똑같았다. 그들은 모두 언덕과 골짜기와 공중에 병적 환상이 만들어 낸 귀신들과 온갖 사악한 피조물이 가득 차 있다고 여겼다. 아펜젤러의 관심은 이러한 상황의 철학적 의미를 파헤치는 것이 아니라, 시종일관 이 귀신들을 밖으로 쫓아내는 데 있었다.

배재학당의 기초를 파면서 일꾼들은 땅 속에 숨어 있는 유령과 귀신들에 대한 두려움 때문에 비참하게 떨고 있었다. 1592년 일본의 침입 당시에 심어졌다고 하는 이국종 나무—전나무 혹은 느릅나무—한 그루가 학교 자리에 서 있었는데, 이것이 1885년 바람에 쓰러졌다. 그러나 이 나무에는 힘센 귀신이 있다고 생각했기 때문에 아무도 감히 이 나무를 갖다 버리거나 태우지 못했다. 하지만 아펜젤러가 이 땅을 산 뒤 귀신은 사라져 버렸다. 사람들을 겁에 질리게 했던 것 또 하나는 옛날 사람의 이름이 적혀 있는 지석(誌石)이었는데, 이 근처를 지나갈 때면 한국인들은 두려움에 떨었다. 그러나 사람들의 마음에 자유를 주러 온 아펜젤러는 그 땅에서 지석을 치운 뒤 이것을 역사적 유물로 간직했다. 이렇게 귀신을 대수롭지 않게 여기고 그에 도전하는 아펜젤러의 행동에 놀란 사람들은 그가 그 지석을 다시 묻어 죽은 이의 영혼을 잠재우지 않았기 때문에 해를 입거나 병에 걸릴 것이라고 생각했다. 그러나 아펜젤러의 웃음과 재치는 이들의 두려움을 가라앉혔으며, 시간이 감에 따라 아펜젤러가 더 왕성하게 활동하는 것을 보고 그들의 미신적 태도가 달라져 갔다. 한마디로, 유령과 귀신은 모두 진실과 교육 앞에서 사라져 버렸다.

한국의 땅 속에는 이러한 지석 수백만 개가 묻혀 있다. 나무로 된 부장품은 곧 썩어 버리지만 부장되는 도기와 제사 도구들은 상품으로서 가치고 있고 도굴하기도 쉬웠으며, 예술품으로서도 탐욕을 불러일으킬 만큼 아름답고 매력이 있었다. 지석은 5년이 지나면 대부분 땅에 묻게 되어 있었다.

그리스의 것과 같은 아름다움도, 일본의 것과 같은 동화적인 요소도 없는 한국의 민담은, 귀신의 나쁜 짓들과 보이지 않는 실체들이 저지르는 장난들에 짓눌려 있다. 한국의 이야기에는 어머니 신 역할을 하는 요정도 없으며, 숲의 이야기도 없고, 가정의 관리자로서 여성의 원시적인 지배가 이루어졌던 고대적 삶의 특징들도 거의 찾아볼 수 없다. 불교가 여성들의 지위 격하를 어느 정도 완화시키기는 했지만, 유교의 실제적인 관점에서 볼 때 여자는 저급하고 거의 아무런 가치도 없는 존재였다. 샤머니즘의 세계로부터는 상당히 많은 민간신앙이 나타났는데, 한국에 있는 외국인 교사들은 항상 이 높은 벽과 같은 실체에 대항해 돌진해야만 했다. 이러한 토착인의 관념은 길의 돌부리나 길을 완전히 막아 버리는 산사태처럼, 진보와 진취적 사업에 장애물이 되었다. 그리고 어떻게 그것들을 파헤쳐서 부수어 없애 버릴까 하는 것이 항상 아펜젤러를 따라다니는 연구 과제였다.

1889년 7월 외국인 묘지[3]의 구획을 확정하여 그리스도인들을 묻으려 했을 때, 징기즈칸이나 나폴레옹의 군대보다도 더 많이 모여든 주민들은 외국인들이 땅이나 그 땅의 소유자인 귀신들을 성가시게 할 권리가 없다고 주장하며 싸우려고 했다. 그들에게는 우선 이 외국인들이 귀신들을 달래는 무당이나 풍수에게 자문을 구하지도 않고 어떻게 감히 땅을 사용하고 무덤을 만들려고 하는지가 큰 의문이었다. 둘째로, 외국인들이 땅을 파서 무덤을 만들 경우, 그 땅과 공기와 물에 살고 있던 군대귀신이 풀려나

---

3 서울에서 외국인 묘지 설치 문제가 처음으로 표면화된 것은 1890년 7월 26일 당시 북장로교 의료 선교사로 있던 헤론이 사망하여 첫 안장자로 거기에 묻히게 된 1890년 7월 28일이었다. 따라서 "1889년 7월 외국인 묘지의 구역을 확정"했다는 것은 저자의 착오다.

와 그 근처에 살고 있는 한국인을 괴롭히리라는 것이 그들의 걱정이었다. 그런데 그 묘지 구역에 담을 치고 난 뒤에, 그 입구 근처에 한국 어디서나 볼 수 있는 귀신 모시는 사당이 있다는 것이 알려졌다. 그 근처의 미신을 믿는 사람들은, 외국인의 시체를 그 문으로 가지고 들어갈 경우에는 그 귀신들의 분노를 사리라고 생각하여, 현재 있는 문의 맞은편 담을 헐어 그리로 외국인의 시체를 운반해야 한다고 강력하게 주장했다. 부지가 이미 정해져서 아펜젤러의 지휘 아래 땅을 고르고 다듬는 작업이 시작된 후에 그런 일이 발생하자, 과연 이 일이 계속될 수 있을지 의심스러울 지경에 이르렀다.

아펜젤러는 곧 외국인묘지협회의 회계원이자 총무에 선출되었는데 이 법인의 최종적인 정관은 1894년 6월에 만들어졌다.[4] 어리석은 대중심리에 굴복한다는 것이 처음에는 터무니없어 보였지만 이것은 처음으로 왕이 성문 밖의 땅을 하사한 것이기 때문에 일단은 타협을 하는 것이 한층 현명하게 여겨졌다.

그래서 문의 맞은편 담을 헐고 그리로 시신을 운반하게 되었다. 아펜젤러는 인내심을 가지고, 그 귀신들과 사람들의 미신적 신앙에 완전한 결정타를 가함으로써 이웃 사람들이 유령이나 귀신과 같은 환영에게 방해받지 않고 편히 잠잘 수 있게 되는 일이 일어나기를 기다렸다.

복잡하게 얽혀 있는 어려움 가운데서 길을 찾아 나가는 아펜젤러의 지혜와 능력에 대한 당시 사람들의 신뢰가 얼마나 컸는지를 잘 보여 주는 일화가 하나 있다. 나에게 정보를 제공해 준 세 대륙에서 온 많은 사람들 가운데 한 사람이, 한번은 클럽의 방에 있다가 "당구를 치고 있는 신앙이 깊

---

4 협회의 정관을 1893년 10월에 제정된 '외국인 묘지 규칙'이라 본다면 '1894년 6월'은 저자의 착오로 보인다.

지 않은 외국인 거주자들의 이야기를 엿듣게 되었다." 그들은 사업상의 어려운 문제를 논의하고 있었는데, 그중 한 사람이 이렇게 말함으로써 논쟁을 끝맺었다. "아펜젤러를 믿고 그냥 밀고 나가지." 그들은 미국 공사관이 시작한 일이 아니거나 상업적 이익을 목표로 한 일이 아니라면 대부분 이 펜실베이니아인이 지도해 나간다는 것을 알고 있었다.

한국만큼 능숙한 도굴꾼과 무덤의 모독자들로 유명한 나라도 없을 것이다. 왜냐하면 이곳에서는 산 자에게 복수하기 위해 죽은 자의 안식처를 공격하는 것이 하나의 관습이었기 때문이다. 그래서 조용하고 아름답고 외부인의 침해로부터 안전하며 입구가 적절한 양식으로 건축된, 그리고 술 취한 사람들이 저열한 방식으로 난폭하게 운반하는 것이 아니라 경건한 사람들이 죽은 사람을 영원한 안식처로 운반해 주는 그러한 기독교적 묘지에 대한 이상은 한동안 실현 불가능해 보였다. 그러나 다행히도 이것은 예기치 않은 화약의 힘으로 해결을 보게 되었다. 그리스도인들의 평화를 위협하던 미신의 숲과 귀신의 늪은 러시아인의 총으로 극복되었던 것이다.

러시아의 해군 한 명이 서울에서 죽었을 때, 러시아 공사 베베르(Waeber) 씨는 소총분대를 맡고 있는 장교에게 어떤 명령을 내릴 것인지를 아펜젤러에게 물었다. 이에 아펜젤러는 정문을 통해 들어가서 귀신들을 쫓아 버리게 하라고 권고했다. 이에 따라 결심을 굳힌 러시아 장교는 귀신 달래는 사람들이 출입구로 정해 준 곳을 단호히 거부하고, 폭도를 만나는 한이 있더라도 그 용감한 뱃사람의 시체를 원래의 입구를 통해 들여가기로 했다. 그 장교는 관을 메고 가는 사람들이 정문에 이르자 관을 내려놓도록 명령한 뒤에 소총분대의 총구를 산의 경사면을 향하도록 했다. 이렇게 총구를 귀신의 군대를 향하게 한 다음에, 이 장교는 일제히 총을 (세 발) 쏘라는 명령을 내렸다. 산에 메아리가 울려 퍼지면서 하늘이 울렸으며, 귀신들은 도망가고 이 러시아 군대는 승리했다. 이날로부터 사람들은 귀신들이 총을 맞고 도망갔다고 믿게 되었으며, 묘지를 개발하고 장식하는 사업은 순조롭게 진행되어 갔다. 그 후 귀신을 모시는 사당은 폐허가 되었으며, 영광스러운 한강을 내려다보는 이 절벽에는 죽음의 불가사의한 힘에 저항하는 부활의 희망과도 같은 꽃들의 정원이 생기게 되었으며, 부활의 상징인 비석들이 늘어서 있다.[5] 이 비석들은 사랑했던 사람들을 떠나 하나님께로 돌아간 자들이 놀랄 만큼 증가하고 있음을 증명하고 있으며, 또한 거할 곳이 많은 아버지의 집과 그 아버지에 대한 그들의 믿음을 증거하고 있다. 이 아버지는

생명을 주실 때도 좋은 분이며
그것을 거두어 가실 때도 지극히 좋은 분이다.

---

5   서울시 마포구 합정동의 양화진 외국인 묘지를 말한다.

23
복음의 동역자들

하나님 나라를 위해 일하는 데 최상의 성과를 거두려면, 선교사는 협동할 줄 아는 성격을 지녀야 한다. 그러나 실제 선교 현장에서는 대부분 독자적인 사업을 추구하는 경향이 강하며, 남다르고 기이한 일을 개발하고자 하는 욕구가 유달리 강한 사람도 있다. 그리고 이러한 욕구와 경향 때문에 종종 불합리한 결과를 낳거나 노력을 낭비하는 경우가 허다하다. 그래서 아시아의 토양에 와서 일하는 많은 이의 삶이 수백 킬로미터를 흐르다 모래밭에서 자취를 감추는 강처럼 되어 버리기 일쑤다.

한국 선교 현장에도 그와 같은 괴짜와 이론가들이 많았다. 경험의 성과들을 저버리고 '동양 사람들을 억지로 밀어붙인' 남녀들에 대한 이야기, 한편으로는 우습고 한편으로는 마음 아픈 이야기들이 여기저기서 들려온다. 그들은 영적 성장의 과정을 억지로 강압하려고 시도하는 가운데 협동과 형제애를 무시함으로써, 구주의 명령과 상식의 명령을 조롱했다. 아펜젤러는 그와 같은 사람들을 만날 때마다 그들의 주장을 인자하게 들어 주거나, 그들의 어리석음에 대해 조용히 경고하거나, 그들의 성급하고 건방진 태도를 꾸짖었다. 동시에 감독의 성직과 장로교인들의 '더러운 손'과 선교 본부의 '예속'을 비웃는 자들이 공격할 가능성에 대비해서 자신의 양 떼를 안전하게 보호했다. 그러나 힘든 짐을 나누어 지고 진실하게 협동하는 이들은 따뜻하게 영접했으며, 깊은 공감을 나누었다. 이러한 협동의 정신은 자신과 나라 및 문화와 언어가 같은 그리스도인들뿐 아니라 한국인들에게도 똑같이 표현되었다.

아펜젤러의 생애와 업적의 가치에 대한 가장 훌륭한 증언은 바로 한국인들의 입에서 나온다. 아펜젤러라는 이름은 반도 전역에 알려졌고, 많은 사람들이 아펜젤러가 처음으로 "자기 마음의 빗장을 열어 주었다"고 기쁜 마음으로 증언했다. 처음에는 의심과 이상한 생각이 들기도 했지만 고압적인 자세로 돌보아 주겠다는 것이 아니라 함께 협동해 나가자는 아펜젤러의 의지와 솔직함에 그들의 마음은 경계심이 풀리고 서서히 녹아들어 갔던 것이다. 스스로를 억제하던 벽은 허물어지고, 그들은 이 외국인 교사에게 진지하게 자신의 마음을 열었다. "그것은 인종적 편견을 몰아내고, 상호간에 존재하는 공통의 소망과 참여 의식을 예리하게 인지하는 통찰에서 솟아난 그리스도인의 상호 신뢰를 구축하는 위대한 첫걸음이었다." 이 위대한 작업에는 스크랜턴 박사뿐만 아니라, 직함이 따로 없을 때도 가장 위대한 사람, 즉 신조와 국적을 막론한 모든 사람들이 '존스 형제'라고 부른 그 사람도 협조를 아끼지 않았다.

수도뿐 아니라 전국을 장악하겠다는 개척자들의 원대한 계획은 천천히 실현될 수밖에 없었다. 위대한 미국 북감리교는 한국 외에도 여러 다른 곳에서 선교 사업을 진행하고 있었으며, 대부분의 미국인들에게 한국은 아직 신기한 조개껍데기 수준을 넘어서지 못했다. 그들은 우선, 주요 항구인 제물포와 부산을 거점으로 삼아야만 했다. 이곳은 한국 및 외부 세계의 가장 좋은 것과 가장 나쁜 것이 만나는 장소이기 때문이다. 이곳에서는 선과 악의 가장 강력한 세력들이 만나 씨름을 하고 있었다. 그럼에도 불구하고 고향으로부터 멀리 떨어져서 살아가는 이들이야말로 개척자들이 희망을 걸 수 있는 사람들이었다. 자기 고향 마을의 무덤과 귀신으로부터 멀리 떨어져 산다는 사실로 말미암아 그들은 새로운 종교에 더 접근하기가 쉬웠던 것이다. 나라 전체가 조상숭배로 뒤덮인 이 나라에 사는 이교도들은 조상들의 무덤과 귀신들의 영향력으로부터 멀리 떨어져 있을 때 외부의 것들에 한층 민감하게 반응하게 되기 때문에 이는 자연히 복음의 부르심에 자유롭게 따를 수 있는 상황이 된다.

새로운 사람을 두 명 보내 달라는 1886년의 요청에 따라 뉴욕 주 모호크로부터 조지 히버 존스 목사가, 중국에서 프랭클린 올링거 목사가 한국으로 왔다. 이들을 비롯한 다른 몇 사람들도 개척자의 범주에 넣을 수 있을 것이다. 영혼뿐 아니라 육체에까지 건강과 구원을 주러 온 사람들의 행렬은 웅장했다. "병을 고치라"고 말씀하신 주님의 말씀이, 한국인들에게 생명과 건강을 회복해 주는 일단의 남녀들을 통해 공표되고 구체화되었다. 1912년 이 시점까지 치료를 받거나 도움을 받은 한국인들의 수는 50만 명 가까이 된다. 빛나는 이름의 치료자들, 지도자인 스크랜턴을 비롯해서 맥길과 홀, 버스티드(Busteed), 폴웰(Folwell), 셔먼(Sherman) 등 모든 남자 의사들이 감리교 해외선교부의 보냄을 받았다. 또한 건강한 여선지자 메타 하워드(Meta Howard), 로제타 셔우드(Rosetta Sherwood, 홀의 부인), 메리 M. 커틀러(Mary M. Cutler), 릴리언 해리스(Lillian Harris), 엠마 에른스버거(Emma Ernsberger) 등의 의사들은 여자선교부[1]에서 배치되었다. 이 멀리서

---

[1] 정확한 이름은 The Woman's Foreign Missionary Society of the Methodist Episcopal Church이다.

온 사람들과 합류하여 함께 일한 에스더 김 박(Esther Kim Pak) 부인은 서울에서 서양의 과학과 방법론으로 훈련받은 첫 한국인 의사이며, 아펜젤러가 자신의 가정에 처음 고용했던 한국인 양반의 딸이었다. 그녀는 또한 스크랜턴 부인이 세운 여학교[2]를 졸업한 후 홀 부인의 헌신적인 노력 덕택으로 존스 홉킨스 대학교의 교육까지 받을 수 있었다. 그리고 그녀는 자기 민족을 위해 봉사한 뒤에 이 땅, 이전에는 발진티푸스와 말라리아의 소굴이었지만 과학과 여러 희생을 통해 건강한 땅이 된 이곳에서 '순교자의 숭고한 대열'에 들어가게 되었다.

미국의 가장 훌륭한 남성과 여성들이 한국을 위해 바친 희생은 고국의 국토를 붉게 물들이는 애국자들의 피만큼이나 훌륭한 봉헌이었다. 의사들은 하나씩 하나씩 목숨을 내던졌다. 11명 중에 5명이 죽었는데, 에스더 박, 윌리엄 J. 홀, 릴리언 해리스는 서울 땅에 묻혔으며 버스티드와 셔먼은 완전히 건강을 해친 후 고향으로 돌아가 죽었다. 이들과 학교 일을 도와주는 사람들, 출판소의 아서 노블, 조지 콥(George C. Cobb), 호머 헐버트, D. A. 벙커(Bunker), 그리고 노련한 S. A. 베크(Beck)와 함께 아펜젤러는 진정한 동역자로 일했다. 그는 어떤 어려운 일이나 무거운 짐 앞에서도 머뭇거리지 않았으며, 항상 마음에서 우러나오는 협동 정신으로 그들과 함께 유능하게 일해 나갔다.

미국의 감리교인들은 여성들에게 봉사하기 위해 여자로서 사역을 처음 시작한 스크랜턴의 어머니 스크랜턴 부인과 같은 훌륭한 인물을 보내 주신 것에 하나님께 감사해야 할 뿐 아니라, 그녀를 효과적이고 유능하게 도와준 동역자와 후계자들에 대해서도 감사해야 할 것이다. 이들은 한국의 왕이 배꽃학교(이화학당)라고 이름 지어 준 학교에서 일했다.[3] 이 학

---

2 이화여학교를 말한다.

교는 1900년부터 멋진 벽돌 건물을 갖게 되었다. 이곳에서 수백 명의 한국 소녀들을 가르치며 그들이 받을 수 있는 유일한 교육의 기회를 준 사람은 루이자 로스웨일러(Louisa C. Rothweiler), 마가렛 벤젤(Margaret J. Bengel, 조지 히버 존스의 부인), 메리 해리스(Mary Harris, 폴웰의 부인), 조세핀 페인(Josephine O. Paine), 룰루 프레이(Lulu E. Frey, 휴 밀러의 부인), 메리 힐먼(Mary R. Hillman) 등이었다. 또 하나 가장 필요했던 교육, 즉 훈련된 여자 간호원을 육성하는 부분은 에드먼즈(Edmunds)라는 여성이 맡았다. 여러 개척적인 일을 하는 데 아펜젤러와 가장 가까웠던 사람은 아마도 스크랜턴 박사였을 것이다. 교육 사업에서는 D. A. 벙커, 직접적인 복음화 사업에서는 존스, 문헌의 지속적 간행과 확장 보급에는 헐버트, 시종일관 함께한 동지라는 면에서는 호러스 언더우드 박사, 성경 번역에서는 J. S. 게일이 각각 아펜젤러의 가장 가까운 동역자였다. 이들 중 몇몇은 25년 내에 한국에서 4세대 그리스도인 가정, 즉 백발의 할아버지와 언약의 아이가 함께 기독교 신앙을 가진 가정을 볼 수도 있었다. 존스 박사, 게일, 언더우드 등이 쓴 책을 보면 아펜젤러의 동료 집단과 동역자들에 대해 더 자세히 알 수 있을 것이다.

  아펜젤러는 올링거가 세운 출판소를 '입양'하고 난 후 큰 흥미와 애정을 가지고 줄곧 지켜보았다. 하지만 S. A. 베크의 하루도 거르지 않는 돌봄에 의해 출판소가 건장하게 성장해 가는 것을 보고, 사무적인 자질과 학자적인 자질을 고루 갖춘 베크에게 그것을 기꺼이 넘겨주었다. 호머 헐버트는 다트머스 대학과 뉴욕의 유니언 신학교를 졸업하고 한국에서 오랫동안 교육을 통해 봉사해 온 사람으로서 삼문출판소(Trilingual Press)를 운영했다. 이 출판사는 나중에 연간 백만 장 이상의 인쇄물을 찍어 낼 정도

---

3 이화학당(梨花學堂)이라는 이름은 민비가 지어 하사한 이름으로 알려져 있다.

로 성장했다. 또한 그는 뛰어난 능력으로 "코리언 리포지토리"를 편집했으며, 「한국의 역사」(History of Korea)를 저술하고 교과서를 편찬하는 등, 한국과 한민족의 친구로서 복음 사업과 수백만의 한국인을 돕는 한줄기 빛을 던져 주었던 것이다. 「선구자」에는 출판사 책임자인 베크가 '길버트'라는 이름 밑에 가려져 있는데, 그 '발전소'는 다음과 같이 묘사되어 있다.

미국인들의 사업 덕택에 인쇄실의 윙윙거리고 덜컥거리는 소리가 고대인들의 고요한 거주지에까지 들리게 되었다. 이 인쇄실에 포스터와 길버트가 있었다. 기름과 검정으로 더럽혀지고 구릿빛 동양인들이 늘어서 있는 이 땀내 나는 방에서 책장들, 눈처럼 하얀 수천 장의 책장들이 쏟아져 나왔다.…그들은 한민족에게 한국어로 새로운 사상을 말해 주고 있었다.…길버트(H. G. 언더우드 목사)와 포스터가 번역을 하고 윌리스(S. A. 마펫 목사)가 운송 설비를 담당함으로써, 이것들(소책자, 쪽 복음 등 성경의 일부, 서적)은 한국의 땅끝까지 보내졌다. 멀리 압록강에서도 이 책들이 때로 앞뒤가 바뀌고 거꾸로 선 채 벽지로 발려 있는 것을 볼 수 있었다. 그러면 어떤가? 책을 더 보내면 그만이었다. 멀리 러시아까지, 그리고 동해 근처의 암자에까지 더 많은 서적을 보내면 되었다. 출판사의 날카로운 기계 소리는 그침이 없이 오히려 더 커졌으며, 메시지를 전하는 샌들 신은 발들이 모든 산골짜기 좁은 길에까지 먼지를 날렸다.…거의 아무것도 없이 시작한 이 위대한 기계는 수백만 장의 책장을 찍어 냈던 것이다.

이렇게 설교와 학습과 번역과 걷거나 말을 타는 여행과 탐색하는 영혼들과의 개인적 만남을 통해서 복음의 씨앗이 뿌려졌으며 승리의 외침을 향한 길이 뚫렸다. 그리고 오늘날에는 50만 명의 사람들이 성령에 의해 정화된 행복한 마음 그 깊은 곳으로부터 승리를 외치고 있다. 어느 누가 은둔의 나라의 문이 언제쯤 열릴지 짐작이나 했겠는가? 또 어느 누가 한 세대

만에 20만의 영혼이 교회에 등록하여 자기 자신의 길을 가면서 매일 하나님의 말씀을 먹으리라고 생각이나 했겠는가? 주를 찬양하라!

이토록 다방면에 걸친 일들은 아펜젤러에게 영향을 미치기 시작하여, 그의 갈색 머리에는 흰머리가 희끗희끗 보이고 그의 얼굴도 늙어 가는 기색을 보이기 시작했다. 아펜젤러는 일기에 적은 대로 그의 감독에게 어떤 부탁을 하거나 지위를 요구하지 않고 다만 열심히 일만 하는 것을 원칙으로 삼고 있었다. 1898년에는 마침내 짧은 휴가가 절실해졌다. 그래서 아펜젤러는 동료와 함께 일본 기선 사가미마루 호를 타고서 러시아 시베리아의 블라디보스톡까지 바다 여행을 떠났다. 표트르 대제 만(灣)을 향해 올라갈 때, 그들은 독일의 헨리 왕자를 싣고 독일로 향하는 전함 도이칠란트 호를 보았다. 그는 '동방의 자치령'이라는 뜻을 지닌 이 러시아의 요새 도시를 방문하고 돌아가는 길이었다. 상트페테르부르크[4]에서는 러시아가 이곳 블라디보스톡에서 육지와 바다의 적들로부터 올 수 있는 만약의 침입에 대비하고, 다음에 동쪽으로 전진해 일본의 콧대를 꺾고 중국을 통제하며 동아시아를 지배하게 될 것을 기대한 적이 있었다.

아펜젤러는 항구를 다스리고 있는, 난공불락으로 보이는 요새의 위세와 그 도시의 벽돌과 돌로 지어진 건축물들의 견고함에 놀랐다. 그는 당시 그 지역의 실제적 통치자인 알렉시에프(Alexieff)를 만났다. 그는 이후에 러일전쟁이라는 무시무시한 피와 낭비로 점철된 전쟁의 원인이 된 장본인이다. 그의 비서는 러시아에 봉사하는 미국인 관리로 스티븐 가필드(Stephen A. Garfield)라는 이름을 가지고 있었는데, 그는 같은 이름을 가진 미국의 대통령을 알고 있었다.[5] 서울에서 가장 유능하고 뜻이 맞은 러시아인은 베

---

4 제정 러시아의 수도. 1914년 러시아혁명 후 페트로그라드로 개명되었다가 1924년부터 레닌그라드로 불렸다.
5 제20대 대통령인 제임스 에이브램 가필드(James Abram Garfield, 1832-1881)를 말한다.

베르로 아펜젤러는 그와 매우 가까운 사이였다. 판단력이 있는 많은 사람들은 차르가 베베르를 서울에 그대로 두었더라면 러일전쟁은 일어나지 않았을 것이라고 믿고 있다.

블라디보스톡을 여행하면서 아펜젤러는 중국인들이 그 항구의 선박사업을 지배하고 있다는 것을 알았다. 한국인-아펜젤러는 그들 중 많은 사람들과 이야기를 나누어 보았다-은 범선 무역을 하고 있었으며, 러시아인들은 육로 교통기관과 수레 종류의 모든 운송 기관을 지배하고 있었다. 아펜젤러와 그의 동료는 커다란 말이 끄는 사륜마차를 타고 매우 빠른 속도로 돌아다녔다. 이 미국인들은 대부분 중국인 기술자들이 지은 주요 건물들을 방문했다. 아펜젤러는 미국인 아버지와 중국인 어머니 사이에서 태어난 그가 가르쳤던 학생을 만나기도 했다. 박물관과 도서관에서는 1874년에 만들어진 「노한어구사전」(露韓語句辭典)을 보았으며, 한반도의 국토와 언어에 대한 책을 모아 놓은 것을 흥미 있게 지켜보았다.

이 러시아 방문은 아펜젤러에게 한 가지 효과를 일으켰는데, 그것은 공립학교와 일반 교육, 자치, 종교의 자유, 자제에 근거하여 세워진 나라들의 문명에 대한 믿음을 강화하고 확고히 해준 것이었다. 이것은 또한 독단적인 일인 권력과 그 도구인 사제, 군인, 관료들에 기초하여 세워진 사회, 정부, 교회 체제에 대한 반대를 확고히 해주었다. 그는 그 어느 때보다 자신이 미국인임을 영광스럽게 생각했다.

24
두 번째 고국 방문

일꾼의 수가 매우 부족한 거대한 선교 사업의 개척자요 가장 진실하고 활동적이었던 한 일꾼에게 각양각색의 일이 밀어닥쳤다. 이런 일들은 이 강건한 펜실베이니아인에게 무서운 영향을 미치기 시작했다. 1904년에 W. B. 스크랜턴은 다음과 같이 쓰고 있다.

우리가 20년 전에 알고 있던 아펜젤러와 최근에 우리 곁을 떠난 아펜젤러는 타고난 성품이나 특징이 일관되게 유지되어 왔다는 점에서는 정말로 동일한 인물이다. 그러나 전반전인 신체적 외양에서 그는 매우 다른 인물이 되어 있었다.…그의 전 생명력은, 그를 사로잡고 끈질기게 소모시키는 일들 속으로 빠져 나가고 있었다. 우리를 떠날 때 그는 전혀 딴 사람 같았다.…몸은 굽었고 얼굴은 초췌했으며 중년밖에 안 되었으면서도 모습은 노인 같았다.

오로지 선교의 확장에 대한 관심을 가지고 여러 지방을 2,500킬로미나 여행할 때는 불면증으로 고통받았고 또 여러 명의 '욥의 위안자들'[1]로 인해 괴로움을 받아 결국 아펜젤러는 진찰을 받고 가족의 강권으로 누워서 하루를 보내야 했다. 이것은 그의 삶에서 실로 특기할 만한 일이었다. 5년 동안에 그의 체중은 81킬로그램에서 59킬로그램으로 줄어들었다. 그는 옛날 속도로는 더 이상 일을 할 수 없으니 고국으로 돌아가라는 선고를 받았다. 다행히도 이때는 아내로부터 개인적인 도움을 받아 유럽을 경유해 집으로 돌아갈 수 있었다.

한국 황제는 자기 나라에 와 있던 친구가 한동안 떠나 있으려 한다는 소식을 듣고, 친히 아펜젤러를 보지 못한다는 사실과 그가 있음으로 받을 수 있었던 혜택을 그의 백성이 잃게 된다는 사실에 유감스러워한다는 전갈을 보내왔다. 또한 황제는 사신을 보내 안전한 여행이 되기를 빌었고, 그의 감사를 표시하는 기념품들을 하사했다. 그 기념품들은 부채 열 개, 윤이 나는 녹색 돌로 만들어지고 뚜껑이 달린 '비취' 담배갑, 자주색·분홍색·녹색·빨간색으로 된 누빈 비단 두 필, 세 장의 차일, 최고 품질의 대나무 창문 가리개[2] 몇 장 등이었다.

신약 번역이 완성된 후에 얻은 이 두 번째 휴가를 고국에서 보내기 위해 아펜젤러는 1900년 9월 28일 오후 5시에 가족과 함께 제물포에서 일본 기선 오와리마루 호를 탔다. 10월 1일 바다 위에서 그는 이날이 그리스도 안에서의 삶에서 "24번째 맞는 영적인 생일"이라고 썼다. 10월 3일부터 일본 시모노세키에 머무르는 동안 그들은 실버 웨이브 호텔에서 묵었는데, 이곳은 손님들이 매우 붐비고 있었다. 주인은 개화된 사업가로서 그리스도인이기도 했다. 그는 영어를 할 줄 알았으며, 아내는 도쿄에서 교육을

---

1 구약 성경의 욥이 하나님의 시험을 받아 괴로움을 당할 때 그를 위로하기 위해 찾아온 여러 친구들. 그들은 위로하기 위해 방문했지만 사실 그 방문은 욥을 더 괴롭혔다.
2 발(簾)을 가리킨다.

받은 사람이었다. 4-5일 머무르는 동안 어린이들의 천국인 일본에서 둘째 딸의 생일을 기념하게 되었는데 카스테라와 스펀지 케이크가 주된 음식이었다.

후쿠오카에서 아펜젤러는 드루 신학교의 동창인 존슨(H. B. Johnson) 목사를 만났다. 그는 그곳에서 매우 유망한 곳으로 자리 잡은 여학교와 감리교회를 운영하고 있었다. 나가사키로 여행을 했지만 아펜젤러 일행은 히고에는 가지 못했고 물살이 센 키소가와 강도 보지 못했다. 그들은 7일 동안 철도 여행을 하면서 논과 읍과 촌락이 촘촘히 박혀 있는 골짜기와 계단식 논을 지나갔다. 벼농사 짓는 모습과 자연의 풍경은 일본 남부와 한국이 매우 비슷했다.

그가 탄 기선은 10월 12일 중국 상하이에서 120만 달러의 값이 나가는 비단을 배에 실은 후 두 대륙의 해안을 따라가기 시작했다. 다행히 시드모어(Scidmore)의 여행 안내서를 가지고 있었던 그들은 그 책 덕분에 경제적으로 수월하고 편하게 홍콩과 해변에 있는 여러 항구 도시의 해안을 잠시 동안 방문해 즐길 수 있었다. 정규적으로 정박하는 항구인 싱가포르, 콜롬보, 아덴, 수에즈에서 기선은 멈췄고, 이 여행 동안에 일어난 일들은 수십 년간 여행해 본 사람이면 잘 알 수 있는 그런 것이었다. 모든 인간에게 관심을 가진 아펜젤러는 이 경험으로 말미암아 해안에 사는 인종의 다양한 모습과 배 아래위의 새로운 생활상에 눈을 뜨게 되었다. 그는 복음의 문제들이 지리적인 문제가 아니라 인간의 문제라는 것을 어느 때보다도 강하게 느꼈다.

그리고 수에즈 운하를 통과했는데, 그 통과세는 여행자 한 사람과 화물 1톤당 각각 9프랑씩 계산해 모두 금화 7천 달러였다.

유럽에서는 관광에 엄격한 제한이 있었는데 나폴리, 로마, 피렌체, 밀라노 등만 잠시 구경하고 갈 수 있었다. 이후의 목적지는 스위스의 베른이었다. 이곳에서 아펜젤러는 자기 가문의 지리적 분포와 계보를 조사해 보려고 결심하고 있었다. 그는 시민 명부에서 아펜젤러라는 성을 가진 많은 이름들을 발견했고, 그곳에서 만난 캐롤라인이라는 여성과는 오랫동안 이야기를 나누었다. 그녀는 성숙한 숙녀로서 84세에 서거한 파러(Pfarrer) 목사의 딸이었다. 그녀는 그가 관심을 가지고 있는 문제에 대해 잘 알고 있었다. 아내와 딸과 함께 살고 있는 52세의 한 신사도 같은 성을 지닌 이 미국인을 환영했다. 아펜젤러는 1608년 스위스에 흑사병이 발생했을 때 수백 명의 아펜젤 가문 사람들이 자기들의 주(州)를 떠나 취리히와 그 밖의 다른 스위스 도시에 정착했다는 이야기를 들었다. 그들 중 많은 사람들이 교사이거나 여러 방면에서 교육과 관계된 사람이었으며, 교회에서 봉사를 하거나 과학 분야에서 명성을 가진 사람도 많았다.

그들은 로잔에서 아이들의 교육을 위해 한국을 떠나 있던 스크랜턴 여사의 따뜻한 환영을 받았다. 그들은 또한 하이델베르크와 빙엔과 쾰른에도 잠시 머물렀다. 거기에서는 마치 하늘에서 피어오르는 헌화처럼 첨탑 끝이 아름답게 조각된 거대한 성당을 보았을 뿐만 아니라 군중들이 이미 저문 나라인 트란스발 공화국의 작고한 대통령 파울 크루거(Paul Kruger)를 위해 갈채를 보내는 소리도 들을 수 있었다. 벨기에에서는 한때 거의 천 년 동안 감독파의 작은 도시국가였던 리에지에서 하룻밤을 쉬었다. 다음 날 그들은 뉴욕과 뉴저지와 델라웨어에 최초로 정착한 이민자들의 출신지인, 아름다운 저지대 지역 발룬의 전원을 보고 경탄하면서 오후 한 시 파리에 도착했다. 프랑스의 수도이며 화류계의 여자들로 인해 나쁜 평판을 지니고 있는 이 도시의 사회상은 아펜젤러의 마음에 들지 않았다. 그러나 런던에서는 편안함을 느꼈다. 그곳에서 그들은 거대한 유적지들을 구경하는 것 외에 웨슬리의 교회에서 예배를 드리기도 했다. 그곳에서는 영국성공회의 예배 의식이 진행되고 있었다. 아펜젤러는 웨슬리의 설교단에 서

보기도 하고 주석가였던 클라크(Clarke)의 무덤과 「신학강요」(The Institutes)의 저자인 왓슨(Watson)[3]의 무덤, 그리고 한 명은 시인이고 또 한 명은 교회의 창시자인 웨슬리 형제의 무덤을 보고 깊은 감동을 느꼈다. 이러한 새롭고도 풍요로운 경험을 한 시기의 아펜젤러의 일기는 "우리 조상들의 영혼이 우리에게 힘차게 내려온다"와 같은 감탄의 기도로 가득 차 있다. 그는 성 야고보 홀(St. James' Hall)로 가서 휴 프라이스 휴즈(Hugh Price Hughes) 목사의 설교를 들었다. 웨스트민스터 사원에서는 캐논 고어(Canon Gore)의 설교를 들으려고 했지만 너무나 피곤해서 설교자의 말을 집중해 들을 수가 없었다. 그러나 그 앞에 있는 대리석으로 만들어진 괴물과 구름 떼 같은 증인들의 조각은 그에게 더욱 웅대한 설교를 들려주었다. 12월 10일 그들은 캄파니아 호를 타고 고국을 향했으며, 12월 22일에 뉴욕에 도착했다.

그는 곧 징병관으로서의 의무를 수행하기 시작했다. 아펜젤러는 그의 위대한 교회를 설득해 한국에서 몹시 필요로 하는 증원부대를 보내야만 했기 때문이다. 그의 건강과 활기가 한창이던 때 그를 알고 있었던 사람들에게 그의 너무도 빨리 쇠약해진 모습은 광대한 선교 영역에 대한 좀더 많은 공감과 도움을 얻는 데 호소력이 있었다. 설교하고 호소하는 그의 열정은 명확하기가 이루 말할 수 없었는데, 그도 인용한 바 있듯이 바울의 "겉사람은 낡아지나 우리의 속사람은 날로 새로워지도다"[4]라는 말과 같았다. 다른 사람들은 러스킨(Ruskin)이 강조했고 스크랜턴 박사도 주목한 적이 있는, 다음과 같은 사실로부터 깊은 감명을 받았다. "활동적인 강력한 영혼은 흙으로 만든 육체의 집이 허물어져 가는 동안에도 나날이 자라서,

---

3 리처드 왓슨(Richard Watson, 1781-1833)은 웨슬리 교파에 적극 협조한 목사로서 *Theological Institute*(1829), *Life of Rev. John Wesley*(1831) 등 많은 저서를 남겼다.
4 고린도후서 4:16.

마침내 우리 안에 있는 저항할 수 없고 가라앉힐 수 없는 불멸의 힘을 드러내며 수의를 뚫고 빛나게 된다."

그의 옛 친구 가운데 몇 명은 한국에서 돌아온 그를 거의 알아보지 못했다. 왜냐하면 그는 옛날 모습에 비하면 단지 그림자에 불과한 것처럼 보였기 때문이다. 신체적인 자원이 어마어마하게 비축되어 있음을 나타내 주던 강건한 얼굴과 머리, 짙은 갈색 곱슬머리로 장식된 우아한 옆모습, 그리고 장밋빛 얼굴, 이 모든 것 대신에 지금은 흰 머리카락과 깊은 영적 체험으로 형성된 고결한 외양이 드러나고 있었다. 그러나 그 모습은 근심과 연민의 빛을 띠고 있었다. 그 겉모습 중에서도 항상 진실을 발견하려는 것처럼 보이는 빛나는 눈은, 인간의 영혼이 필요로 하는 바를 깊이 꿰뚫는 통찰력과 영원한 진리에 대한 경외와 진지함으로 타오르는 듯했다. 그의 동창인 로버트 와츠(Robert Watts)는 이렇게 말했다.

내가 보기에는 한국의 기후가 그에게 너무 혹독했음이 분명한 것 같다. 그래서 나는 그에게 필라델피아 연회에서 일을 맡아 미국에 남아 있으라고 권했다. 그러자 그는 이렇게 대답했다. "나는 이제껏 한국에 나 자신을 바쳐 왔네. 앞으로 몇 년쯤은 아무 문제도 없어. 내 고국보다는 그곳이 나를 더 필요로 한단 말일세. 나는 여하한 일이 있더라도 은둔의 나라에서 천국으로 올라갈 거야. 한국이 미국보다 천국에서 더 멀리 있는 것은 아니니까." 이후 나는 한 번 더 그를 만날 기회가 있었다. 그때 나는 윌밍턴 연회에 소속된 윌밍턴 지방 장로사[5]였다. 그는 세 번 설교를 하고 사람들을 기쁨의 도가니로 몰아넣은 다음 나와 함께 안식일을 보냈다. 회중의 대다수는 선교사를 본 적도 없었고 더군다나 은둔의 나라에서 온 사람은 한 번도 본 적이 없었다. 아펜젤러가 그의 활력을 다

---

5 presiding elder를 장로사(長老司)로 번역한다. 장로사는 오늘날의 감리사에 해당된다.

소진하고 있다는 것은 내게 더욱 명백해 보였다. 그래서 나는 다시 그에게 쉬어야 한다고 말했다. 그는 정든 드루 신학교에서 늘 하던 대로 친숙하게 팔로 나를 껴안으면서 이렇게 말했다. "아닐세, 이 친구야. 나는 그렇게 할 수 없어. 남은 여생 동안 내 마음과 내 관심은 한국에 묶여 있을 걸세. 내가 없으면 한국인 동역자들은 어떡하겠나?" 이 예수 그리스도 안에 있는 자는 그렇게 말했다.

앞서 1892년 12월 12일, 로체스터 시의 그레이시(J. L. Gracey) 목사는 아름다운 필치로 아펜젤러에게 편지를 쓴 적이 있었다. 편지의 내용은 한국의 감리교 선교 역사에 대해 아직까지 알려진 바가 없으니 그것을 1만 자 정도로 써 달라는 것이었다. 만약 그 요청이 10년 후에만 들어왔더라면 아펜젤러는 그 일을 기꺼이 맡았을 것이다. 하지만 한국의 감리교 선교 역사가 단지 7년밖에 안 되는 상황에서(스크랜턴 박사의 의료 활동과 스크랜턴 여사의 여성을 위한 활동을 별도로 치면), 그러한 과제는 이 겸손한 사람으로 하여금 자기 자신에 대해 너무나 많은 것을 이야기하게 만드는 것이었다. 그래서 그는 그때 미국에 있는 사람들이 정확한 정보와 올바른 계몽을 얼마나 필요로 하는지를 잘 알면서도 그 요청을 거절했다.

그로부터 10년이 흘렀고, 그는 두 번째 휴가로 고국에 있는 동안 그가 펜으로 쓴 마지막 글에 속하는 원고를 한 편 썼다. 그것은 38면짜리 아주 생생하고 풍부한 내용의 소책자로 인쇄되었는데, 그 제목은 「북감리교의 한국 선교」(The Korean Mission of the Methodist Episopal Church)였다. 그것은 아름다운 겉표지와 저자의 훌륭한 사진, 그리고 여러 장의 망판 사진을 담은 15×12센티미터 크기의 산뜻한 책자로, 저자 사후에 출판되었다. 가격은 5센트였는데 구판과 개정판 모두가 널리 보급되었다. 개정판은 조지 히버 존스가 쓴 글이 한 장 더 첨가되어 뉴욕 시 5번가에 있는 오픈도어 이머전시 커미션(the Open Door Emergency Commission)에서 출판되었다.

1901년 6월 15일, 아버지와 친척들과 많은 이야기를 나눈 뒤에 아펜젤러는 아펜젤러 종친회(제15회 종친회는 1911년에 열렸다)에서 한 논문을 읽었다. 근면과 신앙과 두려움 없는 용기는 그의 가문의 특징적인 모습이었다. 9월 4일 아버지와 아들은 그 초고의 인쇄를 알아보기 위해 그들의 집에서 수더턴까지 걸어갔다. 그날 저녁 9시쯤 아펜젤러는 모든 사람들에게 작별 인사를 하고 한국을 향해 떠났다. 이제 외로운 홀아비가 되어 아들을 염려하던 그의 아버지는 아펜젤러가 떠나고 4일 후 뇌졸중으로 세상을 떠났다. 옷을 얇게 입고 슬리퍼만 신은 채 밤공기를 맞아 병에 걸린 것이었다. 거기에다 맥킨리(McKinley) 대통령[6]의 암살 소식으로 인한 충격이 심한 쇠약증을 더 악화시켰던 것이다. 그의 아들은 한국에서 그 소식을 들었다.

그의 족보에 관한 논문에 붙인 주석에서 아펜젤러는 그의 아버지를 진정한 신앙심이 있으나 말이 적었던 사람으로 고상하게 칭송한 바 있다. 그는 아들들을 훈육할 때는 언제든지 사랑의 지도를 할 자세였지만, 아이들이 유아기를 넘어서면 가능한 한 그들이 자기 길을 찾아가도록 했다. "이것이 아버지가 내게 준 훌륭한 가르침 중에서 가장 현명한 것이었으며 그 방식은 서서히 그러나 확실히 자기 신뢰의 원칙을 개발시켰다"고 아펜젤러는 쓰고 있다. 한마디로 폭넓은 시야를 가졌던 그의 아버지는 구약에서 여러 사례를 통해 자주 설명되고 신약에서 진주 같은 비유를 통해 가르친 하나님의 모범과 성경의 가르침을 모두 따랐던 것이다. 펜실베이니아 농장에서 습득한 이 교훈들은 한국에서 그대로 실행되었다. 어느 곳에도 고요한 아침의 나라에서보다 더 자립적인 교회는 존재하지 않는 것이다. 주께서 실패하시지 않는 한!

아펜젤러는 고국에서의 두 번째 휴가를 9개월밖에 가지지 못했지만 그

---

6 미국의 제25대 대통령(1897-1901)으로 무정부주의자에게 암살당했다.

가운데서도 항상 바빴다. 그리고 그는 다시 한국으로부터의 부르심을 들었다. 아버지이자 남편으로서 아내와 아이들, 처음에는 필라델피아에서 그 후에는 랭커스터에서 학교를 다니고 있는 아이들과 헤어진다는 것이 슬픈 일임에는 틀림없었지만, 아펜젤러는 혼자서 동양으로 돌아갈 것을 결심했다. 그는 가능한 한 빨리 그 땅에 돌아가는 것이 하나님의 뜻이라고 생각했다. 쟁기꾼에 이어 추수꾼들이 와야 할 시간이 된 것이었다. 다행히도 출발하기 전에 고향 근처의 수더턴에서 가족사진을 찍을 수 있었다. 매우 활기 넘치는 모습이 담겨 있는 그 사진은 이 여섯 명의 가족이 아주 흥미로운 공동체임을 보여 준다. 이때가 그가 고국에서 카메라 앞에 앉은 마지막 시간이었다. 얼굴은 윤곽이 뚜렷하며, 그 자체로서 영혼 불멸에 대한 불신에 저항하는 표정이 드러나고 있다. 양 손에는 세련됨과 힘과 우아함과 굳건함이 동시에 표현되어 있어, 렘브란트가 기꺼이 그리려고 했을 법한 모습이었다. 전체적으로 그 사진은 진실로 그의 인물됨과 기질을 그대로 드러내 주는 것으로 그의 강렬한 진지함이 여실하게 나타나 있다. 이러한 사진은 이따금 전기(傳記)의 역할을 하는 경우가 있으므로, 연구해 볼 만한 충분한 가치를 지닌다.

'동양'—미국 측에서는 최서단(最西端)이라고 해야 할—으로 향하는 길에 그는 버팔로에서 묵었다. 거기서 그는 9월 5일에 범아메리카 박람회에서 맥킨리 대통령이 수많은 그의 동료 애국자들과 한 명의 반역자 앞에서 연설하는 것을 들었다.

여기서 나는 특기할 만한 우연의 일치를 잠시 언급해야 할 것 같다. 한국으로 돌아가는 아펜젤러와 나는 1901년 9월 4일 같은 날에 버팔로에서 열린 범아메리카 박람회에 함께, 그러나 서로 그 사실을 모른 채로 참석하고 있었던 것이다. 내가 9월 5일 뉴저지 지질학 전시회장에서 뉴브런즈윅에서의 5년간의 학창시절과 지질학 연구회(Geological Survey) 회장이며 북부의 산악 지방을 누비고 다녔던 '뉴저지의 첫 번째 시민' 조지 쿡(George H. Cook) 박사의 작품에 대한 회상에 잠겨 있는 동안, 외투에 달린 청동색 단추로 금방 알아보게 된 공화국 육군의 퇴역 전우가 다가와 대화가 시작되었다. 나는 뉴저지의 북서부 경계를 이루는 델라웨어 강의 지도에 나타난 모습이 사람의 옆모습과 유사한 것을 보고 거기에 정신이 팔려 있었는데, 그때 그 전우는 열기에 가득 차 이렇게 소리를 질렀다. "도대체 거대한 국가의 최고 지도자가 군대의 호위도 없이 마구 돌아다니는 법이 세상에 어디 있습니까?" 그는 전날 밤 맥킨리 대통령과 영부인이 입장하던 모습을 두고 말한 것이었다. 그 영부인은 내가 1869년 유럽에 있을 때 젊은 색스턴(Saxton)으로 알고 있었으며 그 후로는 보지 못했던 분이었다. 그녀는 남편 옆에 앉아 있었고 두 사람은 물이 쏟아져 내리는 놀라운 광경과 전기(電氣) 등 미국 대륙의 산물을 보려고 입장했던 것이다.

그런데 미국인들의 긍지와 완전히 어긋나는 매우 슬픈 일이 일어나고 말았다. 다음날, 우리의 황색 신문에 너무나 익숙한 암살자의 총탄이 그만 아펜젤러가 그렇게도 경모하던 위대한 대통령의 몸에 들어가 박혔다는 기사가 실렸다. 이 대통령은 마치 일본 신화에 나오는 이상형의 인간과도 같은, 혹은 훌륭한 지혜의 화신 같은 인물이었다. 일본 신화의 이상적 인간의 이름은 '사상을 포용하는 자'인데, 그는 다른 많은 사람들이 심사숙고한 의견과 찬반양론을 수집한 뒤 자신의 것과 결합하여 확실하고 완전무결한 행동 방침을 계획해 낼 수 있는 인물이었다.

주일인 8일은 콜로라도 온천에서 보냈다. 리드빌과 로키 산맥을 횡단한 후 솔트레이크 시를 추억 속에 남겨둔 채 아펜젤러는 기선 엠프레스 오브 차이나 호를 탔다. 아펜젤러는 자신이 여러 선객들 가운데 65명의 특정한 무리 중 한 사람이라는 것을 알게 되었다. 이 무리는 자기 나름의 목적 외에도 아펜젤러와 비슷한 목적을 가지고 배에 오른 사람들이었다. 한 숙녀는 선교사의 부인이 되기 위해 한국으로 가는 길이었다. 아펜젤러는 서울에서 최초로 거행된 그리스도인들의 결혼식 날을 회상했다. 그것은 선교사이면서 왕비의 주치의였던 D. A. 벙커 목사와 엘러스(Ellers)의 결혼이었다.

10월은 '동양'을 향해 선교사들이 이동하는 유서 깊은 달이다. 오후 4시에 출발한 그들은 악사들이 "즐거운 나의 집"(Home Sweet Home)을 연주해 주는 영국 배를 지나치게 되었는데, 미국 배는 이에 대한 응답으로 "올드 랭 사인"(Auld Lang Syne)을 연주해 주었다. 아펜젤러와 같은 방을 쓰던 두 사람 중 한 명은, 과거에 미시간 보병 31연대에서 근무한 필라델피아 출신의 대위 윌리엄 팩(William Pack)이었다. 그는 교육 분야의 관리로 일하기 위해 마닐라로 돌아가는 중이었다. 또 다른 한 명은 갤러거(Gallagher)라는 사람이었는데, 그는 아이다호에서 광산 기사로 일하고 있었다. 이 세 사람이 동일한 우주관을 가지고 있지는 않았지만, '같은 배' 같은 객실에 있다는 이유만으로도 그들은 잘 어울려 지냈다. 이 세 사람의 모습은, 메이 쿨러 화이트(May Culler White)가 선교사 준 니콜슨의 생애에 대해 쓴 「준의 생애」(The Days of June) 제7장에 즐거운 모습으로 그려져 있다. 쾌활한 선교사와 그의 두 친구들에 대한 이 동판화는 세부적인 사실까지 완전히 정확하게 묘사된 것은 아니지만 매우 생생하게 그려져 있다. 아펜젤러는 주일이 되면 예배를 인도했고, 평일에는 올리버 골드스미스(Oliver Goldsmith)의 작품을 읽었으며, 중국의 고질병인 도박―그 징후는 이미 배의 최하급 객실에서 충분히 드러나고 있었다―에 대한 진단을 내렸다.

여행을 하는 내내 아펜젤러는 선장의 테이블에 앉아서 항해를 즐겼으며 거기서 대부분 총명하고 교양 있는 사람들인 동료 선객들과 담소를 나누었다. 선교사들이 어떤 연약함과 인간적 약점을 지녔든 간에 부인할 수 없는 사실들과 통계 그리고 그들이 다닌 대학과 특수학교에서의 흠잡을 데 없는 성적들이 증명하듯이, 그들은 최고의 고등교육을 받은 계층에 속한다. 그리고 그들은 대개 주의 마지막 명령[7]을 생명같이 존중하는 사람들이며, 누구에게나 즐거움을 주는 친구가 되어 준다. 그들은 지고한 목적과 숭고한 목표에 대해 너무나 풍부한 사고를 하고 있으므로, 사소한 한담을 하는 데 모자라는 면이 있을 수도 있고, 진부한 이상과 야심에 가득 차 세속의 평범한 길 위를 떼 지어 걸어 다니는 수많은 일반 관광객, 돈 버는 사람, 여행자들과는 어울리지 못할 수도 있다. 하지만 학자나 교양인, 자기 동료를 사랑하는 사람이나 지식을 추구하는 사람으로서 선교사와의 만남을 즐거워하지 않는 사람은 편협하고 '무뚝뚝'하거나 너무 까다로운 사람임에 틀림없다.

1898년 7월 7일 이래 하와이는 미합중국을 구성하는 한 부분으로 편입되어 성조기의 깃발 아래 놓이게 되었다. 지금은 미 공화국의 인종 실험실처럼 되어 버린 호놀룰루에서 환영회가 열렸는데, 이 해안에서 복음의 동역자로 살아가던 일꾼들이 여행하는 선교사들을 위해 베푼 것이었다. 아펜젤러는 대단한 교육자 가정의 가장인 굴릭(Gulick) 박사와 그의 아들 딸들, 그리고 하와이에서 45년간 살아온 하이럼 빙햄(Hiram Bingham) 박사를 만날 수 있었다. 또 어떤 대법원 판사와도 이야기를 나누었는데, 그에게 한국과 극동의 상황에 대해 여러 가지 이야기를 해주었다.

아펜젤러는 16년 6개월 전에 아라빅 호를 타고 호놀룰루 서북부와 2,800킬로미터가량 떨어져 있는 '하와이 군도의 최북부 섬'인 미드웨이 섬을 지나간 적이 있었다. 그때나 지금이나 기선은 해안을 따라 천천히 항진하며 위험하지 않을 정도로 최대한 섬 가까이 접근하여 지나갔으므로, 갑판에서 조약돌을 던지면 어렵지 않게 해안까지 닿을 수 있을 것 같았다.

---

[7] 사도행전 1:8. "오직 성령이 너희에게 임하시면 너희가 권능을 받고 예루살렘과 온 유대와 사마리아와 땅 끝까지 이르러 내 증인이 되리라."

그때나 지금이나 똑같이 거세면서도 아름다운 파도는 황량한 해변을 향해 세차게 돌진해 가는 것처럼 보였다.

역사상 가장 오래된 대륙과 가장 새로운 대륙의 중간에 위치한 낮은 환상산호도(環狀珊瑚島)인 미드웨이 섬은 그 둘레가 28킬로미터가 넘고 그 안에는 네 개의 조금 작은 섬들이 있다. 이 섬들은 작게는 90센티미터, 크게는 13미터 높이의 거친 풀과 숲으로 뒤덮여 있으며 바다제비가 무척 많다. 그러나 통신회사 직원들을 제외하면 사람들은 살지 않는다. 몇 년 전에 이곳에서 난파당한 배의 선원들이 14개월 동안 산 적이 있었는데, 괴혈병으로 죽지 않은 사람들은 나중에 모두 구조되었다. 그들이 탄 배는 해저의 산꼭대기 위를 지나갔는데, 이것은 바닥으로부터 670미터 높이로 솟아 있지만 수면에서 거의 150미터나 아래 있었기 때문에 미처 발견되지 못한 것이다. 하와이와 괌도를 형성하고 있는 이 바다 밑의 두 산 사이에는 거대한 해구(海溝)가 자리잡고 있다. 이것은 세계에서 가장 깊은 해구 중 하나로 수면으로부터 거의 9천 미터 깊이까지 파여 있다.

지구의 형성을 연구하는 몇몇 이론가들은 지구가 바로 이 지점에서 폭발하여 현재의 달이 된 물질을 분출해 냈기 때문에 이곳이 그렇게 깊이 파여 있는 것이라고 주장한다. 그리고 그 물질은 둥글게 되어 우주의 법칙에 따라 한 달에 한 번씩 지구를 도는 것이라고 한다. 산문에서는 이것을 달이라고 부르며, 시에서는 다음과 같이 부른다.

흰 불꽃을 안고 있는 둥그란 소녀.

한국의 부름을 받은 이 지칠 줄 모르는 그리스도의 종은, 이제 "옛적에 선지자들을 통하여…우리 조상들에게 말씀하신 하나님"[8]의 언어인 히브리어와 훈련된 선수처럼 씨름하여 성경 전체를 한국어로 옮기고 싶어 했다.

그는 이미 마태복음, 마가복음, 고린도전후서를 자기 양 떼들의 언어로 번역한 상태였다. 1902년 4월 16일, 그는 고향에 번역위원회가 10월 1일부터 4월 3일까지 계속 열릴 것이며 "거기에 몇 년간 몰두해 있을 것"이라고 편지를 써 보냈다. 실제로 한국인 교회의 손에 한국어로 된 성경 전체가 주어진 것은 1912년[9]의 일이었다. 주께 영광을!

---

8 히브리서 1:1.
9 여기에는 1912년으로 되어 있으나, 신구약 성경이 전부 번역·출판된 것은 1911년이다.

25
타인의 생명을 구하다

한국에 다시 오자마자 아펜젤러는 여러 관심사들을 골라 곧장 일에 뛰어들었다. 이제 감리교 지역은 너무 확대되어 한국의 남부와 북부로 나누어야 했는데, 아펜젤러는 한국 남부의 장로사[1]로 임명되었다.

감리교회의 조직 체제에는 감독(bishop), 장로목사(elder), 집사목사(deacon) 등의 직급이 있는데,[2] 그 관리자인 감독은 형태적 기본 직제에 속하지 않고 다만 업무적 기능만 수행할 뿐이다. 그들은 지정된 시간 동안 봉사를

---

1 미 북감리교에서는 1901년에 3명의 장로사를 임명했는데, 한국 남부지방 장로사에 W. B. 스크랜턴, 한국 북부지방 장로사에 W. A. 노블, 한국 서부지방 장로사에 G. H. 존스가 각각 임명되었다. 아펜젤러는 1901년 10월에 미국에서 돌아와 그 이듬해에 남부지방 장로사에 임명되었다. 참고로 한국에서 장로사 제도가 먼저 이루어진 것은 남감리교인데, 1896년 미 남감리교 최초의 선교사 C. F. 레이드(Reid)가 중국선교연회 한국 지방장로사로 임명되었던 경우다.
2 집사목사와 장로목사는 준회원 목사와 정회원 목사에 준하는 직제로서 초기 남·북 감리교회가 가졌던 명칭과 자격의 차이점은 다음 표와 같다. 이 표는, 1910년에 간행된 「미감리회 강령과 규칙」과 1923년에 간행된 「남감리회 도리와 장정」을 근거로 하여 정리·작성한 것으로 「기독교대백과사전」(기독교문사, 1980) 제6권, p. 280에서 인용한 것이다.

하며 진실하게 교회를 감독한다. 미국의 감리교인들은 외국에 있는 그들의 지부를 감독하는 데 세심한 주의를 기울이기 때문에 아펜젤러가 봉사하던 기간 동안에도 열 명도 넘는 감독들이 한국을 다녀갔다. 아펜젤러는 이 교회의 봉사자들을 항상 따뜻하게 영접하였으며, 자신의 집에서 그들을 대접하기도 했다. 1902년 봄에 열린 연례 선교부 모임에서 무어 감독은 두 명의 주재 전도사(local preacher)[3]를 집사목사(deacon)로 임명해 교회에

구분			미감리회	남감리회
집사 (deacon)	명칭		집사목사	순행집사
	직무		전도·예배·혼례·세례	순행전도사의 직무·세례·혼례
	자격		1. 본처에서 4년간 전도 2. 지방회 천거 3. 연회 과정 공과 이수	1. 2년간 순행사업에 종사 2. 연회 과정고시 급제 3. 시험위원의 천거 4. 연회 과반수의 선택
			1. 주재 전도사 2년 시무 2. 신학 공부 2년 3. 연회 학습 4. 연회 1, 2년급 과정 공과 이수	
			1. 2년 계속 연회 입회 2. 연회 1, 2년급 과정 이수	
	안수		감독	감독
장로 (elder)	명칭		장로목사	순행장로
	직무		전도·예배·혼례·세례·성만찬	세례·성만찬·혼례·예배·순행전도사의 직무
	자격		1. 집사 4년 주재 전도 2. 지방회 천거 3. 연회 심사	1. 집사로 2년간 시무 2. 연회 과정고시 급제 3. 시험위원의 천거 4. 연회 과반수의 선택
			1. 2년 계속 입회 2. 집사 시무 3. 연회 과정 이수	
			1. 집사 성품 2. 연회 과정 이수 3. 연회 회원으로 선정	
			1. 연회에 학습으로 허입 2. 군종·외국선교회·선교회 혹은 선교연회 소속 전도사	
	안수		감독과 몇 감리사	감독과 몇 장로(목사)

3　본처(本處) 목사 또는 개교회 소속 목사를 의미하며, 북감리회에서는 주재 전도사로, 남감리회

서 봉사하도록 했다. 그중의 한 사람인 김창식(金昌植)[4]은 한때 평양에서 옥살이를 하고 고문까지 당한 적이 있는, 그야말로 금 혹은 쇠를 뜻하는 그의 성에 어울리는 이름이었다. 헌신적인 그의 생애와 그의 거룩한 열심, 지칠 줄 모르고 동포들 속에서 수고하는 모습은 한국인에게나 외국인에게나 똑같이 감명을 주었다. 또 한 사람인 김기범(金箕範)[5]은 김창식과 같은 큰 성인 김씨 성을 가진 사람으로서 제물포에서 새로운 영적 생활을 시작하고 성장해 나갔다.

1902년 그리스도인들의 등록 상황을 살펴보면, 처음 세례를 받은 사람이 생긴 이래 15년 동안 복음이 얼마나 널리 전파되었는지를 단번에 알 수 있다. 하나님이 이루신 그 모든 일들을 요약해 본다면, 우선 3개 지방에 3명의 장로사가 있었고, 1,296명의 정교인들이 있었으며, 4,559명의 준교인,[6] 14명의 주재 전도사들, 그리고 47개의 주일학교와 47개의 교회가 있었다. 한국인 그리스도인들의 헌금은 금화로 1,600달러에 달했는데, 제반 상황을 고려해 볼 때, 이것은 미국에서의 1만 달러와 맞먹는 액수였다.

이 무렵 아펜젤러는 지상에서 그의 일을 빨리 끝내시려는 하나님의 섭리가 확실히 드러나는 슬픈 일을 겪게 되었다. 이때는 한국에서 철도가 부설되고 있던 시기였다. 한 프랑스 기업이 건설 허가를 얻어 서울로부

에서는 본처 전도사로 불렸다고 한다. 본처 목사는 감독의 파송을 받아 시무하는 연회 소속 목사인 구역 담임목사와는 달리, 연회에 소속되지 않고 다만 자신이 속한 구역 내에서만 직무를 행할 수 있었으며, 연한에 따라 본처 집사, 본처 장로로 불렸다고 한다. 이들은 일정한 교육 혹은 경험이 있어야 사역할 수 있었으며, 연회의 안수를 받아 집사목사·장로목사가 될 수 있었다.

4 김창식(1857-1929)은 1901년 5월 14일 서울의 상동교회에서 김기범과 함께 한국 최초의 목사(집사목사)로 안수받은 사람이다.
5 김기범(1868-1920)은 제물포 지역에서 활약하는 G. H. 존스 목사를 도와 전도 사업에 노력했고, 그의 추천을 받아 1901년 5월 14일 서울의 상동교회에서 김창식과 함께 북감리교 최초의 집사목사로 안수받았다.
6 감리교회에서는, 한국에서 처음에 교인을 정규 교인(member 혹은 full member)과 준교인(probationer)으로 나누었는데, 준교인에게는 투표권이 없었다. 그 후 세례교인을 정교인과 준교인으로 나누고, 비세례교인을 대기교인(학습교인에 해당)과 구도인(求道人)으로 나누어 훈련했다.

터 중국과의 국경에까지 철도를 부설하게 되었는데[7] 그 공사는 1902년 2월 8일 성대한 기공식을 한 뒤 시작되었다. 또한 서울에서 부산에 이르는 철도는 눈앞에 닥친 대(對)러시아전쟁을 준비하고 있던 일본에 의해 부설되고 있었다. 일본에서는 평범한 노동자들조차 긴장을 하고 러시아 첩자에 대해서 신경을 곤두세우고 있었다. 러시아 황제가 일본을 방문한 이래로[8] 피스 헬멧을 써 금방 눈에 띄는 사람들은 모두 러시아의 장군으로 간주되었다. 수천 명의 노동자들, 수많은 부랑배들, 많은 임금을 받기 원하는 궁핍한 전직 무사나 군인들이 철도 부설을 돕기 위해 한국으로 보내졌다. 물론 대부분의 중노동은 한국인들이 맡았다. 그때는 아직 허술한 흙 제방과 땅을 파거나 고르는 등의 공사 초기 단계의 거친 일들만이 눈에 띌 때였다.

일 년 전에 한국을 다녀갔던 데이비드 해스팅스 무어(David Hastings Moore) 감독이 1902년 5월에 다시 왔다. 6월 1일 주일에 무어 감독과 아펜젤러는 아펜젤러의 담당 지역 내에 있는 서울 근처의 무지내[9] 마을의 한 교회로 예배를 드리러 떠났다. 모인 사람들 중에는 스웨러(W. C. Swearer) 목사, 멜빈(Melvin)과 무어(Moore)라는 이름의 여성들이 있었다. 여자들과 감독은 인력거를 타고 갔고, 스웨러와 아펜젤러는 자전거를 타고 갔다.

교회는 미국인들이 흔히 생각하듯 벽돌이나 돌로 된 건물이 아니라 나무와 흙과 모르타르로 지어진 한국식 건물이었다. 수수와 진흙으로 된 보통의 울타리가 둘러쳐진 곳에 끝없이 계속되는 산들을 배경으로 수십 명

---

7   서울-인천 간 철도는 미국인 모스(Morse)가, 서울-신의주 간 철도는 프랑스인 그리유(Grille)가 부설권을 얻었으나 둘 다 일본의 집요한 매수 공작으로 인해 일본으로 넘어가게 되었다.
8   당시 러시아 황제는 니콜라이 2세(1894-1917 재위)인데, 그가 일본을 방문했다는 사실은 러시아 역사서나 일본외교사연표 등에서 확인되지 않는다. 다만 1903년 6월 12일에 러시아 육상(陸相) 크로빠토킨이 도쿄에 온 사실만 확인된다.
9   현재 경기도 시흥군 소래면 무지리이며, 그곳에 시온교회가 있다.

가량 앉을 수 있는 조촐한 예배당이 서 있었다. 대문에서 몇 발자국 안으로 들어가면 푸른 잎들이 드리워진 우람한 문이 우뚝 서 있고, 그 옆의 장대 꼭대기에는 흰 바탕에 붉은 십자가가 그려진 교회 깃발이, 그리고 그 밑에는 한국의 국기가 펄럭이고 있었다. 예배당 바로 옆에는 목사와 그 가족이 살게 되어 있는 자그마한 목사관이 있었다. 그날 흰옷을 입은 수백 명의 사람들이 예배를 주관하러 오는 미국인 친구들을 환영하기 위해 어린애들을 이끌고 모여들었다. 그런데 오기로 되어 있는 이 외국인 손님들이 도통 도착하지 않았다. 그들이 즐거운 안식일 예배에 설교를 하러 가는 사람이 아니라 병원에 가는 환자들의 모습을 하고 중간에 서울로 돌아왔을 때는, 교회로 모여들었던 사람들도 다 집으로 가 버렸다.

그때 일어났던 일에 관해서는 "코리아 리뷰" 1902년 6월호에 충분히 설명되어 있다. 그 책에는 W. C. 스웨러가 쓴 뛰어난 아펜젤러 회고록이 포함되어 있고, 한밤중에 바다에서 만난 재난에 관한 이야기도 들어 있다.[10] 그 일을 보고 난 느낌은 제쳐 두고, 주요한 사실들만 간추려 보면 다음과 같다. 일본인들의 러시아 첩자에 대한 두려움과 그들이 피스 헬멧을 볼 때 떠올리는 바를 염두에 둔다면, 그 사건이 터진 연유와 그 사건에 대한 해석을 어느 정도 이해할 수 있을지 모른다.

무지내 마을로 가는 길 도중에는 서울-부산 간 철로의 둑과 도로가 두 번 교차하는 지점이 있었다. 일행이 그 첫 번째 교차점에 도착했을 때 아펜젤러와 한국인 문경호[11]만을 빼놓고는 모두 정식 도로를 택해 걸었다.

---

10 *Korea Review* 1902년 6월호에는 "쿠마가와마루의 재난"(The Wreck of the Kuma-gawa Maru, pp. 247-250)과 "아펜젤러 회고록"(Memoir of Rev. Henry G. Appenzeller, pp. 254-261)이 실려 있다. 저자는 무지내 마을 교회 사건을 말하면서 그것이 뒷날 아펜젤러가 목포에 늦게 내려가는 점과 관련이 있으며 따라서 아펜젤러의 사망과 관련이 있다고 말하기 위해 이 기사들을 거론하고 있다.

11 당시 통역을 겸하고 있었다.

그러나 이 두 사람은 약간 뒤처졌기 때문에 철도 둑을 따라 90미터가량 걸었다. 주변에는 경고 표시도 없었고, 걸어가면 안 된다는 안내판도 없었다. 일행은 두 번째 교차점을 통과했고 아펜젤러와 그의 한국인 친구도 지름길의 거의 끝에 도착해 있었다. 그때 근처 야영지로부터 일본인 한 사람이 달려 나왔다. 그는 감독이 타고 있던 인력거를 막아서더니 그것을 잡고 일행을 가지 못하게 막았다. 앞서 가던 스웨러는 무슨 일이 일어났나 알아보러 되돌아왔다. 아펜젤러는 자기들이 금지구역을 통과하는 줄을 몰랐으며 앞으로는 정식 도로만을 따라가도록 주의하겠다고 말하면서 그 노동자에게 더 이상 길을 막지 말아 달라고 했다. 몇 번이고 이 말을 되풀이해 사과를 하며 일을 원만히 해결하려 해 보았지만, 지능이 모자란 것이 아니면 지독히도 의심이 많은 이 일본인 노동자는 그들을 놓아주지도 않았고, 놓아주지 않는 이유도 대지 않았으며, 다른 대안도 제시하지 않았다.

예배 시간에 맞추어 가야 했기 때문에 그들은 점점 마음이 급해졌다. 그 노동자의 어리석은 머리가 돌아갈 때까지 기다릴 수 없다고 생각하여, 그 노동자를 자기 하인쯤으로 생각했을지도 모르는 무어 감독은 지팡이로 그의 손목을 한대 쳤다. "코리아 리뷰"의 편집자(H. B. 헐버트)는 이 행동이 아무 악의가 없는 시민이 도로에서 반쯤 발가벗은 노동자에게 무한정 방해를 당할 수는 없다는 것을 알려주는 뜻으로[12] 한 것이라고 썼다.

그러한 일이 중국에서 일어났다면 아무 일도 없이 그냥 지나칠 수 있었을 것이다. 중국인들은 오랫동안 외국인들로부터 그러한 징계를 받는 데 익숙해졌기 때문이다. 하지만 일본인들은 중국인과 다르다. 가볍게 한 번 친 것이었지만, 쳤다는 사실 자체를 일종의 선전포고로 받아들였기 때문에 그 노동자는 조그만 언덕 바로 너머의 야영지에 있는 자기 동료들을

---

12 *Korea Review*, 1902년 6월호, p. 263.

향해 비명을 지르며 껑충껑충 뛰어가더니, 자기 주먹 두 배만 한 돌을 들어 사력을 다해 던졌다. 다행히도 그 돌은 감독의 피스 헬멧만 맞혔을 뿐 아무런 해도 끼치지 않았다. 그러자 아펜젤러와 스웨러, 그리고 한국인 문씨는 감독을 보호하기 위하여 감독과 그 일본인 사이를 막아섰다. 그때 두세 명의 노동자들이 곤봉을 들고 달려들었기 때문에, 아펜젤러가 크게 맞고 제일 먼저 쓰러졌다. 그러나 그는 다시 일어나 스웨러와 함께 재빨리 길 아래쪽으로 내려가 일본인들을 막아 내려고 했다. 일본인들 중 하나가 가까이 있던 장작더미로 달려가더니 그중 하나를 뽑아 들었다. 스웨러가 멀리 떨어져 싸우고 있는 일행을 찾으려고 주위를 둘러보는 순간 그 흉측한 무기에 이마를 맞아 땅에 쓰러졌다. 이 때문에 그는 살갗이 찢어졌고 눈에까지 깊은 상처를 입었다. 얼굴에 피를 철철 흘리며 그는 간신히 일어섰다. 그리고 그는 아펜젤러가 피투성이가 된 채로 일본인들에게 대항하고 있는 모습을 보았다.

그제야 일본인 노동자들은 정신을 차렸다. 그들은 이들이 러시아인이 아니라 미국인임을 알게 되었던 것이다. 제정신이 돌아온 일본인들은 자기들이 얼마나 큰일을 저질렀는지를 알아채고 즉시 달아나 버렸다. 미국인 일행은 근처에 있는 물가로 가서 피를 씻고 부상당한 사람들의 상처를 치료하기 위해 서울로 향했다. 상처를 입어 얼굴이 못쓰게 되었으면서도 여전히 한국에 남아 선을 베풀겠다는 결연한 의지에 찬 두 사람의 모습이 잘 드러나 있는 사진이 아직도 한 장 남아 있다. 한편 도량이 넓은 감독은 정확한 사실들을 이야기하면서 몇몇 노동자들의 어리석음 때문에 일본에 대해 나쁜 감정을 갖지는 않겠다고 선언했다.

이 문제는 즉각 미국 공사관에 알려졌다. 알렌 박사는 즉시 조치를 취했고, 일본인들은 곧바로 범인들을 체포해 재판을 열었다. 세 명의 노동자들 중 두 명에게는 2개월의 수감형이 선고되었고 나머지 한 명에게는 중노동과 1개월의 수감형이 선고되었다.

그 문제의 모든 측면들을 다 전해들은 것도 아니고 직접 목격한 것도 아니므로 나는 그 사건에 대해 어떤 판단을 내리거나 논평을 하지는 않겠다. 그러나 하나 확실한 것은, 일본 내 미국 영사재판소나 미국 내, 특히 내가 참석해 보았던 그 유명한 보스턴 재판에서 일본인들이 정당성을 획득하려고 연출하던 모습처럼, 이 사건에 대한 일본인의 재판이란 하나의 소극에 지나지 않았다는 것이다.

아펜젤러는 목격자로서 재판에서 증언을 하기 위해 서울에 남아 있어야 했기 때문에 성경번역위원회 모임에 늦게 참석했다. 이 모임은 미국 남장로교 선교가 번창했던[13] 한국의 남부 지역인 목포에서 6월 첫째 주간 동안 열렸다. 아펜젤러는 언더우드 박사 부부와 게일과 함께 타려고 했던 배를 타지 못하게 되어, 1902년 6월 11일에 떠나기로 되어 있는 오사카 선박회사의 558톤급 기선 쿠마가와마루의 침대칸을 예약했다. 그 배에 탄 1등 객실 선객으로는 건강이 나빠 한국 운산에서 인디애나 주에 있는 고향으로 돌아가는 미국인 탄광 기술자 보울비(J. F. Bowlby)와 두세 명의 일본인 신사들이 있었고, 아펜젤러는 그의 조수 겸 비서인 한국인 조한규[14]와 서울에서 도티가 교장으로 있는 장로교 학교[정신여학교]에 다니다가 목포 집으로 돌아가는 한 어린 한국인 소녀를 데리고 있었다.

이 항해와 재난을 다루는 두세 가지 기록 가운데 약간의 상상력이 가미된 「선구자」에 나오는 내용은 다음과 같다.

그날 밤 맥키체렌은 포스터에게 편지를 띄웠다.…"여기 와서 하나님이 역사하

---

13 참고로 미국 남장로교의 선교 지역은 호남 지역이며, 선교 거점은 전주·군산·목포·광주·순천이었다.
14 아펜젤러의 어학 선생이었다.

시는 모습을 보십시오. 그러면 우리가 하고 있는 일(성경 번역)에 대한 새로운 영감을 얻고 돌아갈 수 있을 것입니다." 맥키체렌과 포스터의 음성은 결코 다시 들을 수 없겠지만, 그들의 수고의 결과는 이곳에서 아직도 지속적으로 드러나고 있다.

맥키체렌의 편지가 포스터에게 도착하자 그는 곧 하인들에게 여행 준비를 부탁했다. 그 신비스러운 스코틀랜드인이 그렇게 열정적인 표현을 쓸 정도면 틀림없이 무언가 볼 만한 것이 있으리라고 생각했기 때문이다.

제물포에서는 한국인과 일본인 선원들이 탄 4백톤에서 7백톤에 이르는 기선들이 일주일에 두세 번씩 출발한다. 그는 이 기선들 중 하나를 타고 가 앞서 떠난 친구들과 합류하여 함께 할렐루야를 외치고 싶었다. 얼마나 영광스러운 날이 될 것인가!

포스터는 [제물포에 드러난] 백인의 힘의 증거들을 보고 기뻐했다. 그는 복음의 뒤를 따라 모든 문명의 승리가 이루어진다고 믿었기 때문이다. 하나님을 알고 동료 인간들의 권리를 인정한다면 무역상이나 상인이나 기술자나 광부 그들 모두가 선(善)의 전파자인 것이다. 그는 기뻤다. 그가 살고 있는 시대를 기뻐했고, 충족과 번영의 증거로 가득 찬 풍경을 보고 기뻐했다.

그는 기선에 올라타 선장이 다리를 꼬고 앉아 책을 읽고 있는 것을 보았다. 항해 시간은 두 시간을 넘지 않을 것이다. 그는 여러 가지 것들을 보고 싶었다.…닻을 올리고 배가 항구에서 벗어났을 때는 오후 두 시였다. 몇 시간 후면 그는 이 활기 없는 바다를 건너 생명과 활기가 넘치는 곳에 닿게 될 것이다. 그 생명과 활기는 그에게 기쁨을 주고 번역하는 수많은 나날 동안 겪은 힘겨운 노고에 대한 보답이 되어 줄 것이었다.

오사카 선박회사가 자기들의 선박 중 몇 개에 일본어로 강을 뜻하는 '가와'(川)라는 이름을 붙인 것에는 나름의 이유가 있을 것이다. 강 이름 중에는 키소(木曾)라는 것이 있는데, 이 강은 일본 본도에 있는 것으로 일본 중부의 '알프스'로부터 흘러나온다. 그 강의 위풍당당한 모습을 나는 몇 번 본 적이 있다. 또 다른 예로 큐슈에는 쿠마(熊)라는 격류로 유명한 강이 있는데, 이것은 일본제국에서 가장 급격하게 흐르는 강 중 하나다. 바로 이 강의 이름이 침몰한 기선의 이름과 같아서 그 명성은 오래도록 유지되어 온 것이다. 키소가와나 쿠마가와라는 이름 뒤에는 마루(丸)라는 행운을 비는 단어가 붙어 있다. 이것은 '귀한' '늠름한' '강건한' '값진' 등을 뜻하며 우리가 흔히 말하는 '충실한' 혹은 '좋은' 배라는 말과 같은 의미가 된다.

H. N. 알렌 박사는 항해 전날의 일을 다음과 같이 기록하고 있다. "나는 다른 텍스트들과 함께 한국어로 녹음하기 위해 아펜젤러에게 주기도문을 한국말로 반복해서 읽어 달라고 부탁했다. 이렇게 해서 나는 그가 이 걸작들을 번역한 바로 그 언어로 녹음된 그의 훌륭한 목소리를 담아 놓을 수 있게 되었다. 나는 이 녹음된 것을 고국으로 가져가 미망인에게 보내 주었다.…아펜젤러는 남쪽으로 가는 기선을 타기 전날 밤 제물포에 있는 우리의 여름 별장에서 함께 보냈다.…1885년 그가 처음 서울에 왔을 때 그들 부부는 우리 집의 손님이었다. 그런데 그가 한국 땅에서 마지막으로 머무른 곳 역시 제물포에 있는 우리 집이었다는 것은 신기한 우연의 일치가 아닐 수 없다."[15]

「선구자」에 나온 글은 이렇게 계속되고 있다.

날은 점점 어두워졌지만, 바다는 잠잠했다. 스크류 돌아가는 소리는 계속되고 있었다. 그는 아래로 내려가 잠자리에 들 참이었다. 그때 갑자기 커다랗게 삐걱

---

15 이 책 제8장을 보면 아펜젤러는 제물포에 도착해 일본 호텔에 머물렀고, 서울에서는 알렌의 집에서 임시로 머물렀다.

거리는 소리와 쇠가 갈라지고 나무가 쪼개지는 소리가 나고 이어서 섬뜩한 정적이 흘렀다. 그 몇 분 안 되는 시간 동안 긴 꼬리를 남기며 그들의 마음을 스쳐간 섬광을 어느 누가 제대로 표현할 수 있을까? 갑판 위에서는 광란의 아우성과 미친 듯이 날뛰는 발자국 소리가 들려왔다. 지나가던 다른 배[16]가 그들이 탄 배를 들이받았던 것이다. 누군가 잘못을 저질렀고 그 때문에 그들이 탄 배는 깊은 바닷속을 향해 가라앉고 있었다. 도움을 주기 위해 뻗친 손길도, 부여잡을 줄도 없었다. 줄도 원재(圓材)도 엔진도 닻줄도 모두 가라앉고 있었다. 누구보다도 희망에 가득 차 있던 사람, 얼굴에는 그림자 하나 없고 삶은 감사와 기쁨으로 넘쳤던 이 사람 밑에서 땅과 지주가 무너져 내리고 있었다. 이 비운의 기선은 뒤집히고, 갑자기 바닷물이 밀려들어 오는 소리와 꼴깍거리는 소리가 나면서 어둠 아래로 물결이 일더니만 이윽고 잠잠해졌다.…하루인가 이틀 뒤 윌리스와 맥키체렌이 검진을 하고 있을 때 배달부가 전보를 들고 황급히 뛰어 들어왔다. "황해에서 파선. 포스터 실종." 포스터를 잃게 되자 서울에서는 일이 돌아가는 상황이 바뀌었기 때문에 맥키체렌은 곧 떠나야 했다. 할 일은 점점 늘어만 가는데, 그들은 가장 훌륭한 일꾼을 잃은 것이다.

더 정확하고 자세한 것은 보울비와 H. N. 알렌 박사의 기록이다. 그 사고에서 구출된 보울비가 "코리아 리뷰"에서 증언한 바에 따르면, 그날 밤 10시쯤 그와 아펜젤러는 담소를 나누면서 차와 비스킷으로 가벼운 저녁 식사를 마친 뒤 그들의 객실로 가서 잠자리에 들었다. 보울비는 옷을 벗고 침대에 들어갔지만 잠들지는 않았다. 그의 객실은 아펜젤러의 객실 바로 맞은편에 있었기 때문에 그는 아펜젤러가 방에서 독서하고 있는 모습을 볼 수 있었다. 배는 경적 소리 하나 내지 않으면서 순항을 하고 있는 듯

---

16 [원주] 같은 항로의 675톤 키소가와 호다.

보였다. 그러나 엷은 안개가 모여들더니 곧 짙은 안개로 변했다. 조수는 갑작스럽게 9미터까지 올라갔지만, 바다는 전체적으로 평온했다. 그곳의 수심은 약 45미터 정도였다고 한다. 거기서 멀지 않은 곳에 어청도라는 작은 섬이 있고, 군산으로 들어가는 길목도 가까이 있었다. 한마디로 그곳은 1847년 프랑스 순양함 글르와르 호와 빅토리오즈 호가 난파당한 곳으로부터 멀지 않은 곳이었다.

몇 분 후 전혀 아무런 예고도 없이 굉장한 충돌이 일어났으며, 그 때문에 보울비는 바닥에 쓰러졌다. 뱃머리로부터 6미터쯤 떨어진 곳에 있던 키소가와 호가 보울비가 타고 있던 쿠마가와 호를 들이받아 배는 곧 침몰하기 시작했다. "무슨 일이야?" 하고 아펜젤러가 소리쳤다. 충돌이 있은 후 90초쯤 지나 보울비는 대강 옷을 걸쳐 입고 계단을 향해 나갔는데, 그때 아펜젤러는 그의 바로 앞에 가고 있었다. 보울비는 두 명의 한국인(아펜젤러의 비서와 어린 소녀로 추측되는)이 그들의 선실을 나오고 있는 것을 보았는데, 그 두 사람은 갑판까지 가지 못했으리라 생각된다.

갑판 앞쪽 절반은 이미 침수되었고 고물은 물 바깥으로 높이 솟아 있었다. 아펜젤러는 매우 흥분한 채 뛰어다니고 있었지만 배에서 피신하려는 것 같지는 않았다. 하지만 보울비는 고물 쪽으로 달음질쳐 가서 난간에 올라갔다. 배가 가라앉았을 때 사방을 둘러본 그는 아펜젤러가 허리까지 물이 찬 채로 무언가 잡아 보려고 헛손질을 하고 있는 것을 보았다. 배는 약 45도 각도로 침수되었다.

충돌한 배에서 보울비가 차고 있던 시계는 10시 30분에 멈추어 있었으므로 난파는 그 몇 분 전에 일어났음이 틀림없다.

지금 그의 생각으로는, 그가 4.5미터쯤 물속에 가라앉았을 때 보일러 폭발로 인한 충격을 느꼈던 것 같다고 한다. 수준급 수영 선수였던 보울비도 수면으로 올라오는 동안 자꾸 소용돌이에 휩쓸려 갔고 한 번은 나무에 등을 부딪히기도 했다. 그러나 결국 수면으로 올라온 그는 약 90미터쯤 떨어진 곳에서 키소가와 호의 불빛을 볼 수 있었다. 그는 난파당한 곳으로부터 구조를 요청하는 울부짖음을 들었다. 위아래가 뒤집힌 채 가까이에 떠다니던 밑이 찢어진 구명정을 잡은 그는 키소가와 호에서 보낸 구조 보트에 의해 구조될 때까지 약 45분간 물 위에 떠 있었다. 물이 너무 깊었기 때문에 키소가와 호는 닻을 내릴 수 없었다. 하지만 배는 다른 생존자들을 찾아내려고 애쓰면서 계속 난파된 장소 가까이 다가왔다. 다음 날 오후 한 시가 되어 뒤죽박죽 엉킨 난파 잔해 위에서 단지 한 구의 한국인 시체밖에 찾아내지 못하자 배는 북쪽으로 140킬로미터 떨어진 제물포를 향해 떠났다. 쿠마가와 호의 침몰로 인한 총 인명 손실은 아펜젤러 외에도 일본인 승객 4명, 한국인 승객 14명, 선원 4명이 있었다. 우연히 단 하나의 생명이라도 구할까 하여 15시간 동안이나 구조 작업을 폈다는 것은, 1871년 일본에서 생명이 티끌보다 값없이 취급되던 것을 보았을 때와 비교할 때 인간의 생명에 대한 일본인들의 태도에 획기적인 이정표를 세운 것이나 다름없는 일이었다.

보울비는 쿠마가와 호의 침몰 속에서 자신의 생명 외에는 모든 것을 잃었다. 이 소식이 전보를 통해 운산에 있는 미국인 탄광에 알려지자 그의 동료들은 그들 특유의 관대함으로 3백 달러의 금화를 모금해 보울비에게 전했고, 이것으로 보울비는 16일에 미국을 향해 떠날 수 있었다.

옷도 다 입고 있던 아펜젤러가 어째서 갑판으로 올라가는 것을 지체함으로써 자기의 생명이 걸린 황금 같은 1-2분을 놓쳐 버렸을까? 이것은 그의 희생정신 외의 다른 어떤 것으로도 충분히 설명할 수 없을 것이다. 그가 생명을 잃고 만 것은, 자신의 안전은 돌보지 않고 한국인 비서와 자기 보호하에 있던 어린 조선인 소녀를 깨우기 위해 그들에게로 갔기 때문이다. "사람이 친구를 위하여 자기 목숨을 버리면 이보다 더 큰 사랑이 없나니."[17]

비보는 전보를 통해 뉴욕에도 알려졌다. 그러나 선교부에서 일하는 사람들은 그가 해안에 도착했다는 소식이 곧 도착하리라 믿으면서 그 소식을 아펜젤러의 가족에게 알리지 않고 7일 동안을 희망 속에서 기다렸다. 하지만 아무 소식도 들려오지 않았다.

그는 생전에 그렇게도 아름답게 표현했던 한국의 가장 훌륭한 강의 둑에 한국의 흙으로 만든 무덤 속 안식처에 묻히지 못했다. 헨리 게하르트 아펜젤러는,

아무도 밟지 않은 바다 밑 묘지,
많은 사람들이 함께 묻힌 무덤 속에

고이 잠들어 있다. 그는 "영혼을 품에 안고" 천국에 들어갔다.

소년 시절에 즐겨 부르던 찬송가 중에, 세상을 떠난 사랑하는 사람들을 기억하며 성찬 예배 때 부르던 드윗 탤메이즈(Dewitt Talmage)의 찬송가가 있다.

포효하는 파도로부터 그들은 온다.
저 깊은 곳 슬픔의 어두운 심연에서
위험과 피곤과 수치가
그들의 선택된 운명이다.

짜디짠 대양 속으로 내려가
예수님은 그들을 밀려오는 물에서 구해 내셨네.

---

17 요한복음 15:13.

보라! 구주의 피로 씻긴 그들의 옷이
얼마나 찬란히 빛나는가를.

26
추수의 계절

개척자 아펜젤러는 1880년대에 이렇게 썼다. "만일 하나님이 허락하신다면, 나는 한국의 모든 지방을 방문해 북쪽의 호랑이 사냥꾼으로부터 남쪽의 벼농사꾼에 이르기까지 복음을 설교하고 싶다." 그에게 비전과 봉사는 구별되는 것이 아니었다. 그의 꿈의 일부는 그가 이 세상에 살아 있는 동안에 실현되었지만, 오늘날 만개한 영광에 아펜젤러는 참여하지 못했다. 하나님은 그 일꾼이 계속 일을 하는 것보다 땅에 묻히기를 원하셨던 것이다. 개척자가 고귀한 씨를 뿌리며 나아간 곳에서 다른 사람들이 열매를 거두게 되었다.

가장 오래된 나라에 속하는 한국의 이 매혹적인 들판으로 가장 젊은 국가의 일꾼들이 곧 들이닥쳤다. 아들과 딸을 보낸 것은 어머니 영국만이 아니었다. 이 오랜 역사를 가진 나라의 신앙과 기도의 유산은 그 딸의 나라에 있는 아이들에게도 감동을 주었다. 이전에는 식민지였지만 이제는 자치 국가들의 지도자가 된 나라인 캐나다와 오스트레일리아로부터 헌신적인 그리스도인 남녀의 무리가 바다를 건너 한국으로 왔다. 그들은 한국에 와서 병자를 고치고, 문둥병자를 깨끗하게 하고, 복음을 설교했으며, 인간의 필요를 채워 주라는 하나님의 명령에 기쁜 마음으로 복종했다. 그렇게 함으로써 그들은 "너희가 거저 받았으니 거저 주라"[1]는 명령을 성실하게 지켜 나갔다. 이렇게 이 땅의 젊은 사람들은 근본적인 효도의 규약을 가지고 한국인들과 경쟁하면서, 또 심지어는 그들을 능가하면서 그리스도의 이름으로 사람들을 섬겼다. 그리스도에 대한 달콤한 사랑이 강제하는 힘으로 움직이는 이 젊은 캐나다인과 오스트레일리아인들은 기쁨에 가득 차서 새로 태어난 그리스도의 나라를 위한 봉사에 힘차게 매진했다. 이 새 나라는 최소한 영적인 면에서 이사야가 쓴 불멸의 예언들 몇 가지를 완성하고 있었다.

그러나 풍성한 은혜와 형제애 넘치는 동정의 강물은 멀리 떨어진 영어권 국가가 만들어 놓은 수로로만 흐르는 것이 아니었다. 우리는 여기서 아메리카 연방 남부 주의 사람들 자신도 지난 반세기 동안 가난한 한국을 돌볼 틈도 없이 역경과 슬픔과 고난과 낙망에 빠져 있었다는 사실을 생각해 보아야 할 것이다. 그러나 감사의 순종과 사랑스러운 봉사에 비교할 때 옥합을 깨어 값비싼 나드 향유를 붓고 향기의 제사를 드리는 것이 뭐가 아깝단 말인가?[2] 남부의 정신을 잘 아는 사람이라면 남부의 역사가 로맨스와 기사도와 고결한 충동으로 가득 차 있음을 안다. 이것은 아무리 자신의 화강암 산과 우아하게 다듬어진 호수와 계곡을 좋아하는 북부 사람이라도 찬탄해 마지않는 것이다. 오래된 남부와 새로운 남부가 이루어 낸 사회적·정치적·문화적 진보가 백 년간 훌륭하게 펼쳐져 온 지금, 미국이 야자와 면화의 지역에서 새로운 가능성으로 비약한 것은 얼마나 아름다

---

1 마태복음 10:8.
2 마가복음 14:3-9.

운가! 인자(人子)는 전쟁을 하러 나갔으며, 남부인들은 그 뒤를 가장 먼저 좇는 사람들이었다. 그리고 거기서 더 나아간 그들은 그리스도를 좇아 바다 건너 한국까지 갔던 것이다.

다행히도 고요한 아침의 나라를 정복하기 위해 기독교는 한국인들에게 교리나 정치나 과다한 윤리 조항 등의 여러 복잡한 형태로 제시되지 않았다. 외국인이라는 개인적 특성만으로도 한국인들을 어리둥절하게 만들기에는 충분했을 것이다. 그리스도인들, 세부적으로는 여러 나라에서 온 감리교와 장로교, 성공회와 관련된 그리스도인들이 대체로 한국의 전 지역을 장악하고 있는 것은 좋은 징조다. 이들은 조선의 13개 도 전체를 중복 없이 매우 경제적으로 나누어 맡고 있다.

개척자 아펜젤러가 시야로부터 사라져 버린 뒤 십 년간은 확실히 한국의 가장 영광스러운 시기였다. "파도 위를 걸으신 주의 놀라운 능력에 의해" 놀라운 변화가 일어났으며,[3] 따라서 그 모든 영광은 하나님께 돌려져야 한다. 점쟁이와 귀신 숭배자들은 대부분 사라졌거나 아니면 두더지나 박쥐와 함께 살고 있다. 아직 우상들이 완전히 없어지지는 않았고 귀신을 모시는 사당도 여전히 남아 있다. 그러나 이전에는 군대가 있던 곳에 이제는 유해와 패잔병이 남아 있다. 그것들이 있던 자리에는 교회와 진료소와 병원과 설교단이 들어서 있다. 수십 개씩 새로운 그리스도인 마을이 생겨나고 수백 명씩 예배드리는 회중이 늘어난다는 것은 전 지역이 속죄를 받고 있음을 말해 주는 것이다. 진실로 한국은 사람들 속의 영혼뿐 아니라 풍경까지 새로워지고 있다.

---

[3] 이 시기는 일제가 한국을 병탄해 가는 과정이다. 저자가 이 시기를 영광스러운 시기, 놀라운 변화가 일어난 시기로 보는 것은, 다른 많은 선교사들과 같이 일제의 선전을 무비판적으로 받아들여 일제가 한국을 개혁해 가고 있다고 보았기 때문이며, 그런 만큼 저자는 일제 침략의 실체를 파악하지 못했던 것이다.

수도인 서울만 보더라도 1911년 한 해 동안 일어난 변화를 따라잡기가 쉽지 않다. 외적으로 근대식 모자와 신발과 옷과 머리 모양을 갖춘 새 한국은, 세계의 다른 인간들, 즉 분(分)과 초(秒)를 중요시하는 사람들과 생활양식을 맞추어 가고 있다. 여기저기서 위풍당당하고 아름다운 근대식 건물들이 솟아오르고 있다. 옛날의 산꼭대기 봉화 신호 대신에 전신과 전화가 사용된다. 나무의 행렬이 거리와 언덕을 아름답게 장식하고 있다. 내적으로 한국인들은 우주와 인간 역사에 대한 새로운 전망을 갖게 되었으며, 많은 사람의 마음과 얼굴 표정을 변화시킨 이 새로운 희망을 남녀가 함께 공유하고 있다. 도시와 집과 사람들은 내적으로나 외적으로나 한국의 새로운 시대, 기독교적 이념이 인간의 삶을 지배하는 새로운 시대를 보여 주는 것이다.

성령 운동의 일반적인 과정은 이 책 끝부분의 시에 암시되어 있으며, 우리가 이야기를 멈추는 1912년의 선교 상황에 대해서는 한국을 방문하고 막 돌아온 뉴욕의 "인디펜던트"(The Independant)지의 편집자 해밀턴 홀트(Hamilton Holt)의 말에서 알 수 있다.

선교사들이 여전히 교육의 대부분을 담당하고 있다.…기독교는 만개하고 있다.…한국에는 현재 약 205명의 외국인 선교사들이 있는데, 그들 대부분은 미국의 장로교인과 감리교인이다. 또한 한국에는 807개의 교회와 신앙을 고백하는 20만 명의 그리스도인이 있다. 교회에는 외국 선교사들뿐 아니라 약 4백 명의 한국인 목사가 있다. 이들 역시 350개 학교에서 1만 5천 명의 한국 소년소녀들을 가르치며 15개의 병원에서 봉사한다.

일본 정부는 서울 YMCA[4]의 활동에 크게 감명을 받아 매년 5천 달러를 지원하고 있는데, 어떤 유익한 목적에서건 타국에 지원하는 유일한 돈이다.

과거를 돌이켜 볼 때, 한국을 사랑하고 한국을 위해 기도하는 모든 사람은 하나님께 감사하고 용기를 가져야만 하는 것이다.

날은 짧고
일은 많은데
주께서 박차를 가하신다.

주께서 실패하시지 않는 한.

4　[원주] 존 워너메이커(John Wanamaker)가 자금을 기부하여 지은 이 단체의 멋진 건물이 서울에 서 있다.

27
성령의 바람

신호의 불빛이 타오르고 있을 때
한국의 바다에서는 바람이나 폭풍도 소란을 피우지 않았다.
밤안개가 내려 깔릴 때 주위는 자욱하여
다가오는 배들은 충돌하여 뒤집히고 말았다.

그러나 보라, 아침에 새날이 밝아
섬과 언덕이 그 모습을 드러내고
꽃향기를 실은 미풍이
육지에서 부드럽게 불어왔다.

이리하여, 하나님의 숨결인 성령이
위대하고 찬란한 아침 위로 불어갈 때
새로운 좋은 향기는 생명으로 좇아 생명에 이르러
하나님이 보내신 선물을 드러냈다.

여기 골짜기에 널린 마른 뼈들은
죽은 뒤 오래도록 기다려 왔다.
아마도 영혼이 새로이 창조되는 날,
그날이 언젠가는 올 것이니,

하나님께는 능치 못할 일이 없으시므로
죽은 자들이 그 목소리를 한 번 듣기만 하면
이 뼈들이 살과 피로 옷입고
다시 한 번 삶을 살아갈 것이기 때문에.

이상하게 보이던 꿈이 현실이 되었다.
그리스도가 걸어가신 길을 물으며
이제 가장 좋은 것을 주께 드리는
저 살아 있는 군대를 보라!

일꾼들이 기다려 왔던
그 군대를 놀라움으로 바라보며
그들은 다시 새로운 힘의 신호를 구했다.
힘과 은혜가 어우러져 있는 것을.

지혜롭도다.
전쟁의 폭풍우에 기대지 않은 자와
왕위를 찬탈하고 칼과 창에 의지해
힘을 세우는 자의 파괴 속에 있지 않은 자여!

그러나 은혜의 말씀은 부드럽네.
그리스도의 전파자들은 계속 외쳤다.
지상의 모든 영광이 빛을 잃는
영혼 속의 평화와 용서에 대해서.

시간의 빠른 흐름 속에 떠내려가 버리는
힘 위에 세운 나라를 구하지 말고
오랜 반석처럼
고갈됨이 없는 영원한 나라를 구하라.

고요한 아침의 나라를 놀라게 한 것은
큰 소리나 대포의 연기도 아니며
폭풍우의 거친 숨결도 천둥도 아니다.
다만 고요하고 작은 목소리, 그리스도의 목소리일 뿐.

그렇다. 성령에서 태어난 이 하나님의 바람,
지금 한 나라를 크게 휩쓸며
희망의 아들에게 사랑의 길을 묻도록 가르치고
그리스도인의 인사를 하도록 가르친다.

"'아바 아버지!' 우리는 더 이상
우리를 속박하는 우상을 돌아보지 않을 것이며,
오로지 영혼을 깨끗이 하여
우리를 구원하신 분께만 거룩한 기도를 드리겠나이다."

이 간구의 소리가 높아져
생명의 주께서 그것을 들으신다.
"네 아버지의 사랑으로 향해 가는 길을
죄악의 두려움으로 어둡게 하지 말지어다.

내 종, 내 선택된 자여, 보라.
다툼도 울음도 없이
이제 기꺼이 나의 멍에를 매며
나의 짐을 거부하지 말지니라."

오, 한국이여! 그토록 오랫동안 상한 갈대였으며
억압의 수렁에 깊이 빠져 있던 이여,
그대의 고개를 들고 아름다운 햇빛 속에
더 높이 잎을 흔들라.

오랫동안 연기를 피워 온 그대의 꺼져가는 심지가
이제 불꽃으로 타올라 불을 비추어
순례자들이 그 빛을 보고 길을 찾으며
하늘의 멋진 탑에서도 그 빛이 보이는도다.

그대 희망의 아들들이여,
그리스도가 구속하신 낡은 이스라엘처럼
법이나 깃발이 어떠하건
이제 모든 나라를 위해 기도하라.

이전에는 격리된 은자였으나
이제 성령으로 채워진 한국은
모든 나라들이 복을 받고
하나님의 큰 사랑 안에 감싸이기를 갈망한다.

편히 잠들라. 살아 계신 하나님의 종이여,
그대의 노고는 끝났으니 이제 안식하라.
그대의 일을 따르는 자들이 수없이 많으며
한국은 그리스도를 믿음으로 고백하고 있으니.

그대가 전파한 하나님의 말씀은
이 나라를 밝게 비추는 빛이며,
이전에는 어두웠던 이 나라의 얼굴과 가정들이
기쁨에 넘쳐 빛나고 있도다.

그대가 신앙의 명확한 비전 속에서 본 것이
이제 확실히 이루어지고 있으니,
조선 전체가 주를 환영하며
주의 발아래 기꺼이 엎드리도다.

사랑의 달콤한 의무 속에서
참고 견디며 복종하여
많은 용서를 받은 한국은 자신의 빛을 아노니,
보라, 새로 태어난 그리스도의 나라를!

부록 1_ 아펜젤러 설교문

경험적 신앙
"한 가지 내가 아는 것"
(본문: 요한복음 9:25)[1]

내 목적은 이 강력한 (불명) 기적에 대해 설명을 하고자 함이 아닙니다. 오히려 나는 영적 진리에 대한 경험적 지식이라고 부를 수 있는 것에 대해 몇 가지 생각을 제시하고 싶습니다. 물질적 세계에 대한 우리의 지식은 계속해서 변화합니다. 우리가 가지고 있는 몇 가지 생각들은 보통 한국 사람들이 자기 국토의 대략적 크기에 대해 가지고 있는 생각만큼이나 오류가 있습니다. 지난 주간에 나는 교실 벽에다 아시아 지도를 걸어 놓았는데, 조선이 얼마나 작은지를 안 학생들의 얼굴에 나타나는 놀라는 표정은 즐겁다기보다 감동적이었습니다. "지식이 있다 해도 사라져 버리리라"[2]고 한 바울의 말씀은 바울이 그것을 썼을 때와 마찬가지로 지금도 여러 면에서 진리입니다.

---

1 이 설교는 1888년 11월 25일 Seoul Mission Church에서 처음 설교한 것이며, 그 뒤 여러 번 다른 곳에서도 이것을 설교했던 것 같다. 아펜젤러의 설교문은 혼자 보고 설교하기 위한 메모이기 때문에 완전한 형태로 구성된 것이 아니다. 원래 손으로 쓴 것이고, 또 오래되었기 때문에 알아보기 힘든 곳이 허다하고 말이 잘 이어지지 않는 부분도 있다. 옥성득 박사가 이 설교문을 번역했다.
2 고린도전서 13:8 참조.

1. 감각을 통한 지식
2. 이성을 통한 지식

본문에 나온 사람의 이야기는 몇 마디로 요약될 수 있습니다. 그는 나면서부터 소경이었으며, 가난하여 "앉아서 구걸했습니다." 그 이상 다른 것이 없습니다. 나는 이 인물의 적극적인 면에 주목하고 싶습니다. 그는 곧 예수님께 순종함으로써 볼 수 있게 되었습니다. 그에게 일어난 변화는 워낙 큰 것이었기 때문에 그의 이웃들조차도 그를 거의 알아보지 못했습니다. "어떤 사람은 그 사람이라 하며 어떤 사람은 아니라 그와 비슷하다 하거늘 자기 말은 내가 그라 하니." 다른 사람들의 마음속에는 아무리 많은 의심이 있었다 해도, 그에게는 조금도 의심이 없었습니다. "그러면 네 눈이 어떻게 떠졌느냐" 하는 질문에 대한 그의 대답도 마찬가지로 특징적입니다. 그는 아무것도 보태거나 빼지 않습니다. "예수라 하는 그 사람이 진흙을 이겨 내 눈에 바르고 나더러 실로암에 가서 씻으라 하기에 가서 씻었더니 보게 되었노라." 이야기하기 좋아하는 바리새인과 유대인들은 곧 그가 감히 평가하지 못하는 사람에 대해 수많은 질문을 했습니다. 그는 알지 못하기 때문에 굳이 깊이 생각할 것도 없었습니다. 그는 간단히 말해 버립니다. (불명) "그가 죄인인지 내가 알지 못하나 한 가지 아는 것은 내가 소경으로 있다가 지금 보는 그것이니라." 그는 다시 질문을 받습니다. "그 사람이 네게 무엇을 하였느냐. 어떻게 네 눈을 뜨게 하였느냐." 소심한 그의 부모와는 달리 그는 출교당하는 것도 두려워하지 않고 그들의 위협에도 초연하여 분을 내며 대답합니다. "내가 이미 일렀어도 듣지 아니하고 어찌하여 다시 듣고자 하나이까." 그는 묘사하는 데는 재주가 없을지 모르지만, 사실에 확실히 근거하여 대답합니다. 그는 흔들리지 않습니다. 확고부동합니다. 그는 굽힐 줄 모르는 용기를 지니고 있습니다. 그는 자신이 무엇을 확언하는지를 알았으며, 또 자신이 아는 것만 확언하였습니다.

1. 그리스도인은 주 안에 자신의 증거를 가집니다
"한 가지 내가 아는 것"

나는 이 인물의 성격을 검토하면 할수록 더욱더 이 사람에게 감탄하게 됩니다. 그의 정직과 솔직함은 확신을 가져다줍니다. 그는 오직 한 생각, "한 가지 내가 아는 것"만을 가지고 있는 사람입니다. 지금 생각해도 흥미롭고, 깊이가 있다고 볼 수 있는 여러 다양한 질문이 다각도로 던져지지만 아무것도 그의 관심을 끌지 못합니다. 아직까지 그는 그리스도에 대한 지식을 가지고 있지 못하지만, 그의 마음은 그것을 받아들이는 상태입니다.

19세기도 저물어 가는 현재 세상에는 수많은 학문적 업적들이 쌓여 있습니다. 모든 지식의 분야는 각각 그들의 지도자를 가지고 있는데, 이들의 의견은 그 사람들의 숫자만큼이나 각기 다릅니다. 영적인 것에 대한 우리의 지식은 머리에만 제한되어 있지 않습니다. 많은 흥미롭고 중요한 성경적 문제는 아주 면밀한 정신적 연구 뒤에야 결정됩니다. (불명) 논쟁은 상당 부분 지적 싸움입니다.

가데스 바네아의 위치는 이스라엘이 약속의 땅으로 가는 길에 머물렀다고 주장되는 여러 장소의 주의 깊은 비교를 필요로 합니다. (이하 세 줄 공백) 로마인들의 몇몇 통로에 있어서의 헬라(불명)의 힘과 안도버(Andover)에 대한 숙고, 그리고 (불명) 이방에 이런 것들을 지닌 선교사를 보내야 할 것인가 아닌가는 마음의 문제라기보다는 머리의 문제입니다. 우리가 의심 때문에 말에 대해 한층 면밀히 연구하게 된다 해도, 그것이 주의 계시된 진리 안에서 이루어지는 것이라면, 우리는 하나님에 대한 감사를 잃지 않을 것입니다.

이것은 지식의 한 종류에 불과하지만 하나님께 감사하는 유일한 방식은 아닙니다. 조사, 연구, 비교는 많은 것을 할 수 있으며 또 실제 많은 것을 하고 있습니다. 우리는 우리의 서재에 풍부한 자료를 제공해 주는 학자들에게 많은 영광을 돌려야 할 것입니다. 나는 결코 그것을 비난하지 않습니다. 그것은 그리스도의 진리에 대한 외부적 증거를 제시하는 일이기 때문입니다.

그 가장 풍요로운 보물을 하나님과 그리스도의 제단에 올려놓지 않는 학문 분야는 존재하지 않습니다.

기독교의 실제 힘의 작은 부분밖에 형성하지 못하고 있는 그리스도인들에게 있어서는 이러한 진리들만큼이나 위안되는 것이 있습니다. 기독교의 힘은 죄에서 구원하는 그리스도의 힘에 대한 그리스도인 각자의 증거에 있습니다. 이것은 백 가지를 의심하는 것보다 훨씬 깊이 들어가는 것입니다. 그리스도가 이 땅에서 죄를 용서하는 권능을 가지고 계시다는 사실을 안다는 것은 그리스도인들의 특권입니다. 그의 머리는 현명하거나 현명하지 못한 수많은 생각들로 가득 차 있을지 모르지만, 그의 마음은 한 가지를 알고 있습니다. 그는 해가 구름을 헤치고 빛나는 것처럼 명확한 사실에 대한 증인입니다.

북극 여행자들의 말에 따르면, 해류는 항상 남쪽을 향해 흐르는데도 때때로 빙산은 북극 쪽으로 떠간다고 합니다. 그 이유는 이 빙산들이 물속 깊이 뻗어 있어 그 밑을 흐르는 해류에 닿아 있기 때문에 그 힘에 의해서 다른 모든 반대의 힘들을 무릅쓰고 나아가기 때문입니다. 일단 성도들에게 내려진 신앙, 그리고 우리가 얻기 위해 신실하게 애쓰고 있는 신앙은 인간 본성의 표면적 흐름보다 더 깊이 들어가고, 머리보다도 더 깊이 들어가 인간의 마음에 뿌리를 내리며, 애정과 감정을 획득합니다. 신앙은 깊이 내려가 인간 본성의 좀더 깊은 욕구를 만족시켜 줍니다. 갈망하는 영혼은 우리 주의 신앙의 위대한 진리에 대한 신앙에 사로잡힐 때 만족합니다. 표면적 흐름은 기독교를 완전히 거역합니다. 군중들은 다른 길로만 갑니다. 이러한 의미에서 신앙은 파괴시키러 오며 또 실제로 파괴시킵니다. 보통의 인간이 사랑하는 것에 대해 신앙은 "너는 하지 말지니라"라고 말합니다. 간혹 우리는 기독교적인 일을 조용히 드러내지 않고 할 수 있다고 주장하기도 합니다. 만일 그럴 수 있다면, 나는 그것에 대해 별반 큰 의미를 두지 않을 것입니다. 사람들이 찾고 있는데도 어두운 곳에서 등불을 들고 발견되지 않는다면, 나는 그 등불에 별반 큰 의미를 두지 않을 것입니다. "육신의 생각은 하나님과 원수가 되나니 이는 하나님의 법에 굴복지 아니할 뿐 아니라 할 수도 없음이라. 육신에 있는 자들은 하나님을 기쁘시게 할 수 없느니라."

이 용서받은 죄에 대한 지식, 회복된 시력에 대한 지식, 우리를 양자로 삼아 우리로 하여금 아바 아버지라 부르게 하시는 성령을 받아들이는 것, 이 한 가지를 우리 모두는 알 수 있을 것입니다. 이것은 우리가 알 수 있는 범위에 있습니다. 우리는 천문학자나 지리학자나 논리학자나 과학자나 정치가나 철학자처럼 다닐 필요가 없습니다. 다만 거룩한 길을 걷기만 하면 됩니다. 여기 이 길에서는 시력이나 사고에 의지해 걷는 것이 아니라 신앙에 의지해 걷는 것이며, 그럴 때 우리는 구주가 우리와 함께 살고 계심을 알 수 있습니다. 이 지식을 통하여 우리는 다른 것들에 대한 지식도 알수 있습니다. 이 눈먼 사람은 오직 한 가지를 안다고 확언했으며, 바로 그 후에 다른 것들도 명확하게 확언했는데, 이것들은 자연적이고 필연적으로 그의 첫 지식에 뒤따라 온 것입니다. 자신들이 모세의 제자라고 하며 욕하는 이 유대인들에게 그는 대답했습니다. "이상하다. 이 사람이 내 눈을 뜨게 하였으되 당신들이 그가 어디서 왔는지 알지 못하는도다. 하나님이 죄인의 말을 듣지 아니하시고 경건하여 그의 뜻대로 행하는 자의 말은 들으시는 줄을 우리가 아니이다. 창세 이후로 맹인으로 난 자의 눈을 뜨게 하였다 함을 듣지 못하였으니." 이 사람의 논리적이고 강력한 결론에 주목해 보십시오. "이 사람이 하나님께로부터 오지 아니하였으면 아무 일도 할 수 없으리이다." 그는 쫓겨났으나 이것이 그의 신념을 바꾸지도 못했으며, 그가 그리스도를 믿고 받아들이는 것을 막지도 못했습니다.

여러분들은 자연의 위대한 법칙이 부분적인 방해를 받을지언정 영향을 받는 일은 없다는 사실에 주목해 보신 적이 있습니까? 참스톤의 지진, 잭슨빌의 황열병, 보스턴이나 시카고의 대화재, 일본에서의 화산 분출, 한국의 홍수, 바다에서의 태풍 등이 생명과 재산을 크게 파괴할 수는 있지만, 그것들이 자연의 위대한 법칙을 바꾸지는 못합니다. 이 자연의 위대한 법칙들은 확고부동해서 결코 변하지 않습니다.

> 매일 떠오르는 지치지 않는 해는
> 창조주의 힘을 보여 주며
> 달은 그 놀라운 이야기를 말하는도다.
> 모든 별들이 소리를 내며
> 모든 혹성이 자기 순서를 지키며
> 빛나며 영원히 노래하는도다.
> "우리를 만드신 손은 하나님이시라."[3]

이것은 하나님 사랑의 위대한 법칙에서도 마찬가지입니다. 이것이 회개한 죄인이 맨 처음으로 배우는 것입니다. 하나님은 사랑이십니다. 죄인은 하나님을 오로지 소멸하는 불로서만 봅니다.

---

3   시편 19편 참조.

죄가 사라지고 마음이 예수의 피로 씻길 때 하나님의 사랑은 들어오며 그 사람은 씨름하는 야곱과 같이 외칩니다.

이것은 사랑! 이것은 사랑! 당신이 제게 행하신 것은!
저는 당신의 속삭임을 제 마음속에서 듣습니다.
동이 트고 어두움은 도망갑니다.
당신은 순수하고 보편적인 사랑이십니다.
저를 향하여, 모두를 향하여, 당신의 마음은 움직입니다.
당신의 이름과 당신의 본성은 사랑이십니다.

이것이 젊은 그리스도인들에게 맨 처음으로 다가오는 위대한 진리입니다. 즉 하나님의 사랑입니다. 그것은 가없이 무한하며 완전히 순수합니다. 나에 대한 하나님의 사랑, 이것이 한 가지 내가 아는 것입니다. 그것은 이런 식으로 올 수도 있고 저런 식으로 올 수도 있으며 여러 다른 모양이나 형태로, 회오리바람으로, 지진으로, 아니면 세미한 소리로 올 수도 있습니다. 그러나 그것은 언제나 똑같이 축복받은 거룩하고 순수한 사랑입니다. 여러분들은 여러분이 어둠의 세력과 긴 싸움을 하고 났을 때, 갑자기 여러분 앞에 빛이 밝혀지고 죄의 무게가 사라져 버린 것을 기억할 것입니다. 거기에 하나님은 사랑이시라는 달콤하고 축복받은 확신이 여러분께 스며들던 것을 기억할 것입니다. 여러분들은 다른 사람들도 똑같은 이야기를 하면서 그것이 얼마나 즐거웠는가를 말하는 것을 들으셨을 것입니다. 우리는 우리가 사랑하는 것들이 자주 이야기되는 것을 좋아합니다. 사랑이 지배하는 곳에서 우리는 사랑하고 싶어집니다. 마리아와 마르다의 가정의 (불명)은 주를 따르는 자들이 처음 구했던 것처럼 지금도 항상 구하고 있는 것입니다. 그것은 (불명) 길에서 항상 발견되는 것은 아닙니다. 나의 하나님

아버지께로의 방문은 (불명)

 이 하나님에 대한 사랑은 점점 더 강하게 자라납니다. 나는 내가 하나님을 사랑할 능력을 주신 것에 대해 하나님께 감사합니다. 나이아가라의 현수교 (불명) 첫 비단 끈은 빠른 속도로 (불명)에 의해 건너편으로 보내집니다. 우리의 처음의 약한 기도는 하늘의 보좌에 닿으며, 둘째로 행하는 노력은 첫 번째에 힘을 보태어 줍니다. 우리는 이런 식으로 하나님을 사랑하는 데 참가합니다. 이것은 비단 끈이 강력한 밧줄이 될 때까지 자라 갑니다. 형제들이여, 이 때문에 이 사랑은 결코 폐하는 일이 없습니다. 예언도 폐하고 방언도 멈추고 지식도 사라져 버리지만, 이 하나님과 인간의 사랑은 영원합니다. 여기서 우리는 굳건한 땅 위에서 있는 것입니다. 이것이 한 가지 내가 아는 것입니다. 나는 그것이 진실임을 압니다. 나는 그 힘을 느낍니다. 해가 어두워지고, 달이 빛을 잃고, 하늘의 별이 (불명), 땅이 흔들릴지라도 "내가 확신하노니, 사망이나 생명이나 천사들이나 권세자들이나 현재 일이나 장래 일이나 능력이나 높음이나 깊음이나 다른 어떤 피조물이라도 우리를 우리 주 그리스도 예수 안에 있는 하나님의 사랑에서 끊을 수 없으리라."[4]

2. 평화, 이것을 내가 압니다

평화에 대해서는 나는 (불명) 이름을 알 뿐입니다. 오, 어디서 안식을 찾을 수 있을까요? 곤비한 영혼을 위한 안식 말입니다. 구원받지 못한 이들은 하나님과 적대하고 있기 때문에 안식이 없습니다. "사악한 자들은 물결 이

---

4 로마서 8:38-39.

는 바다와 같으니, 물결이 진창과 먼지를 퍼부을 때 안식할 수 없음이로다." 그러나 회개할 때는 이것이 사라지며 "모든 이해를 꿰뚫는 하나님의 평화"가 마음속에 들어오게 됩니다. 이것을 우리가 알 수 있으며, 또 가질 수 있습니다. 이것이 우리의 유업의 몫입니다. "그러므로 믿음에 의해 의롭다 하심을 받으면, 우리는 우리 주 예수 그리스도를 통하여 하나님과 평화를 누리느니라."[5] 우리는 의롭다 하심을 받았으므로, 지금 그것을 누립니다. 이 커다란 축복은 희미하고 먼 미래에 준비될 것이 아니라, 바로 지금 받을 수 있는 것입니다. "평안을 너희에게 끼치노니 곧 나의 평안을 너희에게 주노라"[6] (나는 이 말씀의 의미를 정확히는 모르겠습니다). 이것은 지금 여기서 얻을 수 있는 것입니다. "그것은 하나님과 우리 사이에 모든 것이 올바를 때 솟아나는 순수한 고요입니다." 이 축복된 평화를 가진 영혼은 그것이 모두 올바르다는 느낌을 가집니다. 여러분은 설명할 수는 없지만, 여러분의 마음속에 고요하고 (불명) 무엇이 있다는 것은 깨닫습니다. 그것은 강과 같습니다. 수고와 박해가 있다 해도 그 가운데는 항상 평화와 햇빛이 있습니다. 바다의 표면이 폭풍우에 의해 방해를 받을지라도, 그 밑은 (불명) 고요합니다. 이것은 이 특별한 평화를 지닌 그리스도인들에게도 마찬가지인데, 그들은 괴로워하거나 두려워하지 않습니다.

주여, 죄사함의 기쁨을 느끼는 사람들,
그들은 얼마나 안전하며 축복받은 이들인지요.
진노의 폭풍이 땅과 바다를 흔들지라도
그들의 마음에는 천국과 평화가 있습니다.

---

5 로마서 3:21-31 참조.
6 요한복음 14:27.

교회는 종종 부분적인 방해를 받습니다. 오, 더욱더 이 평화를 간구합니다.

한 훌륭한 부제(副祭)가 주일에 말 장사를 하다 잡혔습니다. 한 장로가 아홉째 계명을 어겨서 비난을 받았습니다. 기도문 작성에서 뛰어난 역할을 맡던 한 은행원이 갑자기 외국으로 도망가 버렸습니다. 거룩함을 천직으로 하는 한 수녀가 평범하게 잔소리가 많은 여인에 불과하다는 것이 드러났습니다. 선교회의 한 회계원이 부주의 때문에 사람들의 선물을 잃었습니다. 한 설교자가 뉴저지의 관습에 따라 담배를 밀매하는 것이 밝혀졌습니다. 이러한 사실들은 부분적인 소란일 뿐이며, 부분적인 영향밖에 미치지 못합니다. 그러한 사람들에 대해 우리는 수치 때문에 고개를 돌리고 그들이 그리스도의 적임을 고백할 수밖에 없습니다. 그러나 이러한 시험과 장애─장애는 오고야 마는 것인데─가운데도 신자들의 신뢰는 방해받지 않으며, 십자가를 바라보는 눈은 흔들리지 않습니다.

내 신앙은 당신을 바라봅니다.
갈보리의 어린양이며
구주이신 당신을.

폭풍우가 사납게 몰아치면 몰아칠수록 신자는 더 깊이 하나님께 다가갑니다. "오, 내가 이날부터 온전히 주의 것이 되게 하소서." 이것은 "다 주를 버릴지라도 나는 언제든지 버리지 않겠나이다"라고 한 사려 깊지 못한 베드로의 자만이 아닙니다.

3. 불멸

나는 살 것이며 죽지 않을 것입니다. 나는 내 영혼을 사랑하는 이와 함께 있을 것입니다. 나는 왕의 아름다움을 볼 것입니다. 나는 주의 집에 영원히 거할 것입니다. 나는 이것이 하나님의 사랑과 평화의 필연적인 결과임을 압니다.

사람은 살도록 만들어졌습니다. 사람은 또 다른 세상을 위해 만들어졌습니다. 하나님은 사람이 죄로 인해 저주받은 이 세상에서 영원히 살도록 하시지 않습니다. 펜실베이니아의 산지로부터 온 한국의 미개척지에 사는 한 사람은 북쪽의 산지에 사는 사람이 배가 체스터의 조선소에서 만들어질 때 조선소에 갑니다. 그는 거기서 (불명) 진수되는 것을 봅니다. 지붕이 바닥에 있는 것처럼 보일 정도로 집이 이상하게 지어졌어도 자기에게 집으로 보이는 것을 집이라 부릅니다. 그는 사다리를 올라가고 갑판을 거닐며, 그가 처음 받은 인상을 확인합니다. 그는 담화실로 내려가 테이블과 의자가 바닥에 붙어 있는 것을 보고, 아무리 이상하게 지어져 있을지라도 그것이 사실 집이라는 확신을 가집니다.

그러자 주께서
명령하시는 자세로
그의 손을 흔드셨다.
그리고 말씀,
커다랗고 갑작스런 말씀이
그들 전체와 그 아래에 들렸다.
망치 소리가 계속해서 들려
해변과 산들이 나가떨어졌다.

그때 보라. 그녀가 떤다.
그녀는 출발하여 움직인다—그녀의 용골을 따라
그녀는 생명의 떨림을 느끼는 것 같다.
그리고 땅을 박차
한 번에 즐겁게 뛰어올라
바다의 품에 뛰어든다.

아, 그 친구는 그의 집이 땅의 딱딱한 껍질 위에 세워진 것이 아님을 알았다는 점에서는 옳았습니다. 누구든 예로 들어봅시다. 바울을 예로 들어볼까요? 그는 아기로 태어났으며, 어머니의 사랑을 받았고 훌륭한 젊은이였으며, 율법을 지키는 데 열심인 바리새인 중의 바리새인이었습니다. 그는 변변치 못한 체구로 말도 잘 못 하는 사람으로 자라납니다.

그는 교회에 대한 열심을 가졌으나 그것은 지식에 따른 것이 아니었습니다. 그는 스데반에게 돌을 던집니다. 그는 다메섹으로 가는 도중에 예수님을 만납니다. 그는 기도하여 시력을 되찾으며, 하나님의 사랑에 감동하고 믿음에 의해 평화를 발견합니다. 그가 말하자 이웃이 그의 말을 듣고, 교회가 듣고, 왕들이 듣고, 세계가 듣습니다. 그러나 그는 이제 없습니다. 부는 바람이 그를 보았습니까? 빛나는 별이 그를 만났습니까? 구속받은 성도들, 완전하게 된 의인들은 그가 어디에 있는지 압니까? 형제들이여, 우리는 다시 살 것입니다. 이곳이 우리의 최후의 거처가 아닙니다. 우리는 더 나은 것을 위해 만들어졌습니다. 우리는 하나님이 기초를 세우신 도시를 향하여 갈 것입니다. 우리는 하나님의 백성을 위하여 준비된 안식에 들어갈 것입니다. 우리는 위대한 도시, 하나님으로부터 하늘에서 내려온 거룩한 예루살렘을 볼 것입니다. "하나님은 모든 눈물을 그 눈에서 씻기시매 다시 사망이 없고 애통하는 것이나 곡하는 것이나 아픈 것이 다시 있지 아니하리니."⁷ 우리는 이 모든 것을 상속받을 것입니다.

   이것은 사람이 흥분하여 상상으로 지어낸 것이 아닙니다. 하나님이 사람의 마음에 계시하신 것입니다. 옛 성도들은 어린 양의 피로 씻긴 문을 통하여 가는 자신들의 모습을 발견했습니다. 살아 있는 성도들은 그들과 교제했으며, 다시 그것을 우리에게 전하여 주었습니다. (불명)

   오, 나의 영혼이여, 그 날개가 하늘로 치솟아 날아오를 때 먼 해변에서 위대한 왕의 도시가 그대를 영접할지어다.

---

7   요한계시록 21:4.

부록 2_ 회고록[1]

한국 감리교 선교부를 창설한 두 사람 가운데 한 명인 헨리 아펜젤러 목사는 1858년 2월 6일 펜실베이니아의 수더턴에서 태어났다. 그의 부모는 독일 루터교회 교인이었으며, 20세 때 그는 랭커스터에 위치해 있는 개혁교회의 프랭클린 앤 마셜 대학에 입학했다. 그는 1882년 이 학교를 졸업했다. 그 이전에 감리교회에 가입했던 그는 대학 시절에 설교할 수 있는 허가를 받았으며 랭커스터 제일교회와 관계를 맺고 있는 작은 선교지를 위해 아주 기꺼이 봉사했다. 그리고 1882년 가을에는 드루 신학교에 입학해 3년의 정규 과정을 이수했다. 첫 해 동안에는 볼턴에서 전도했으며 나중에는 그린 빌리지에서 설교했는데, 그곳은 드루 신학교 학생들에게 주어지는 가장 좋은 임명지였다. 1884년 11월에 그는 엘라 닷지와 결혼했으며, 같은 달 파울러 감독으로부터 한국 선교사로 임명받았다. 1월에 신학교의

---

[1] *Korea Review* 1902년 6월호에 게재된 윌버 스웨러의 글이다. 옥성득 박사가 이 회고록을 번역했다.

마지막 시험을 통과한 후 막 결혼한 아내와 함께 새로운 일터로 출발했다. 그가 신학교를 졸업한 시기는 그러니까 일본에 있던 5월에 해당된다.

샌프란시스코에서 그는 파울러 감독으로부터 감리교 선교부의 집사목사와 장로목사로 안수받았다.[2]

1885년 4월 5일 부활절 일요일에 그와 그의 아내는 제물포에 도착했다. 이때 당시의 정치적인 불안정과 일본과 청국 간에 벌어지고 있었던 갈등 때문에, 한국에 머무르는 것이 안전하지 못하다고 생각되어 할 수 없이 일본으로 돌아갔으나, 곧 어려움들이 사라져 그들은 한국으로 되돌아왔다.

8월에 스크랜턴과 아펜젤러는 한옥 집과 부지를 각각 매입했다. 스크랜턴은 자신의 집 구내에서 의료사업을 시작했으며, 동시에 장로교회 알렌 박사에 의해 4월에 설립된 국립병원 일을 도와주었다. 두 명의 한국인이 의학을 공부하고자 그에게 왔으며, 그는 그들에게 영어에 대한 지식이 있어야만 가능하다고 말했다. 그들은 아펜젤러에게 영어 교육을 신청했고, 그는 그들에게 영어를 가르쳐 주기 시작했다. 8월에 아펜젤러는 4명의 등록된 학생을 가지게 되었다. 1886년에 학교는 인가를 받은 것과 다름없는 위치에 오르게 되었으며, 국왕으로부터 정식으로 배재학당이라는 이름을 하사받았다.[3] 첫 학기는 1886년 6월 8일에 개강되었다.

1887년 아펜젤러는 현재 학교로 사용되고 있는 벽돌 건물을 지었는데, 그것은 한국에서는 처음 있는 건축 양식이었다. 따라서 아펜젤러는 한국에 온 첫 교육자였던 것이다.

1887년 7월 24일 일요일 오후에 아펜젤러는 기독교로 개종을 고백하

---

2   2월에 파울러 감독은 일본 선교부의 감리사인 맥클레이 박사에게 그를 한국의 감리사로, 그리고 아펜젤러 목사를 그의 지휘 밑에 두는 부감리사로 임명하는 편지를 보낸다. 1887년 맥클레이 박사가 미국으로 돌아가자 아펜젤러는 감리사가 되었다.
3   그의 일기에 의하면 이름을 하사받은 것은 1887년 2월 21일이다.

는 첫 한국인에게 세례를 주었으며, 10월 2일에는 두 번째 개종자가 세례를 받았다. 그 얼마 후에 성찬식이 거행되었다. 이런 식으로 감리교 선교부의 전도 사업이 시작되었던 것이다. 그해 봄에 선교사로서는 처음으로 아펜젤러는 평양으로 전도 여행을 떠났다. 그곳에서 며칠 머문 뒤에 그는 정부의 명령을 받은 미국 공사로부터 소환되었다. 1887년에 장로교 선교부의 언더우드 목사와 함께 다시 북쪽 지방으로 출발했으나 중국 국경에 다다르기 전에 미국 공사로부터 소환되었다.[4]

그 후 그는 혼자서 의주까지 여행을 했는데, 그것은 매우 힘든 것이었다. 1888년, 1890년 사이에 그는 여덟 개 도 가운데 여섯 개 도를 두루 여행했으며, 해주, 공주, 부산 등을 거치는 장장 2,900킬로미터에 이르는 여행을 했다.

그는 처음 임명된 이후 1892년까지 감리교 선교부의 감리사로 지냈으며, 그 대부분의 기간과 이후 1900년까지 회계로 봉사했다.

교육 노선에서 그의 정책은 매우 광범위한 것이었으며, 그의 계획은 기독교적인 가르침과 통제하에 제국의 청년들을 교육하는 것을 포함하는 것이었다. 그는 기독 교회가 교육의 방향타를 잡고 주도해야 하며, 교훈과 모범을 통해서 도덕성과 고결함의 원리들을 가르쳐야 한다고 믿었다. 동시에 그는 그러한 위치에서 젊은이들을 기독교화할 수 있는 가능성을 보았다. 이를 위해서 그는 배재학당을 확대 강화시키고자 계획을 수립하고 일했던 것이다.

하지만 아펜젤러의 여러 재능이 발휘된 것은 교육 사업만이 아니었다. 그는 이 나라 백성의 복음화를 위해서 헌신했다. 그는 서울 정동제일감리교회를 창립하고 돌보았으며, 그의 봉사 기간 동안에 전력을 다해서 그 교

---

[4] 아펜젤러가 1887년의 2회에 걸친 여행에서 2회 모두 소환되었다고 한 것은 재검토해 보아야 할 것이다.

회를 청년들을 위한 강력한 전도 기관으로 만들고자 노력했다. 회중이 불어나 모이는 장소가 비좁아지자 그는 즉시 아름답고 실제적이며 편리한 교회를 짓기로 결심했다. 그래서 그는 어느 곳에서나 기독 교회를 연상시켜 주는 그런 건축 양식을 택해 한국에서는 처음으로 개신교 외국 교회 건물을 세웠던 것이다.

개척 선교사 중 한 사람이요, 다재다능한 인물이었던 아펜젤러는 국내의 외국인 사회에 존재하는 거의 모든 조직체들을 설립하는 데 적극적이었다. 이방 지역에서 때로는 모든 이방 환경으로부터 벗어나서 같은 종족끼리 연합하여 같은 언어로 하나님을 경배하는 것이 필요하다고 느낀 그는, 유니언교회(Union Church)를 세우는 일에 많은 공헌을 했으며, 예배를 위해 배재학교의 예배당을 기쁘게 열어 주었던 것이다. 여러 번 그는 목사로 선출되어 그 직책을 수행했다.

선교 사업의 일선에는 성경이 있다. 첫 선교사들이 한국에 도착했을 때, 그들은 중국 우장의 존 로스(John Ross) 목사가 신약을 한국어로 번역해 놓은 것을 발견했다. 그러나 얼마 못 되어서, 이것이 매우 불완전하며, 좀더 나은 번역판이 필요하다는 것을 깨달았다. 그리하여 그들은 성경번역상임실행위원회(Permanent Executive Bible Committee)를 조직했으며, 아펜젤러는 이후 수년 동안 이 위원회의 한 구성원으로 일했다. 위원회의 목적은 성경의 번역과 출판을 감독하는 것이었다. 위원들은 선교사들 가운데서 번역 작업을 확실히 할 수 있는 사람들로 선출되었다. 아펜젤러는 처음으로 뽑힌 사람들 속에 포함되었으며, 그 이후 계속해서 번역부에 소속되어 있었다. 그가 커다란 기쁨을 누리고 가능한 한 모든 회기에 참석할 수 있도록 주의를 기울였던 것은 바로 이 일이었다. 사실 그가 불운한 쿠마가와 마루 호에서 자신의 생명을 잃은 것도 이 의무를 수행하러 가는 길에 일어났던 것이다.

복음 전도의 매체로서 성경 다음에 오는 것은 기독교 문서다. 책과 소책자를 준비하고 출판하기 위해서 대한성교서회가 설립되었으며, 아펜젤러가 회장으로 선출되었다. 그는 이 직책을 여러 해 동안 맡았으며 최근까지 봉사했다. 여기에 추가해서 그는 오랫동안 주일학교연합과 감리교 선교부 문서회의 후견인으로 일했다. 이들 모임에서 그는 소책자들을 번역하고 출판하는 데 상당한 일을 했다. 그는 "조선 그리스도인 회보"라고 불린 감리교 선교부의 교회 주보를 시작하여 4년 동안, 다른 수많은 의무들이 있음에도 불구하고 성공적으로 편집과 출판 일을 수행해 나갔다. 이런 조직체들에 앞서 1888년 가을에, 번역된 작품들을 인쇄하는 문제에서 그들은 상당한 어려움을 겪고 있었다. 그와 동시에 배재에서 공부하는 동안에 필요한 학비를 벌고자 하는 학생들에게 일자리를 줄 수 있는 합법적인 기업을 찾고 있던 중에, 아펜젤러의 요청으로 올링거가 출판소를 개설했다. 그것은 지금 현재 '감리교 출판소'로 지칭되고 있다. 곧 이어서 아펜젤러는 학교 부속 시설로 배재 제본소를 시작했다. 그리하여 출판물이 늘어나자 책 보관소가 필요하게 되었고, 아펜젤러는 종로의 아주 적당한 자리에 위치한 소유지를 매입해 종로서점을 열었다. 이곳에서는 매년 수많은 책들과 소책자들이 팔렸다.

비록 아펜젤러가 자신의 힘을 여러 선교 사역에 우선적으로 헌신했지만, 그는 한국 사회의 이익을 위해 세속적인 일에도 참가했다. 그는 영향력 있는 외국인 집단 가운데서 지도적인 인물이었는데, 이들의 조언과 모범을 통해서 좁은 시내의 도로가 확장되고, 좋은 거리들이 세워졌다. 그런 모든 일에서 기독교 선교사로서의 그의 영향력이 나타났다. 북경로까지의 도로 확장이 끝난 후 독립문의 완공을 겸한 축하 의식에서, 그는 공식석상에서 하나님께 감사의 기도를 드려 달라는 초청에 매우 기쁘게 응했다. 그리하여 그는 이미 이룩된 성취 위에 기독교적인 진보의 도장을 찍었던 것이다.

1892년 올링거 목사와 그의 아내는 "코리언 리포지토리"로 불리는 영어 월간지를 편집 발행했다. 그들이 떠난 후 모두가 그 발행의 필요를 느끼게 되어, 1895년 아펜젤러 목사와 존스 목사가 다시 "코리언 리포지토리"를 편집 발행하기 시작했다. 다른 많은 무거운 의무들 가운데서도 4년 동안 그들은 그 발행을 계속했다. 그 잡지의 영향력은 전 동양에 미쳤으며, 한국 문제에 대한 권위 있는 잡지로 통했다.

　　사교적인 의무에 있어서, 아펜젤러는 느슨한 관계를 유지하지 않았다. 그가 한국에 있었던 17년 동안 개인적으로 알지 못하는 외국인은 거의 없었다. 이러한 결속을 강화하고, 레크리에이션의 수단을 제공하며 경쟁적인 일들로부터 벗어나 휴식을 가질 수 있도록, 그는 서울 사교연합회의 조직을 주창하고 지원했는데, 이 연합회는 외국인들과 그들 가족들이 가끔씩 만나 한 시간씩 정신적인 휴식과 육체적인 오락을 하며 보내는 곳이었다. 그곳에는 미국에서 발행되는 유력 신문들과 잡지들이 정리 보관되어 있었고, 여름에는 3개의 테니스 코트가 설치되었다.

　　대영 왕립 아시아학회는 1900년에 설립되었다. 이 조직의 목적은 한반도의 역사, 관습, 생활양식 등을 조사하여, 그것을 일반인들을 위해 영구적인 형태로 보존하는 것이다. 아펜젤러는 여러 달 동안 도서관 사서 자격으로 봉사했다.

　　첫 외국인들이 도착한 이후 몇 년이 지나, 얼마 안 되는 일행 가운데서 한 명이 사망했을 때, 시체를 매장하는 문제로 어려움을 많이 겪게 되었다. 한국 정부에서는 도시 근처에 매장하는 것을 허락하지 않았다. 그들은 많은 곤란을 견딘 후에 한강변의 양화진에 묘지를 만드는 것에 동의했다. 이곳에 넓은 부지를 매입하고는 외국인 공동묘지 구역으로 삼았다. 아펜젤러는 이 모든 일에 상당히 많이 관계했으며, 수년 동안 외국인 묘지협회의 회계직을 맡았다. 외국인 사회를 위해서 묘지를 구하고 조심스럽게 보전하려고 그렇게 많은 노력을 바친 그가 자신의 마지막 안식처를 넓고 황량한 바다에 정하지 않을 수 없었다는 것은 진실로 유감스러운 일이다. 그러나 그는 그가 하나님과 올바른 관계를 유지했던 한에서는 그것이 정말로 올바르다고 생각할 것이다. 왜냐하면 밀려오는 바쁜 생활 속에서도 그는 언제나 하나님께서 자기를 받아 주실 것을 확신했기 때문이다. 그가 죽기 며칠 전, 생명의 위험을 느끼는 경험을 한 후 그는 두려워하지 않는다고 말하면서, 만일 그 어려움 속에서 죽었다면 그에게 좋았을 것이라고 말했다. 왜냐하면 그는 매일 아침에 하듯이 그날 아침에도 하나님께 자신을 바쳤기 때문이었다.

우리는 진실로 선하고 위대했던 한 사람의 일생에 있었던 사건들과 그가 한 일들을 겨우 윤곽만 잡아서 훑어보았다. 동료들과의 관계에서 그는 늘 정당하고 올바른 사람이었으며, 언제나 원기가 넘치고 친절한 방법으로 접촉하는 사람들의 삶에 빛을 던져 주는 것을 목표로 삼았다. 그러나 동시에 그는 부정직이나 완고함 등은 참지 못했다. 그는 충실한 남편이요, 자상한 아버지였으며, 하나님을 경외하는 가운데 자녀들을 양육하려고 노력했다. 친구들에게는 강철처럼 진실했으며, 그를 처음 대하는 사람들은 그에게서 예의 바른 그리스도인 신사의 모습을 발견할 수 있었다.

대중들에게는 많은 일들을 통해 은혜를 베풀었으며, 이들을 위한 그의 사업은 앞으로 오랫동안 유익한 결과를 안겨줄 것이다.

선교사로서 그는 유능하고, 신실했으며, 자신의 일에 헌신했고, 좋은 결과들을 남겨 놓았다. 그는 잘못을 모두 자기 탓으로 돌린 사람이었다. 한국인들은, 그가 여러 해 동안 그들을 위해서 봉사했을 뿐만 아니라 종국에는 그의 생명까지 바쳤다고 말하고 있다. 왜냐하면 자신의 보호 밑에 있던 한국인 교사와 어린 소녀를 깨우려고 하다가 자신의 안전을 충분히 돌볼 겨를이 없었던 것이라고 사람들은 믿고 있기 때문이다. 그는 그의 모든 노력 가운데 최고의 낙관주의를 가지고 행동했으며, 세상에서 그리스도의 교회가 궁극적으로 승리한다는 것을 굳게 믿었다. 그는 복음적인 모든 기독교의 독특한 교리들을 받아들였다. 영혼의 불멸성과 '그의 나타나심을 바라는 모든 사람들'과 연합하여 영화롭게 되는 것 등은 그가 즐겨 생각했던 주제였다. 우리는 그가 다음의 2행 연구로 기도드리는 것을 자주 들었다.

우리는 당신이 거저 주신 은혜를 받으려고 만났습니다.
우리는 귀한 당신을 위해 이 땅에서 만나며, 그리하여 하늘에서도 만날 것입니다.

이 짧은 글을 마치면서 그가 얼마 전에 한 장례식에서 연설한 내용[5]을 인용하는 것이 적절할 것이다.

우리는 일상의 바쁜 일들을 멈추고 여기 수많은 육체들이 부활의 아침을 기다리고 있는 강변에 우리의 맥펠라를 묻기 위해 섰습니다. 우리가 이 땅에서는 이방인이요 순례자라는 것을 강제로 깨닫게 되는 것은 마땅한 일입니다. 죽음에는 순서가 없습니다. 몇 주일 전에는 아픈 줄도 몰랐던 한 형제가 잠들었으며, 이제 여기 다른 한 형제가 부름을 받아 이제 우리는 그의 호탕한 웃음소리를 들을 수 없게 되었습니다. 우리는 욥이 말했던 것처럼 "내가 되돌아올 수 없는 곳으로 가기 전의 날들이 짧으며…아무 질서도 없도다"라고 하지 맙시다. "아무 질서도 없는 것"이 아니라, 하나님의 질서 속에서 이루어집니다. 하나님의 모든 일은 선합니다. 잠자는 자들에 대해 걱정하는 형제들이여, 슬퍼하지 맙시다. 죽었다가 다시 살아나신 예수님께서 그와 함께 잠자는 자들을 함께 데

---

[5] 아마도 기록으로 남아 있는 아펜젤러의 마지막 말이 아닌가 한다.

리고 가실 것입니다. 그리하여 우리는 주와 함께 영원히 있게 될 것입니다. 그러므로 진실로 우리의 마지막 교훈은 우리의 위로를 위한 것입니다. "하나님이 우리를 세우심은 노하심에 이르게 하심이 아니요 오직 우리 주 예수 그리스도로 말미암아 구원을 받게 하심이라. 예수께서 우리를 위하여 죽으사 우리로 하여금 깨어 있든지 자든지 자기와 함께 살게 하려 하셨느니라."[6] 이것이 하나님의 뜻이요, 이런 관점에서 그의 자녀를 다루시는 하나님의 처분을 바라보아야 할 것입니다.

---

6 데살로니가전서 5:9-10.

연보

(1858–1902)

1858. 2. 6		미국 펜실베이니아 주 수더턴에서 출생.
		농장을 하는 독일 루터교회 교인인 부모 밑에서 양육됨.
1876. 10. 1		'영적 생일.'
1877		웨스트 체스터 주립 사범학교 졸업.
		대학을 준비하면서 교사로 지냄.
1878(20세)		펜실베이니아 주 랭커스터에 위치한 프랭클린 앤 마셜 대학에 입학.
1879. 4. 20		감리교회인 랭커스터 제일교회에 등록하고 선교 사업에 힘씀.
1882		프랭클린 앤 마셜 대학 졸업.
		가을에 드루 신학교 입학.
1884. 12. 4		갑신정변(이날 뉴욕에서는 스크랜턴 박사의 목사 안수식이 있었음).
	12. 17	엘라 닷지와 결혼.
	12. 말	한국 선교사로 임명.
1885(27세)		1월에 드루 신학교 졸업(신학석사).
	2. 3	샌프란시스코를 출발.

	2. 27	일본에 도착.
	3. 23	미쓰비시 기선회사 배로 일본 출발.
	3. 28	나가사키 도착.
	3. 31	나가사키 출발.
	4. 2	아침에 부산 도착, 세관장 로발트를 방문하고 1박 후에 부산 출발.
	4. 5	부활주일, 제물포항 도착. 얼마 동안 체재한 후 일본으로 돌아감.
	4. 6	미국 선박 오시피 호 방문.
	4. 7	일본 영사 고마야시 방문.
	6. 13	나가사키 출발.
	6. 20	부산을 거쳐 제물포에 도착.
	6. 28	외국인을 위한 한국 최초의 개신교 공식 예배.
	7. 29	서울에 도착.
	8	소유지 구입하고 영어학교(배재학당 전신) 시작.
	10. 11	개신교 최초의 성찬식 거행(외국인 11명만 참석, 헨리 루미스 인도).
	10. 13	이 무렵 언더우드 목사와 함께 신약 성경 번역 관련 의논.
	11. 19	첫 딸 앨리스 출생.
1886.	3-4	왕립대학(육영공원) 방문.
		이수정이 번역한 요리문답서들 검토.
		일본인 3명이 일요일 오후의 정기 모임에 참석, 그중 1인 부활절 세례 예정.
	4. 25	한국에서 맞는 첫 부활절에 최초의 세례 베풂(스크랜턴의 딸 매리언, 자신의 딸 앨리스, 일본인 하야카와 테츠야).
	5. 11	언더우드 목사의 고아원(경신학교 전신) 개원 기도 모임 참석.
	6. 8	영어학교(배재학교) 첫 학기 공식 개강.
	7. 18	언더우드 목사에 의한 한국인 최초의 세례식(노도사)에 참석 및 지원. 헤론의 딸 사라 앤이 언더우드로부터 세례받는 것 지원.
	7. 22-23	콜레라로 두 차례에 걸쳐 각각 200명, 151명이 서대문을 통해 운구, 서울에는 하루 평균 500명 희생.

	9. 1	학교, 단 한 명이 등교.
	10. 6	학교, 20명 재적에 18명 출석.
	11. 6	유니언교회의 목사로 피선. 장로교, 제중원에 의료학교 개설. 고아원의 정부 승인 획득.
1887.	2. 21	"배재학당" 이름을 하사받음.
	3. 14	배재학당 현판식.
	4. 10	부활절 예배 인도. 영사관 순경인 수기바시 수세.
	4. 13-5. 12	평안도 지방 여행(평양까지).
		전임 감리사로 임명(-1892)
		성경번역상임실행위원회 및 번역위원회 위원으로 성경번역 사업 계속.
		"저팬 메일"의 한국특파원으로 지냄(-1892)
	6. 24	방학, 지난 1년간 63명 등록, 재적 학생 43명, 출석학생 38명.
	7. 24	최초의 감리교인(박중상)에게 세례를 줌.
	8. 7	요한복음을 번역한 한 사람을 보수를 전액 지불하고 해고.
	9	예배 처소(벧엘교회) 구입, 배재학당 건물 준공식.
	10. 2	두 번째 감리교인(한용경) 세례식.
	10. 9	한국인 최초의 공중예배(벧엘교회당).
	10. 16	한국 개신교 최초의 여신도(최씨 부인) 세례식.
	10. 23	한국인 최초의 성찬식(최, 장, 강, 한씨 등과 최씨의 아내 참석).
	10. 26	두 명의 권서인(장씨, 최씨)을 북부 지방으로 보냄.
	10. 30	언더우드를 대신해 외국인들 앞에서 요셉의 일생에 대한 설교.
	12. 4	벧엘에서 배재학당 학생 유치겸과 윤돈규에게 세례를 줌.
	12. 7	한국 최초의 학생 기도회 모임.
	12. 25	오후 2시, 한국어로 첫 설교를 행함.
1888(30세)		배재학당 완공. 교장으로 이후 줄곧 봉사함.
	1. 13	벧엘에서 두 번째 설교를 '읽음.'
	3. 9	장로교 선교부와 선교 지역 분할 협의.
	3. 11	자택에서 주일학교 문을 엶.

	3. 14	최초의 기독교식 결혼식 주례(한용경과 과부 박씨).
		봄, 언더우드와 함께 북부 지방 여행(반기독교 칙령으로 소환).
	10	평안도 의주까지 전도 여행.
	11. 25	2인의 주재 전도사를 다시 임명.
		가을 배재학당 산업부 설치.
		배재 제본소 개설.
1889.	2	공주 방문.
		8월 존스와 함께 대구를 거쳐 부산까지 전도 여행.
1890.	1	종로서점 설치.
	6. 25	대한성교서회 회장으로 피선.
1891.	6. 10-14	한국 선교부 제7차 연회.
		인천 지방 상주 책임자로 임명.
1892.	5. 23	장로교·감리교 제1차 공동위원회에서 3개항 결의.
	6	안식년 휴가. 감리사직 사임(후임에 스크랜턴). 이듬해 7월 귀국.
1893.	2. 3	장로교·감리교 공동위원회.
1893.	8. 31-9. 8	9차 연회.
1894		봄, 의사 홀과 함께 평양으로 감.
1895		존스와 함께 월간지 "코리언 리포지토리" 속간(-1898. 12).
	8	윤치호의 정동교회 소속 선포.
	9. 9	정동제일교회당 정초식.
	9. 11	배재학당 개학(학생 수 109명, 76명 영어부, 43명 한문부, 38명 한문·영어부).
	9. 24	배재대학 학교 사업 시작.
1896.	2. 1	개학, 탁지부가 200달러를 전달.
	8	독립협회 창설.
	11. 21	독립문 정초식 거행.
	9	배재대학 개학, 학생 수 115명.
1897.	2. 6	"조선 그리스도인 회보" 창간, 편집인 맡음(-1901).
	7. 8	배재학교 종강 행사.

	8. 13	독립협회 창립 1주년 기념식에서 연설.
	12. 26	정동제일감리교회 헌당 예배.
1898(40세)		서재필 퇴거로 윤치호와 함께 "독립신문" 편집.
	3. 9-26	평양 방문
	9	블라디보스톡 여행(건강상 휴가).
	11	만민공동회에 배재학당 학생 다수 참석.
	12	감옥에 있는 이승만을 도와줌.
1899.	12. 28	이승만으로부터 편지를 받음.
1900		선교부 회계직 사임. 대영 왕립 아시아학회 도서관 사서로 일함.
	2. 6	이승만으로부터 편지를 받음.
	9. 9	신약전서 완성 감사 예배.
	9. 28	안식년 휴가차 출발.
	10. 1	'24번째 맞는 영적 생일.' 부친 부고(9월 8일) 들음.
	12. 22	동남아시아와 유럽을 거쳐 뉴욕에 도착. 「북감리교의 한국 선교」 집필.
1901.	5. 14	김창식, 김기범이 감리교회 집사목사로 안수.
	6. 15	아펜젤러 종친회 참석.
	10	귀국.
1902(44세)		5월에 남한 지역 장로사로 임명.
	6. 1	무어 감독과 함께 무지내교회에 예배차 가던 중 일본인 철도노동자들과 충돌.
	6. 11	성경 번역 모임(실행위원 공독회)에 참석차 목포로 가던 중 선박 충돌 사고로 하나님의 부르심을 입어 안식.

색인

1912년의 소요 27
YMCA 79, 98, 306

ㄱ

가데스 바네아 317
가드 173
가신 31, 56, 61
가우처 63, 64
가우처 여자대학 64
가필드 271
갈렙 65, 84
갈보리 324
감독 287
감리 243
감리교 63, 64, 83, 84, 179, 288
　　감리교인 64, 65, 67, 82, 83, 84, 87,
　　　　90, 99, 202, 229, 239, 251, 268,
　　　　288, 306
　　감리회 64, 69, 75, 82, 83, 99, 102,
　　　　241, 275, 289, 329
　　본부 230

선교 113, 228, 239, 279
선교부 64, 66, 108, 267 330, 331
선교위원회 65
선교부 문서회 333
출판소 58, 234, 333
학교 234
감리사 174, 243, 245, 255, 278, 288, 330,
　　331
감사 164, 165, 166, 186, 187
감영 186
갑신정변 67, 102, 114, 117
강도의 지방 158
강원도 31
강학회 193
강화도 35, 57, 58, 60
개신교 65, 177, 178, 179, 211, 247, 332
개종자 330
개척 선교사 183, 203, 332
개척자 20, 23, 66, 68, 70, 71, 81, 106, 129,
　　151, 166, 195, 208, 218, 224, 226,
　　228, 235, 236, 245, 266, 267, 273,
　　303, 305
개항장 89

개혁교회 68, 69, 71, 75, 79, 82, 83
갤러거 283
굴릭 284
게르솜 237
게하르트 81
게이샤 166, 183
게일 77, 83, 203, 205, 207, 269, 294
견미 사절단 63
견신 75
경기도 31, 290
경복궁 56, 245, 253
경상도 31
경희궁 253
계림 29
계명 255, 324
고대 신앙 258
고든 98
고려 43, 44, 45, 158, 160
고린도전서 315
고린도후서 20, 103, 141, 277
고무라 229
고바야시 117
고베 90, 238
고아원 248
고어 277
고영철 242
고요한 아침의 나라 20, 179, 245, 305, 311
고종 55, 56, 61
곤충학 188
골드스미스 283
공립학교 75, 244
공사관의 관인 136
공자 165, 173
공주 108, 331
공중예배 231
공화국 육군 282
과거 193, 194, 195
광주 294
광혜원 119

괴혈병 285
교육 사업 65, 81, 269, 331
교파연합 서적 회사 255
교회 순회 241
교회 주보 333
구약 280, 274
국가 고문 180
국가 내의 국가 55
국립병원 330
국부 80
의회 위원회 24
군산 294, 298
군신 23
귀신숭배 194, 195
권상학 193
권철신 193
그네놀이 147
그레이시 279
그룹 166
그리스 42, 69, 261
　　어문학 82
그리스 정교 178
그리피스 21, 229
그린 빌리지 88, 329
근역 30
기도문 324
기독교 국가 54, 59, 192, 209
기독교 대학 243
기독교 문서 227, 259, 333
기독교 신학 243
기독교식 묘지 263
기드온 71
기름부음 받은 자 225
기사도 162, 195, 304
기생 166, 183, 184
기자 30, 31, 34, 41, 42, 43, 165
　　기자의 나라 30
　　기자묘 34, 41, 43
길버트 270

김기범 289
김원성 193
김창식 289
김치 165

ㄴ

나가사키 113, 114, 118, 174, 275
나이아가라 322
나침반 35
나폴레옹 69, 261
낙동강 35, 140
난징 98, 287
남감리교(회) 64, 98, 287, 288
남산 49
남선경영설 23
남장로교 294
낭시 68
내포 184
네덜란드 38, 73, 81, 125, 142, 164, 184, 205
네덜란드계 개혁교회 71
네비어스 142
네빈 81
넬슨 60
노스필드 241
노블 244, 268, 287
노비 212
노예제도 80
노울즈 102
노자 39
「노한어구사전」 272
누가복음 119
뉴브런즈윅 281
뉴어크 연회 102
뉴욕 21, 64, 66, 67, 87, 89, 97, 102, 113, 120, 141, 142, 168, 207, 269, 176, 277, 279, 300, 306
뉴욕 주 97, 98, 267

뉴욕의 내과 및 외과대학 69
뉴잉글랜드 38, 81, 99, 239
뉴저지 주 87, 88, 90, 91, 98, 276, 281, 282, 324
뉴턴 98, 141
느헤미야 202
니콜라이 2세 290

ㄷ

다게르 197
단군 31, 34, 41, 165
달그렌 곡사포 59
달레 184, 193
다메섹 326
다신주의 259
다윈 188
다트머스 대학 269
대동강 34, 41
대륙회의 70, 80
대리 목자 241
대만 60, 215
대법원의 아버지 79
대영 왕립 아시아학회 74, 247, 248, 334
대영 왕립(런던) 학회 248
대영제국 80
대원군 56, 57, 61, 64
대의명분 80
대한 29
"대한 그리스도인 회보" 228
대한기독교서회 228
대한성교서회 333
더브스 81
데본셔 156
데이비드 71
데이비슨 113
데카터 135
델라웨어 79, 189, 276, 282

도그마 27, 42, 244
도널드 클라크 253
도시국가 276
도이칠란트 호 271
도쿄 59, 60, 113, 114, 136, 238, 274, 290
    정부 136
도티 294
독립군 89
독립기념일 176
독립문 168, 333
독립선언서 70
독어 71, 73
독일 55, 80, 124, 165, 197, 271, 329
독일계 개혁교회 69, 71
독일어 73, 74
    성경 74
동강 180
동물신화 26
동방의 자치령 54, 271
동아시아 239, 271
동양 24, 25, 26, 54, 113, 168, 192, 215, 237, 243, 247, 265, 281, 283, 334
동역자 20, 265, 268, 269, 279, 284
동장군 163
동학 233, 243
두만강 33
듀이 66, 135
드레이퍼 197
드루 대학교(신학교) 87, 88, 94, 99, 102, 113, 275, 279, 329
댈메이즈 300
드 퀸시 74, 205
디킨슨 대학 239

ㄹ

라이디 75
라티머 99
라틴 42, 69
    기독교 178
    문화 42, 68
랜디스 74, 248
랭커스터 74, 79, 80, 81, 82, 85, 97, 99, 175, 240, 248, 281, 329
랭커스터 대학 84
랭커스터 제일교회 83, 98, 99, 329
라플란드 252
러스킨 277
러시아 27, 33, 54, 60, 233, 263, 264, 270, 271, 272, 290, 291
    공사관 55, 233
    사절 229
    러시아인 33, 95, 263, 271, 293
    제국 271
러시아전쟁 197, 290
러일전쟁 33, 148, 163, 197, 229, 272
런던 113, 151, 248, 276
레닌그라드 271
레위 지파 177
레널즈 207
레이드 287
렌실러 97
렌턴 80
로드아일랜드 주 241
로스웨일러 269
로마 25, 69, 101, 124, 176, 178, 275, 317
    문자 42
    성당 196
로마가톨릭 56, 68, 178, 192
로마서 250, 322, 323
로버트 토머스 166
로웰 242
로스 332
로우 51, 58
로저스 58, 59
로즈 58
로체스터 279

롱 113
루미스 340
루비콘 강 34
루이 14세 101
루터 74, 99
루터교회 75, 329
릴랜드 스탠퍼드 대학 242
릴리언 해리스 267, 268
리델 203
리에지 276
리훙창 61

□

마가복음 208, 286, 304
마르다 321
마리아 321
마리아 게하르트 71, 73
마셜 79, 329
마케도니아 100, 227
마태복음 27, 127, 136, 208, 232, 240, 286, 304
마펫 244, 270
마포 264
마한 29
만민공동회 220
만주 59, 148, 213
말라리아 30, 92, 268
말랄류 243
매머드 굴 173
매디슨 87, 88, 102
칠턴 117
매사추세츠 24, 81, 97, 141
매콜리 68, 70
맥글렌지 117
맥길 243, 267
맥클레이 65, 330
맥클린톡 88

맥키체렌 83, 84, 294, 295, 297
맥킨리 280, 281, 282
맨해튼 87, 101
메노나이트파 73, 74, 248
메리 스크랜턴 221, 232, 268, 276, 279
메리 해리스 269
멜로디언 90
멜빈 290
모국어 74
모노카시 호 58
모리 60
모리슨 87
모세 237, 319
모스 290
모스크바 178
모호크족 80
목포 291, 294
몬트빌 88, 89, 90
몽고메리 54, 114
몽진 164
묄렌도르프 114
무디 241
무어 290, 292
무임 도항 이주자 70
무정부주의자 280
무즈 128
무지개 290, 291
무지리 290
문객 190
문경호 291
문명의 잡지 227
물신 46, 185
뮬렌버그 80
미국 개혁교회 69, 100
　　신학교 98
미국
　　극동 관계 66
　　공사관 221, 230, 234, 247, 263, 293
미 대륙 102, 139, 190, 210

미드웨이 섬 284, 285
미쓰비시 114
미시시피 주 189
미주리 주 189
미카도 60
미합중국 71, 284
민간신앙 261
민담 45, 158, 159, 160, 220, 261
민비 63, 269
　　시해사건(을미사변) 233
민영익 63, 64, 242
민영환 48
민족 문학 206
민주주의 68, 81, 195, 196
밀러 269
밀워키 189
밀턴 20, 21, 47

ㅂ

바그다드 35
바리새인 250, 316, 326
바울 31, 77, 100, 103, 226, 227, 259, 277, 315, 326
박에스더 268
반 암버러 185
반들리어 190
반야만적 26, 47
발문 276
발전소 270
발진티푸스 258, 268
방언 202, 322
배꽃학교 268
배재 230, 234, 333
배재학당 180, 196, 220, 260, 330, 331, 332
　　제본소 333
백계림 29
백두대간 29, 43

백두산 31
백정 254
발라 98
버벡 97, 98
버스티드 267, 268
버츠 87, 88
버크셔 141
버클리 64
벅스 카운티 71
번역위원회 286
범아메리카 박람회 281
법률 65, 213
벙커 268, 269, 283
베렌즈 98
베르크 81
베이징 53, 60, 192
벌린 97
베베르 263, 272, 263
베이컨 238
베크 268, 269, 270
벤젤 269
벧엘교회 231
벨 58
벨플라워 143
변방의 소국 29
변수 242
변한 29
보스턴 24, 294, 320
보스윅 253
보울비 294, 297, 296, 299
복음 19, 24, 59, 68, 70, 71, 79, 85, 94, 106, 108, 138, 142, 144, 153, 176, 177, 178, 179, 183, 184, 185, 187, 196, 206, 208, 214, 218, 220, 226, 231, 255, 265, 267, 270, 275, 284, 289, 303, 304, 336
　　사업 270
　　선교사 117
　　전파자 66, 206, 248

복음화 243, 269, 331
복음전도 333
　　복음전도 여행 243
볼티모어 63, 64
봉건제 54
봉화 49, 306
부르크하르트 80
「부모 힉슨」 89
부스 98
부산 115, 116, 184, 266, 290, 291, 331
부제 324
부활절 231, 330
　　주일 117
「북감리교의 한국 선교」 279
북감리교 64, 98, 174, 184, 266, 287, 288, 289
북경로 168, 33
북방의 곰 60
북장로교 65, 98, 142, 208, 261
　　선교부 65, 95
불교 29, 35, 43, 44, 45, 57, 62, 104, 158, 159, 178, 189
붕당 정치 191
뷰캐넌 80
브라우닝 78
브라운 98
브래들리 238
브룩스 24
브리스길라 89
브링클리 238
블라디보스톡 95, 271, 272
블레셋 157
블레이크 58, 59
비교종교학 46, 240
비매신 23
비스마르크 55
비처 229
빌라도 137
빙엔 276

빙햄 284
뽕나무 궁 253

ㅅ

사가미마루 호 271
사당 45, 46, 47, 155, 262, 264, 305
사도신경 174
사도위원회 187
사도행전 93, 227, 284
사마리아 284
사무라이 59
사바콜 71
사상을 포용하는 자 282
사신 167, 274
사전트 95
사탄 137, 240
산신령 258
살레 34
삼문출판소 246, 269
삼손 156, 199
교회당 109, 233
스티븐스 80
색스턴 282
샌프란시스코 63, 238, 242, 330
생 갈 68
샤를 5세 69
샤머니즘 44, 45, 261
샤프 81, 239
서상우 114
서울 사교연합회 252
서울 선교교회 315
석전 147
선교 243, 294
선교부 108, 174, 221, 235, 248, 288, 300, 329, 330, 331, 333
선교회 65, 255, 288, 324
「선구자」 77, 83, 167, 270, 294, 296

"선데이 매거진" 95
선죽교 163
선한 사마리아인 85
설리반 70
섬망증 46, 211
성경 번역 83, 175, 203, 207, 227, 269, 295, 332
    번역가 19, 255
    번역상임실행위원회 332
    번역위원회 207, 294
성경 언어 74
성공회 24, 74, 75, 305
성 야고보 홀 277
성찬 예배 300
성찬식 75, 231, 331
세계박람회 110, 242
세계복음화 236
세례 71, 73, 75, 31, 231, 232, 288, 289, 330
세리 137, 250
세일럼 97
센다이 100
셔먼 267, 268
셔우드 267
소돔 34, 243
소래면 290
손턴 70
솔룩 144
송덕비 164
쇼머트 회중교회 241
수더턴 54, 70, 75, 100, 101, 281, 329
수더턴 개혁교회 100
순례자 70, 118, 202, 245, 312, 336
순천 294
순행전도사 288
순행집사 288
순회 선교사 197
순회 설교 183
스키넥터디 189

쉐틀랜드 156
「쉘리 제독의 자서전」 57
슈펠트 61, 66, 93, 94, 242
스미스 83
스위스 68, 69, 73, 101, 239, 275, 276
스웨러 290, 291, 292, 293, 329
스커더 114
스타우트 98
스타즈 81
스트롱 88
스티븐 가필드 271
스페인 189, 190
스펜서 113
스피젠버그 141
승리의 펜실베이니아인 77, 93, 237
쓰루가 23
시내 산 85
시드모어 275
시리아 70, 137
시모노세키 274
시모다 54
시몬즈 73, 215
시볼라 190
시베리아 271
시온교회 290
시카고 110, 239, 241, 242, 320
시흥군 290
신공황후 23
신기선 247
신도 23
신라 29, 35, 44
신약 69, 74, 85, 88, 172, 207, 208, 243, 274, 280, 332
신학 69, 92, 188, 225, 227, 243, 288
    신학교 24, 76, 87, 88, 89, 93, 94, 98, 99, 102, 113, 175, 228, 269, 275, 279, 329, 330
신해혁명 27
실로암 316

실버맨 87
「실버북」 69
실버 웨이브 호텔 274
십계명 74

ㅇ

아굴라 89
아기 전쟁 197
아서 대통령 54
아라빅 호 111, 112, 217, 284
아람 101
아랍 35
아르미니우스 83
아메리카 연방 304
아시아학회 74, 247, 248, 255
아이다호 283
아일랜드 68
아틀레 81
아펜젤러 종친회 280
아펠즈 81
아프리카 94
안도버 317
안수 67, 102, 288, 289, 330
안식처 166, 263, 300, 335
안틸레스 190
알렉시에프 271
알렌 65, 66, 118, 136, 143, 149, 167, 208, 228, 234, 242, 250, 293, 296, 297
알바니 98
압록강 33, 34, 270
애덤스 224
애스턴 204
「애플턴 연감」 95
앤더슨 76
앨런 클라크 253
앨리스 219
야곱 70, 126, 127, 202, 321

얄루강 33
양화진 222, 264, 334
어빈 188
어청도 101, 298
언더우드 98, 99, 114, 118, 196, 197, 203, 205, 207, 212, 214, 269, 270, 294, 331
    부인 202, 214, 215
언문 204, 205, 206
업햄 87
에덴 동산 145, 148
에드먼즈 269
에른스버거 267
에머슨 134
에베소 260
에서 192
에스겔 166
엘라 닷지 97, 98, 329
엘러스 283
엘리자베스 71
엘리자베스타운 79
엡워스 청년회 64
여자선교부 267
여호수아 84
여호와 27, 32, 78, 103, 177, 199, 225
역병 226
연대기 26, 42
연례보고서 230, 231
연회록 180, 243
영국 38, 55, 78, 80, 81, 85, 87, 97, 129, 139, 157, 167, 177, 205, 206, 235, 238, 247, 283, 303
    영국성공회 276
    해군 60
영사재판 294
영어 24, 30, 70, 71, 73, 74, 135, 139, 172, 206, 230, 245, 249, 274, 304, 330
예루살렘 284, 326
예일 대학교 67
오버홀처 70

오사카 선박회사　294, 295
오스트레일리아　177, 303
　　　오스트레일리아인　304
오시페　117
오야마　148
오와리마루　274
오페르트　56
오픈도어 이머전시 커미션　279
올링거　228, 246, 267, 269, 333, 334
와츠　278
왓슨　277
왕실 재정　213
외국인　23, 42, 47, 51, 54, 56, 66, 74, 91
　　　외국인묘지협회　255, 262, 334
　　　흡혈귀　161
요리문답 수업　75
요셉의 꿈　187-188
요시자와　231
요코하마　53, 95, 113, 118, 238
요한　149
　　　요한복음　77, 103, 137, 139, 300, 315, 323
　　　요한일서　149
욥　274, 336
용담공 샤를　68, 69
용안　30, 202
용연　31
우리탕　242
우상숭배　23, 180
우장　332
운산　294, 299
워너메이커　306
워싱턴　44, 55, 61, 63, 80, 121, 187, 208, 229, 242
워즈워스　32, 92, 93, 94, 95, 97, 99, 100, 139
원산　243
원주　186
웨스트 체스터　78, 79, 83

주립 사범학교　75
　　　웨스트의 YMCA　79
위안 스카이　67
위코프　98
윌리　87, 88
윌리스　270, 297
윌리엄 닷지　97
윌리엄 스크랜턴　67, 111, 118, 119, 174, 180, 207, 221, 231, 243, 245, 266, 267, 269, 273, 277, 279, 330
윌리엄 펜　70, 81, 82, 101
윌밍턴 연회　278
유교　39, 43, 45, 62, 116, 159, 192, 194, 261
유길준　242
유니언교회　332
　　　신학교　269
유다　202
유대　284
　　　유대인　316, 319
유럽　24, 25, 26, 35, 42, 53, 54, 69, 74, 117, 121, 138, 158, 190, 200, 210, 228, 231, 274, 275, 282
　　　유럽인　246
유모　106, 131, 173, 175, 201, 202
유아세례　73, 75
유트레히트　142
「유학 경위」　247
율법　326
은　41
은둔의 나라　24, 27, 67, 93, 278
은자　177, 313
　　　은자의 나라　40, 53, 55
음절문자 체계　107, 205
응신천황　23
의주　331
의화단　208, 233
의회 위원회　24, 95
이교도　24, 25, 91, 100, 116, 162, 166, 178, 211, 249, 258, 267

이교도의 나라 20, 133
이교 사상의 광신 46
이교주의 67, 178
이로쿼이 142
이방(인, 민족) 24, 25, 50, 115, 186, 208, 209, 240, 250, 317, 332, 336
이브리 전투 68
이사야(서) 27, 59, 103, 144, 190, 225, 240, 304
이스라엘 74, 84, 157, 225, 312, 317
이신론자 189
이총억 193
이탈리아 69
이화(여)학교 268
이화학당 268, 269
인간 본성의 전적 타락 237
인도 44, 98, 159
인도의 처트니 165
인디애나 주 294
인디언 부족 80
인디언 크릭 개혁교회 75
"인디펜던트" 95, 306
일본 공사 229
 내각 59
 법정 137
 일본어 63, 205, 206, 245, 295
 일본외교사연표 290
 「일본으로부터의 편지」 238
 천황 56, 93
일제 침략 305
임마누엘 개혁교회 75
임시 구급병원 213
임진강 164
잉거솔 229

ㅈ

장로교 305, 331
장로교인 239, 266, 305, 306
 선교부 221
 장로교회 78, 83, 84, 330
 장로목사 287, 288, 289, 330
 장로사 278, 287, 289
"저팬 메일" 238
적자생존 188
전국 신학교 연맹 98
전라도 31
전주 294
전환기의 한국 207
정동 233
정동제일감리교회 109, 222, 331
정몽주 163
정신여학교 294
정약전 198
제국대학 229
제너럴 셔먼 56, 58, 166
제물포 9, 36, 61, 116, 117, 118, 188, 197, 233, 237, 238, 243, 266, 274, 289, 295, 296, 299, 330
제본소 246, 255, 333
제일감리교회 82
제일교회 208, 329, 43, 140
제주도 43, 140
제중원 118, 208, 213
조상숭배 146, 179, 195, 267
"조선 그리스도인 회보" 227, 333
조선성교서회 228, 246
조지 3세 80
존 172, 173
존 웨슬리 69, 229
존스 184, 187, 207, 247, 266, 267, 269, 279, 287, 289
존스 홉킨스 대학 268
존슨 275
종교 신문 255
종교개혁 69
종로 58, 333

서점 245, 333
주경석 242
주기도문 74
주일학교 141, 289
　　　주일학교연합 333
주재 선교사 65, 137
　　　전도사 288, 289
주한 미국공사 167, 208
「준의 생애」 283
「중국 관리에게서 온 편지」 192
중국선교연회 287
지리학 보고서 190
지방장로사 278
지석 260, 261
지질학 전시회장 281
지하여장군 47, 159
진달래 36
진료소 305
진한 29
집사목사 287, 288, 289
징기즈칸 261

ㅊ

차르 272
차지인 39
착한 사마리아 사람 119
찬란한 아침의 나라 24, 64, 141
찰스 웨슬리 69
참스톤 320
척화비 57, 58, 245, 246
천주교 56, 57, 75, 178
천하대장군 47, 159
천황 60, 136, 238
철도 289, 290, 119, 151, 184, 207
철자법 206
첨성대 43
청교도 85, 97

청군 114
청일전쟁 43, 61, 148, 163, 197, 213, 243, 244
체스터 97
첼베거 68
초서 157
총영사 68, 208
최고 해도실 60
최도민 242
출판사 269, 270, 58, 159
충청도 31, 184, 185, 187, 220
취리히 276
츠빙글리 69
침례교인 98
침례통 120

ㅋ

카유가 142
칼뱅 69
　　　칼뱅주의 83, 84, 237
캄파니아 277
캐나다 303
　　　캐나다인 304
캐롤라인 276
캘리포니아 51, 64, 95
커목 87
커스터 80
커틀러 267
컬럼비아 전시장 242
케이조 34
켈트족 210
켐프 66
코네스토가 강 80
코네티컷 주 98
코넬 대학 80
"코리언 리포지토리" 228, 246, 270, 334
"코리아 리뷰" 246, 291, 292, 297

코카서스 143
콜럼버스 35, 190, 203
콜레라 211, 212, 213, 226, 258
콜로라도 58, 282
콜롬보 275
콜브런 253
콥 268
쿠랑 204
쿠마 296
쿠마가와 118, 297, 298, 299
　　　쿠마가와마루 291, 294, 332
쿠마모토 118
쿠테타 67
쿠로다 60
쿡 282
퀘이커 시티 79
큐슈 296
크랩스 81
크로빠또낀 290
크로포드 238
크롬웰 55
크루거 276
크룩스 87, 88, 175
"크리스천 애드버킷" 64
클라크 277
키더 98
키소가와 275, 296, 297, 299
키친 113
키퍼 82
키플링 238

ㅌ

타운센드 53, 54, 98
타카히라 229
타타르 44
태평양 27, 54, 112
탤메이즈 300

테일러 114
테일러타운 88
토머스 70
톰슨 70
톰킨스 141
튜턴족 68, 79, 140, 210
트란스발 276
티베트 189

ㅍ

파나마 운하 207, 208
파러 276
파우스트 81
파울러 65, 67, 102, 174, 329, 330
팔로스 호 58
팔츠 101
팜파스 139
팩 283
퍼시픽 메일 111
페리 53, 61, 93, 155, 184, 195
페인 269
페트로그라드 271
펜실베이니아 54, 70, 74, 75, 81, 82, 83, 91, 101, 147, 239, 248, 256, 280, 325, 329
　　　펜실베이니아식 독일어 73
평안도 31, 59
평양 31, 34, 41, 43, 58, 64, 148, 153, 161, 163, 164, 165, 166, 167, 184, 213, 243, 244, 331
포스터 83, 84, 270, 294, 295, 297
포츠머스 229
폴웰 267, 269
폴크 63, 117, 128, 230
표의문자 191
표트르 대제 205, 271
푸트 61, 63, 65

풀턴 79
프랑스 55, 57, 184, 196, 197, 203, 276, 289, 298
프랭클린 79, 252-253
프랭클린 앤 마셜 대학 79, 329
프레이 101, 269
프레이리 139
프레이저 238
  부인 238
프로테스탄트 69
프로스트 92
프리슬랜드 156
프리츠 80
플라톤 189
플로코이 189
플리머스 바위 117
피닉스 241
피렌체 275
피스 헬멧 290, 291, 293
피크 98
피터스 207
피셔 75
필그림 210
필라델피아 70, 75, 80, 147, 281, 283
  연회 82, 102, 278
필모어 60

ㅎ

하겐바흐 185
하나님의 공화국 195
하와이 167, 284, 285
하워드 267
「하이델베르크 요리문답」 74
하이에나 161
하치만 23
하트포드 98, 99
하틀리 80

학교 73, 79, 88, 146, 149, 168, 169, 174, 176, 191, 196, 215, 223, 230, 231, 232, 234, 239, 254, 255, 260, 268, 281, 294, 306, 329, 330, 333
학부대신 220, 247
학생 82, 84, 88, 92, 94, 98, 99, 102, 108, 167, 168, 173, 175, 180, 191, 192, 195, 201, 230, 239, 241, 242, 249, 272, 315, 329, 330, 333
학습교인 289
한 29
한강 34, 35, 37, 58, 158, 222, 264, 334
한국
  감리교 선교부 329
  기독 교회 149, 241
  사절단 114
  정부 66, 136, 196, 213, 334
  지방 장로사 287
  한국어 41, 46, 88, 91, 173, 175, 191, 199, 203, 204, 227, 232, 245, 270, 285, 286, 296, 332
  한국의 자유주의자 67
「한국 서지」 204
「한국의 부름」 207
「한국의 역사」 270
「한국의 촌락 생활」 128
「한국풍물기」 250
한문 205
「한불자전」 203
한성전기회사 253
한양 160
「한어문전」 203
한역 서학서 193
「한영대자전」 203
「한영자전」 203
한트 80
한학 43
할렐루야 84, 226, 295
할랜드 91

함경도 31, 59
핫지 98
항상 준비하는 사람 241
해리 76, 79
해리스 64, 113
해링턴 189
허드슨 205
헐버트 204, 228, 246, 268, 269, 292
헤센 용병 80
헤론 118, 228, 261
헤이그 55
헤일 84
헨리 54, 68, 71, 73, 74, 75, 76, 78, 79, 101, 102, 237, 300, 329
헌트 153, 158
헬라어 25, 74, 88, 210
     헬라어 신학 69
헵번 215, 224, 225
현광택 242
형사 136

호놀룰루 284
호렙 산 112
호우 242
호조 184
홈즈 224
홀 243, 244, 267, 268
홀트 306
홍영식 63, 242
홍우관 220
황열병 320
황해도 31, 158
회고록 291, 329
후장총 154
후지산 112
후쿠오카 275
후쿠이 23
휴즈 277
히브리어 24, 285
힐먼 269
힐타운 71, 76

아펜젤러

초판 발행_ 2015년 6월 11일

지은이_ 윌리엄 그리피스
옮긴이_ 이만열
펴낸이_ 신현기

발행처_ 한국기독학생회출판부
등록번호_ 제313-2001-198호(1978.6.1)
주소_ 121-838 서울 마포구 동교로 156-10
대표 전화_ (02)337-2257 팩스_ (02)337-2258
영업 전화_ (02)338-2282 팩스_ 080-915-1515
직영서점 산책_ (02)3141-5321
홈페이지_ http://www.ivp.co.kr 이메일_ ivp@ivp.co.kr
ISBN 978-89-328-1413-1 04230
ISBN 978-89-328-1414-8 (세트)

ⓒ 한국기독학생회출판부 2015

책값은 뒤표지에 있습니다.
무단 전재와 복제를 금합니다.

윌리엄 그리피스 William Elliot Griffis

미국인 동양학자·목회자·강연자로 왕성한 저작 활동을 했다. 유럽과 미국 중심의 서구사회에서 19세기 말부터 20세기 초에 아시아, 특히 한국과 일본에 관한 지식의 형성에 그처럼 막강한 영향력을 행사한 인물은 드물다. 1843년 9월 17일 미국 펜실베이니아 주 필라델피아에서 태어났으며, 어린 시절부터 기독교, 특히 화란개혁교회의 분위기에서 자랐다. 1863년에 미국 남북전쟁에 참여했고, 전쟁 후 1865년부터 러트거스 대학교에서 공부했다. 그 후 화란개혁신학교(지금의 뉴브런즈윅 신학교)에서 공부하던 중, 일본 에치젠 영주의 초청을 받아 1870년부터 에치젠의 학교에서 이학과 화학 등을 가르쳤다. 1874년 미국에 돌아가 약 2년간 일본에 관한 순회강연을 했고 1876년에 유니언 신학교에 입학, 이듬해 졸업했다. 이후 줄곧 목사이자 작가로 활동한 그는 이 기간에 자신의 대표작인 「천황의 제국」(Mikado's Empire, 1876)과 「은자의 나라, 한국」(Corea, The Hermit Nation, 1882)을 저술했다. 1884년에는 유니언 칼리지에서 신학박사학위를, 1900년에는 모교인 러트거스 대학교에서 명예박사학위를 받았다. 1908년 일본 정부로부터 훈(勳)4등 욱일장을, 1926년에 훈3등 욱일장을 받았으며, 한국에서 3·1운동이 발발한 직후 서재필이 조직한 '한국친우회' 뉴욕지부의 위원으로 한국인 민족주의자들과 더불어 일본의 식민통치를 비판하기도 했다. 한국과 관련하여 이 책 「아펜젤러」(A Modern Pioneer in Korea, 1912)를 비롯하여 수많은 글을 썼으며, 그 외에도 다양한 주제의 여러 저술을 남겼다. 1928년 2월 5일 플로리다의 자택에서 세상을 떠났다.

옮긴이 이만열

서울대학교 문리대 사학과 및 동 대학원을 졸업(문학박사)했고, 합동신학교에서 공부했다. 숙명여대 교수, 한국기독교역사연구소 소장 겸 이사장과 국사편찬위원회 위원장을 역임했으며, 현재 숙명여대 명예교수, 외국인근로자를위한희년선교회 대표, 김교신선생기념사업회 회장으로 있다.
지은 책으로 「한국 기독교와 역사의식」 「단재 신채호의 역사학 연구」 「한국 기독교 수용사 연구」 「우리 역사 5천년을 어떻게 볼 것인가」 「한국 기독교 의료사」 「역사에 살아 있는 그리스도인」 「한국 근현대 역사학의 흐름」 「역사의 중심은 나다」 등과 산문집 「감히 말하는 자가 없었다」 「잊히지 않는 것과 잊을 수 없는 것」 등이 있다.

www.ivp.co.kr